环球人物 GLOBAL PEOPLE 10周年 典藏书系

百年政治家族

《环球人物》杂志社 编

中国出版集团 现代出版社

图书在版编目(CIP)数据

百年政治家族 /《环球人物》杂志社编 .—北京：现代出版社，2016.3
(《环球人物》10 周年典藏书系）
ISBN 978-7-5143-4634-3

Ⅰ. ①百… Ⅱ. ①环… Ⅲ. ①政治家－家族－史料－世界－近现代
Ⅳ. ① K819

中国版本图书馆 CIP 数据核字（2016）第 035209 号

百年政治家族（《环球人物》10 周年典藏书系）

编　　者　《环球人物》杂志社
责任编辑　张　霆　哈　曼
出版发行　现代出版社
通讯地址　北京市安定门外安华里 504 号
邮政编码　100011
电　　话　010-64267325　64245264（传真）
网　　址　www.1980xd.com
电子邮箱　xiandai@vip.sina.com
印　　刷　三河市宏盛印装有限公司
开　　本　710mm × 1000mm　1/16
印　　张　19.75
版　　次　2016 年 3 月第 1 版　2019 年 1 月第 2 次印刷
书　　号　ISBN 978-7-5143-4634-3
定　　价　40.00 元

目录

中国卷

曾国藩后人的四门功课 / 003

李鸿章家族，一代有一代的活法 / 011

左宗棠新疆谋略 / 019

左宗棠后人名医多 / 036

湖南朱氏家族探秘 / 043

安徽绩溪胡氏家族 / 050

孙中山家族，百年沧桑 / 068

梅屋庄吉曾外孙：曾祖父与孙中山的革命生涯 / 089

项城袁氏家族沉浮路 / 097

袁世凯后人远离政治 / 102

专访袁世凯孙女：84 岁还在打拼 / 106

严复家族走出的忠义之士 / 114

黄兴和孙中山的恩怨 / 120

黄兴的远见 / 127

民国首任总理唐绍仪 / 132

唐绍仪侄孙说唐绍仪 / 137

“东北王”张作霖 / 144

“张家财富去向是个谜” / 151
张静江家族：南浔张家出了位“革命圣人” / 159
阎锡山：“山西王”的起伏跌宕 / 166
实力派阎锡山 / 173
阎锡山家族百年风雨 / 179
陶希圣外孙写下家族悲喜沉浮 / 186
杜月笙，不让后人走黑道 / 194
马步芳最后的日子 / 201
刘氏家族，称霸四川二十年 / 208

外国卷

温莎家族建立了“日不落帝国” / 217
戴高乐家族：传承民族主义 800 年 / 225
肯尼迪家族：权倾美国政坛 / 232
日本天皇家族千年纷争 / 239
日本天皇，二十年放不下三件事 / 265
尼赫鲁家族，暗杀阴影笼罩的统治者 / 271
阿富汗的忧郁国王们 / 280
尼泊尔王室：预言笼罩的悲情家族 / 286
迪拜酋长家族：爱搞世界之最 / 293
英拉及其家族 / 299
摩洛哥王室的传奇与争议 / 307

中国卷

曾国藩后人的四门功课

走进上海徐汇区桃江路，一股浪漫、怀旧的欧式风情扑面而来。

这里曾是法租界，道路两旁已有 80 多年历史的法国梧桐，笔直参天。四周，一栋栋各具特色的旧式洋房中，不时传出悠扬的爵士乐——它们大多已被改建成风格各异的酒吧。桃江路还被称为宋庆龄的“后花园”，曾是她茶余饭后散步、休闲之地。

阳春三月，笔者来到这里，寻找在中国历史上颇具影响力的人物——曾国藩的后人。曾国藩的曾外孙周麒，就生活在此。

在桃江路八号一所古朴的老宅中，年过七旬的周麒老人，向笔者回顾着家族历史。周麒的外婆曾纪芬，是曾国藩最小的女儿。曾国藩共有三子五女，可惜三个儿子，长子曾纪弟，一岁便夭折；老二，著名外交家曾纪泽体质也不好，只活了 51 岁；老三曾纪鸿是著名的数学家，年仅 34 岁就去世了。在这些兄弟姐妹中，只有小女儿曾纪芬最长寿，活到 91 岁。

虽然周麒是曾国藩的第四代后人，但从他的身上，能很强烈地感受到曾家的遗传。周老常年和儿女生活在国外，家庭条件优越。但走进他的家：已经裂缝掉漆的地板，21 英寸的旧彩电，一米宽的小茶儿，陈旧的桌椅，案头至少有几十年历史的台灯，阳台上堆满的书籍和手稿……让人不禁想起了曾国藩的十六字箴言：“家俭则兴，人勤则健；能勤能俭，永不贫贱。”

家规严格，不积钱银

百年来，人们在政治上对曾国藩的评价或褒或贬，或扬或抑，但曾国藩在治家和教育方面的过人才能，却是人人佩服的。青年毛泽东在致友人的信中说“愚于近人，独服曾文正”。蒋介石的案头也常备有两本书，一本是《圣经》，宋美龄要求他看的；另一本就是曾国藩的《曾文正公家书》。

曾国藩十分清楚“由俭入奢易，由奢入俭难”的道理，虽然后来官越做越大，但一直要求家人生活俭朴，远离奢华。他自言：“予自三十岁以来，即以做官发财为可耻，以官囊积金遗子孙为可羞。盖子孙若贤，则不靠父辈，亦能自觅衣食；子孙若不贤，则多积一钱，必将多造一孽，后来淫逸作恶，大玷家声。故立定此志，决不肯以做官发财，决不肯以银钱予后人。”他在京城时，见到世家子弟一味地奢侈腐化，挥霍无度，便不让子女来京居住。他的原配欧阳夫人一直带领子女住在乡下老家，门外不许挂“相府”“侯府”的匾。曾国藩要求“以廉率属，以俭持家，誓不以军中一钱寄家用”，欧阳夫人在家手无余钱，只能事事躬亲，下厨烧灶、纺纱织布。

曾国藩画像

周麒曾听外婆曾纪芬回忆：“先公在军时，先母居乡，手中竟无零钱可用。拮据情形，为他人所不谅，以为督抚大帅之家不应窘乏若此。”当时乡里人都说，修善堂（办理乡团事务的地方）客人很多，常常吃饭要摆好几桌，杀一头猪所得的油，只够用三天；而黄金堂（欧阳夫人所住的宅子）杀一只鸡的油，也能用三天，可见她是多么节俭。

除了“俭”，曾国藩对子女家人的另一条要求是“勤”。作为晚清重臣，曾国藩日理万机，但他坚持给子女写信，为他们批改诗文，探讨学业和生活中的种种问题。他写信给儿子曾纪泽，要他每天起床后，衣服要穿戴整齐，先向伯、叔问安，然后把所有的房子打扫一遍，再坐下来读书，每天要练一千个字。

曾国藩还敦促家人每日坚持学习，并多次为全家拟订严格的学习计划：“吾家男子于看、读、写、作四字缺一不可。女子于衣、食、粗、细四字缺一不可。”

按照中国古代传统“穷养儿，富养女”，但曾国藩对几个女儿甚至媳妇一点也不含糊，他给每个女眷都写有一份“功课单”，要求她们必须掌握四项技能，具体内容包括：早饭后——做小菜点心酒酱之类（食事）；巳午刻——纺花或绩麻（衣事）；中饭后——做针线刺绣之类（细工）；酉刻（过二更后）——做男鞋或女鞋或缝衣（粗工）。曾国藩要求她们每日做女红，并且要“验工”：“食事每日验一次，衣事三天验一次，细工五日验一次，粗工每月验一次，每月须做成男鞋一双。”在曾国藩的教导下，曾家的女性中出国留学者有之，取得博士学位者有之，在很多领域作出了贡献，和曾家的男人们相比毫不逊色。

“满女”成夫家掌门人

曾纪芬1852年出生在北京贾家胡同，曾国藩寓所。周麒告诉笔者说：“外婆是曾国藩最小的一个女儿，湖南人称之为‘满女’。曾国藩对家人十分严肃，只有对‘满女’不一样，非常疼爱她。”满女12岁时，曾国藩给她看相，然后很满意地对夫人说：“满女是阿弥陀佛相。”曾国藩看得很准，小女儿果然在几个兄弟姐妹中最为长寿多福。

疼爱归疼爱，在教育上曾国藩却一点不放松，“满女”从未享受过贵族小姐的奢侈富贵，穿的衣服也都是姐姐们留下的。有一次全家去南京，曾纪芬穿了一条缀青花边的黄绸裤，还是她去世的嫂嫂的。结果曾国藩看见后，马上教训她太奢侈，曾纪芬连忙去换了一条由嫂嫂留给三姐，之后又转给她的旧裤子。曾国藩在家书中告诫女儿："衣服不宜多制，尤其不宜大镶大缘，过于绚烂。"

1875年，曾纪芬嫁入湖南衡山聂家。曾国藩规定，每个女儿出嫁，嫁妆不得超过200两银子，同时嫁妆中还有父亲亲手书写的功课单。曾国藩想把女儿培养成一个勤俭持家的家庭主妇，而实际上"满女"做得远比父亲所期望的更好。

曾纪芬把勤奋、俭朴、求学、务实的家风带到了聂家，时时以"家勤则兴，人勤则健；能勤能俭，永不贫贱"来要求和规范家族成员。她的丈夫聂缉椝（guī）是一个有才能的人，深受曾国藩的影响，先后跟随曾国荃、左宗棠和李翰章（李鸿章的弟弟），埋头苦干，勇于任事。从江苏省一个小官，最后分别在江苏、安徽、浙江三地任巡抚。曾纪芬在其身边，一直用父亲的谨慎为人之道，时时提醒辅佐丈夫。

周麒说："外婆虽然贵为巡抚夫人，房间里仍置有一台手摇式纺机和一台缝纫机，能够自己做的事情，她绝不会让别人来做。聂家的议事堂（最高家庭议事会议）就以她的号'崇德老人'命名，重要的家事都要与老太太商量定夺。"

进入民国，聂家移居上海，在聂缉椝去世后的30多年里，曾纪芬都是聂家的掌门人。跟父亲一样，她十分关注对子女的教育。聂缉椝、曾纪芬夫妇共有八个儿子，四个女儿。即使子女长大成人，她仍然随时耳提面命，毫不疏忽。"外婆一直教导儿女，要不求小就而求大成，当从大处着想，不可娇爱过甚。"在她的教导下，几个儿子都各有一番作为：其中有上海总商会会长、恒丰纱厂和大中华纱厂总经理聂云台；中国银行协理、中孚银行天津分行经理聂其炜；恒丰纱厂总经理、实业家聂潞生；清末民初湖南武军司令官聂其贤；实业家聂其焕、聂其焌……女儿们一个个也都嫁入清末民初风云一时的豪门：有嫁给慈禧太后军机大臣瞿鸿禨（jī）的儿子的，有嫁给吴佩孚的秘书张其煌的……

台大外文系教授张心漪是曾纪芬的外孙女，台湾前“财政部部长”费骅的夫人。她在回忆录中写道：“外婆从不穿戴华服，房里也没有任何摆设。一张腰子形的书桌，上面放着《圣经》、眼镜、镇纸、笔砚。有一个贝壳碟子，里面放几朵茉莉花，一张藤椅，上面放个花布靠垫。她每日就在这里读经看报，练习书法……衣服也永远是蓝袄黑裙，缎帽缎鞋，饰物则有一根翡翠扁簪，一颗帽花，一副珠环，一只手表。几乎从无变化。”

周麒说，外婆晚年把曾国藩修身养性的思想发挥得淋漓尽致。“外婆起居定时，饮食以素食为主，饭后走1000步，睡前用温水洗脚，不大喜大悲。她到最后仍神智清晰，耳聪目明。外婆坚持每年必恭书曾外祖父的《忮求诗》数遍，从一笔一画中，仔细体味曾外祖父的德行恩泽。”曾纪芬的书法得父亲真传，颇见功底，当年北京、上海一带不少名门望族家中，都挂有她的墨宝。她的书法笔正谨严，从中能看出老人仁厚的内心。

外孙女的反叛和继承

周麒

周麒拿出一张曾纪芬和子女们的合影，照片中的男士都是一袭长衫，女的一律紧身小袄，围绕在曾纪芬左右。但其中却有一个小姐例外，她一身花衣花裙，烫着头发，一脸俏皮的表情。周麒笑道：“这就是我的母亲聂其璧，外婆最小的一个女儿。她绝对是个反传统的现代派。”

“母亲从小在教会学习长大，接受西方教育，她喜欢看戏、看电影、会朋友，有很多社交活动，谁也拦不住。大门紧闭也不要紧，要么爬窗子，要么上墙头……

她从小独往独来，胆大包天，万事都自有主意。”中学毕业后，聂其璧出落得亭亭玉立，特殊的家庭背景和一口流利的英语，使她结交了很多的外国朋友。她喜欢出入社交场所，哪里热闹就往哪里去。曾纪芬对这个小丫头十分“头疼”，特地关照用人：“要看紧她，莫让她出大门！”

1923年，聂其璧出嫁了，新郎是从美国康奈尔大学留学归来的周仁。“父亲是书香世家，他的姐姐是蔡元培先生的夫人。父亲后来开玩笑说，他是被母亲骗了婚。说来也巧，平日花枝招展的母亲，去相亲的那天，穿得异常朴素，给父亲留下了很好的印象。”周仁早年与胡适、竺可桢等著名学者同批留学美国，回国后，担任过上海交大教务长、“中央研究院”院士兼工程研究所所长等职，是我国著名的冶金专家和陶瓷专家。

当年，曾纪芬和宋美龄的母亲都是基督教徒，她们常在同一所教堂做礼拜，久而久之成好友，两家的小姐也开始相互走动。聂其璧结婚时，邀请尚在闺阁的宋美龄小姐作傧相，宋美龄特意穿了身漂亮的衣裙出席婚礼，还和新郎、新娘留了影。四年后，宋美龄与蒋介石结婚，两家渐渐断了联系。

聂其璧是个电影迷，非常崇拜美国好莱坞明星。周麒说：“有一次，卓别林来上海演出，母亲竟然凑上去给卓别林点烟，照片还被当时的记者刊登出来，家人哭笑不得。”1939年，聂其璧独自去国外游历，她要亲眼看看好莱坞的明星。“那时她已经是两个孩子的母亲了，父亲忙得不可开交，她还是很洒脱地走了。”“文革”前，家里一直保存聂其璧的珍贵照片，“里面有母亲与《乱世佳人》男主角克拉克·盖博、《魂断蓝桥》男主角罗伯特·泰勒，还有后来成为美国总统的罗纳德·里根、童星秀兰·邓波儿等很多名人的合影，谁也不知道，她是怎么见到这些人的。”

婚后一直到老年，聂其璧都保持着自己的风格，依旧花枝招展，浓妆艳抹。20世纪六七十年代，在上海街头一片蓝灰色海洋的年代，聂其璧格外耀眼。当年，淮海路上的面包房和咖啡店老板，没有不认识她的，伙计们都亲切地唤她“美国外婆”。从外表看，这位聂小姐给人的印象只会吃喝玩乐，其实不然。曾家的大家风范和曾纪芬的言传身教，早已深深根植于她的内心。

在周麒印象中，父亲是个“极度沉默寡言的人”“有时想讲一句话，可能后来都不讲了，更别说原本就不想讲的。”聂其璧和丈夫的性格正好相反，两人能够相互容忍，其间微妙的尺度，聂其璧处理得很好。周麒说：“母亲是那种小事不上心，大事情上头脑极其清楚的人。无论是在处理家庭矛盾，还是面临大灾难时，她总能想出解决的办法。”

抗战时，所有国民党政府机关都面临撤退，周仁主持的“中央研究院工程研究所”也要内迁。在如此敏感的时期，运输的紧张可想而知。火车站里人心惶惶，军人和难民到处都是，工程研究所大量的仪器和资料堆积如山，急得周仁团团转。聂其璧反而镇定自若，她打了几个电话，得知管事的是法国人，就气定神闲地操着流利的法语“公关”，不一会儿就调来了几节车厢，周围的人看傻了，大家纷纷猜测这个女人有什么来头。

“文革”十年浩劫当中，聂其璧夫妇的处境可想而知。当时周仁已身患重病，无力面对冲到家里来的造反派，这时又是聂其璧挺身而出，在被逼得实在没有办法时，她就以哭来表示对抗。她没完没了地哭，哭得昏天黑地，造反派反而被镇住了，不知拿她怎么办。

多才多艺的曾外孙

聂其璧秉承了曾家的教育理念，“不靠父辈，亦能自觅衣食”。抗战中兵荒马乱，她只身随丈夫辗转昆明，留下了两个正在读书的儿子跟学校转移。“我们向来都是自我发展，母亲管得很少。”儿子们在艰苦的环境中得到了磨炼，周麒步行两个多月，才走到重庆，一路上历经风险。但聂其璧得知后却说，“这很正常，是你们难得的人生经历和精神财富。”

抗战时期，周麒考入昆明西南联大，后又在清华大学机械系深造，毕业后先后任教于清华大学和上海交通大学，从事教学与科研工作。

退休后，周麒随在美国工作的子女，长期居住在美国。闲暇时光，老人喜欢在世界各国游历，品尝美食，并把自己的见闻和感受写成随笔，他给笔者翻看自己的文章，一行行小楷工整、漂亮。周老的爱好很多，年轻时喜欢摄影，拍摄的作品获过摄影界的大奖，他自称摄影作品是“仅供娱乐”的油画，也得到过名家的夸赞。

老人最大的爱好是打桥牌。周麒牌技高超。改革开放后，他所著的关于桥牌规则的文章，引起了国际桥联协会的关注，《纽约时报》曾全文刊载。他还是世界桥牌比赛的裁判之一。

回到上海，周老不常出门，偶尔会去一些老牌的私人俱乐部活动，但他从不跳舞、唱歌，只静静地坐在角落，独自欣赏音乐，颇有些老贵族的味道。（撰文：刘畅）

李鸿章家族，一代有一代的活法

李鸿章的一生，伴随着清王朝走过风风雨雨四十载，从鼎盛走向衰落，直至灭亡。无论生前还是死后，他都是个颇有争议的人物，康有为称李鸿章是“维新之同志”；梁启超评价他：“吾敬李鸿章之才，吾惜李鸿章之识，吾悲李鸿章之遇……”

李鸿章从权力的顶峰坠落后，才清醒地认识到：清王朝只是间“破屋”，而自己只是“裱糊匠”。“裱糊匠”虽有办法把“破屋”裱得光鲜漂亮，但“破屋”是绝对经不起暴风雨的。

再看李鸿章家族，因为李鸿章的缘故，先是大红，后是大黑，再逐步走出低谷。在不同时代、不同历史时期，李家人有着不同的生存法则。

笔者不久前走访了位于安徽合肥的李鸿章故居，又在上海、北京拜访了李鸿章家族的几位后人。通过他们的讲述，笔者了解到，李鸿章家族中出了不少政治家、外交家、企业家、科学家、艺术家……他们如今定居在中国内地和香港，及新加坡、美国、加拿大、尼日利亚等地。整个家族，对于李鸿章，他们有着各自不同的认识和复杂的情感。

李文安，把李氏家族带进官场

在安徽合肥市繁华的步行街中段，有一片典型的晚清江淮地区民居建筑，布局整齐，结构严谨，雕梁画栋。这就是晚清军政重臣李鸿章的故居。走进大宅，由南向北依次为大门、前厅、中厅、走马楼（小姐楼），许多人用“李府半条街”来形容李家的恢宏气势。

李鸿章的先祖原本姓许，明朝时从江西迁到了安徽合肥。百年后，李鸿章的八世祖将自己的儿子许祯所过继给了好友李心庄，从此许承李姓。许祯所成人后制定了李家门规：李许二姓不通婚，但与族外许姓联姻则不禁止。自此，李家人丁兴旺，支派繁多，李祯所算是李家的第一功臣。

最初，李家世代以耕读为生，一直与科举功名无缘，经济状况不好，社会地位也不高。李鸿章祖父当家时，每到年终，上李家要债的人多得“如过江之鲫”。李鸿章的父亲李文安心地善良，也是一位很不错的诗人。1834 年，35 岁的李文安苦读多年，参加江南乡试中举。又过了 4 年，年近 40 岁的他终于考中了进士，后来在刑部任职。

虽然李文安的人生此时已过大半，但他却使李家这个淝水边的中农之家一夜之间“以科甲奋起，遂为庐郡望族”。李文安是让这个家族走出安徽、走向官场、走向京城、走向沿海的第一人，是李家有家谱记载的前七代人中，唯一的一个进士。

但更要紧的还是他的“命”好。李文安这个进士中的不早也不晚，正好与数年后大红大紫的曾国藩同一年考中，这种关系过去称为“同年”。在那个时代，这是一种极其微妙又极其重要的人际关系，从“实惠”的意义上说远远超过了同乡、同学，因为同时考中进士就意味着同时做官，有着共同的联系和参照。

李文安虽然性格内向，“资性中下”，但他万事心中有数，眼力不差，始终把曾国藩拉得挺紧。那时，曾国藩不过是个普通的京官，初任翰林院侍讲学士、内阁学士。而李文安早早地就安排两个儿子李瀚章和李鸿章去拜曾国藩为师，跟其学“经世之学”，这大概是李文安对家族的最大贡献。

李鸿章：生前权倾朝野，死时遗恨犹存

李家自李鸿章这一代开始发迹。李鸿章出生于清道光三年（1823 年）正月初五，自幼天资聪颖，勤奋好学。相传，一次父亲李文安出对联考李鸿章，上联是“风吹马尾千条线”，小鸿章脱口而出：“日照龙鳞万点金。”不但工整，而且十分有气势。他 7 岁启蒙，八九岁就念完《四书》，教书先生很喜欢他，常在李鸿章父亲面前夸他。

在父亲的一手安排下，师从曾国藩的李鸿章 21 岁中举人，24 岁考取进士，年纪轻轻就进了翰林院。曾国藩“打掉牙齿和血吞”的处世原则，对李鸿章的性格影响很大。更为重要的是，李鸿章创建淮军之初，曾国藩给予了极大的帮助，直接把八营湘军给李鸿章统领，这也是李鸿章创建淮军的班底。之后，淮军成了李鸿章发家的本钱，也是李鸿章在官场青云直上的根基。他是这支军队的绝对领导，淮军就是“李家军”。

李鸿章

1870 年，李鸿章凭着赫赫战功和淮系集团的支持，当上了最有实权的直隶总督兼北洋大臣。他在这个位子上一坐就是 25 年，是清代担任此官职时间最长的。在此期间，他显露出与大清国绝大多数官员的不同之处：对国外的科学技术和国内的经济活动十分感兴趣。李鸿章创造了许多“第

一”：中国近代第一条铁路、第一座钢铁厂、第一座机器制造厂、第一所近代军校、第一支近代海军舰队……1874 年，他被授予文华殿大学士，1894 年又被授予三眼花翎，被梁启超尊为近代史上“当时中国第一人”。

1874 年，李鸿章提出“外须和戎，内须变法”，但由于时代和个人的局限，“和戎”与“变法”都归于失败。李鸿章代表清政府与列强签订了一系列不平等条约：《中英烟台条约》《中法新约》《马关条约》《辛丑条约》……从此背上了“卖国贼”的骂名。

1901 年，李鸿章在“老来失计亲虎豹”的悲愤中病逝。他死时“双目犹炯炯不瞑”。弥留之际，老泪纵横，留下遗诗：“劳劳车马未离鞍，临事方知一死难。三百年来伤国步，八千里外吊民残。秋风宝剑孤臣泪，落日旌旗大将坛。海外尘氛犹未息，诸君莫作等闲看。”哀怨沉痛，令人扼腕！李鸿章死后不到 10 年，他为之操持一生的大清王朝也随之灭亡。

一人“发迹”，全家沾光

不过，在李鸿章得势之时，李家兄弟多多少少都沾了光。李鸿章兄妹八人，他排行第二。大哥李翰章官至两广总督，是李鸿章及淮系集团的坚定后援。

据宋路霞所著的《李鸿章家族》记载，李家真正发财的是老四李蕴章和老五李凤章。老四李蕴章因为有眼疾，除了在他大哥的衙门里短期做过事外，基本上是在安庆全力以赴置办家业，是个安庆城里的大财主。此人眼虽不明，心却雪亮。他能两只手同时打算盘；要是造房子，只要背着手绕着地基走一圈，就能算出需要多少材料，需要多少工时了；要是买地，他只要到地边走一走，就能闻出地里的“地气”，知道是否能出粮食。他买下了太平天国时期的英王府，也就是曾国藩收复安庆后的两江总督衙门，还买了遍布全城的几十处房子，其家业之大，李鸿章也望尘莫及。

老五李凤章对政治和军事没有兴趣，早年曾在曾国藩手下干过后勤，此后全部精力都放在做买卖上，也是个“闷声发大财”的人。他经营过地产、商贸和典当行等，拥有了大半个芜湖，在李氏兄弟中算是首富。他们虽然没有怎么涉足晚清官场，但毕竟都是北洋大臣兼直隶总督的亲兄弟，捞到了由这位大官哥哥带来的许多好处。

联姻成就庞大家族网络

李鸿章生前共有两任正室夫人。1845 年，他按照家人安排与周氏联姻，直至 1861 年原配周氏去世。之后，李鸿章娶了安徽太湖一个著名书香之家的千金赵小莲。赵小莲的祖父是清嘉庆元年的状元赵文楷。自赵文楷起，赵氏祖孙四代进士。

赵小莲的身价自然非同一般。李鸿章对这个继室格外看重。封建社会原配夫人的地位很高，死后应与丈夫合葬。但最终与李鸿章合葬的，竟是继室赵小莲。相传，赵小莲有“旺夫运”，从 1863 年到 1892 年，她嫁到李家的 30 年，恰恰是李鸿章在中国政坛上最大红大紫的 30 年：办洋务，办海军，办学堂，都是在这一时期。1892 年赵小莲去世，李鸿章也开始走向低谷。

李氏家族虽然以办洋务著名，但骨子里却还是个很念旧的家庭。李家起家、打仗靠的是淮军，儿女婚嫁时最相信的也是淮军，特别看重地方上很有实权的官僚家族，希望借豪门联姻巩固家族的地位。

四川总督刘秉璋曾师从李文安和李鸿章父子，后又被李鸿章调往淮军，统领淮军的主力部队。而刘李两家，从儿女到姑侄，竟先后通了七门姻亲。

除了与淮系要员联姻外，李家还攀了很多阔亲戚，来扩充自己的实力。曾国藩的长子，盛宣怀的长子，段祺瑞的外孙女，湖州望族徐仁良，江南首富刘镛的曾孙……都和李家成了亲戚。

李鸿章不像他的兄弟那样多子多孙，他只有三个儿子：经方、经述、经迈。其中，大儿子还是从六房李昭庆家过继来的。

李鸿章（中间长者）与家人合影

在婚姻问题上，李鸿章女儿菊耦的名声颇为响亮。她与张佩纶的传奇婚姻，曾引起世人的关注。张佩纶当时已年近四旬，结过两次婚，由于他在福建马尾海战中的错误指挥，导致福建水师全军覆没，背上了罪臣的名声。李鸿章欣赏他的才学，并没有嫌弃他，将最心爱的女儿嫁给这位中年男子。据说当时赵氏夫人哭闹着不让最心爱的女儿过门，只因菊耦也十分欣赏张佩纶的才华，只好作罢。菊耦的孙女便是现代著名小说家张爱玲。

虽然李氏家族的联姻网，看上去密不可破。然而，李鸿章去世后，随着时局的变动，李氏家族也四分五裂。他们大都背负着骂名，开始自力更生。其中，有的利用分得的家产，秉承好学上进的家风，开拓了一片天地；也有些子嗣，因为吸食大烟，打牌赌博，下场悲惨。

第四代、第五代靠自己改变局面

李鸿章家族的第四代和第五代，遇到的最大障碍是出身问题。他们多半没有沾到父辈的光，唯有靠自力更生，艰苦创业改变局面。

在如今的李家后代中，李道增是学术地位最高的一人。李道增 1930 年 1 月出生于上海，是李鸿章之弟李鹤章的第五代孙。他是清华大学首任建筑学院院长，中国工程院院士。

李道增的父亲很早便离开安徽来到了上海，就读于上海圣约翰大学，李道增母亲就读于上海中西女中。在这个“半新不旧，不中不洋”的家庭熏陶下，他从小就接受着中西两种文化教育。李家是传统的大家庭，李道增记得：“父亲受礼教的影响，从小就教育我们要守法；家教很严，非常重视小孩的教育，要懂礼貌，懂得做人，每学期成绩单都要给家长看”“父亲很重视中文的教育，要我们写大字、练小楷。”

李道增英文功底很扎实，他六七岁起开始学习英文，上中学时就开始看英文参考书。正是由于李道增有这一特长，在我国最早与西方在建筑领域内交流时，他成了不可或缺的人才。在李道增看来，这一切也与家族的传承有关。“李鸿章开展洋务运动，那么早就开始接触西方，引进了很多西方的科技和理念，他也把西方的教育带到了家中。我父亲英文和国学就非常好，是他教育了我。”

在上海普陀区真光路的一个小区内，笔者见到了李昭庆（李鸿章六弟）的第五代孙李道钧。李道钧 1944 年出生，退休前是上海染料化工八厂助理工程师。李道钧说，当年他的曾祖父李经叙曾被李家托付给晚清著名外交官伍廷芳，后出任江南制造局会办和金陵制造局总办，精明能干。伍廷芳出任驻美国、西班牙、秘鲁公使时，李经叙以二等参赞的身份赴秘鲁，负责代办公使事务。数年后，又赴墨西哥任职，但非常不幸，没去多久就病逝在那里。后来，李经叙的大儿子李国源、侄子李国栋都相继当了外交官，加上李鸿章，祖上可谓三代外交官之家。

在谈访中，当聊起家族中最有实力的人，很多李家后代都提到了李家老六房“家”字辈三兄弟李家昶、李家景和李家曙。他们是李昭庆的第四代孙，现居海外，都是亿万富翁，且深居简出，颇为神秘，被称为李家的“三艘航空母舰”。

李家昶和李家景兄弟，年纪轻轻便离开父母到了香港，身上只有几十美金，一切从头学起，经过十数年的努力，成为香港著名的实业家。从国内到国外，从轻工业到重工业，李家昶兄弟的生意越做越大。他们还曾一起闯荡非洲，旗下企业有环球钢铁厂、环球搪瓷厂、西茂钢铁厂、捷丰纺织印染厂等。李家曙 1927 年出生，曾就读于上海圣约翰大学，开始创业时什么杂活都干过，从香港到新加坡，从银行业、纺织业到矿业，甚至还在马来西亚的原始森林里开过钨铁矿。他凭借自己的打拼，硬是闯出了一片天地。

李氏家族自改宗以来绵延数百年，繁衍十几代，现在的李氏后裔以道、永、昌辈居多，遍布海内外，成为一个名副其实的大家望族。

李道钧告诉记者，李家人历经百年风雨，如今也开始重建家族声望。几年前，李家曙还在新加坡设立、主持了一个李氏家族寻根网站，不断将海内外李家人的情况，以及专家学者研究李鸿章与近代中国的论文在网上刊出，以增加了解，互通声息，联络感情。这大概是中国第一个以家族为主题的网站。李鸿章家族还会续写出怎样的传奇，我们拭目以待。（撰文：刘畅、穆艳梅）

左宗棠新疆谋略

左宗棠：1812 年 11 月生于湖南湘阴县，号湘上农人，晚清著名的政治家、军事家、洋务派领袖，官至东阁大学士、军机大臣。太平天国运动期间，左宗棠成为湘军集团的骨干，并组织“楚军”。之后，左宗棠经略西北，击败阿古柏侵略军，收复新疆。1885 年 9 月，左宗棠在福州病逝，朝廷追赠太傅，谥号文襄。著有《楚军营制》，其奏稿、文牍等辑为《左文襄公全集》。

新疆，自古以来就是中国的领土。早在西汉时期，我国的文献就已经将此地称为西域。汉武帝时期，两次派张骞通西域；汉宣帝时期，中央政府设立西域都护府，任命郑吉为第一任西域都护，管理这片辽阔的土地。1757 年，清朝肃清了作乱西域多年的准噶尔叛乱。此后，乾隆将西域改名为新疆，意思是“故土新归”，1762 年，设立伊犁将军进行治理。然而到 19 世纪中期，随着清朝的衰落，新疆地区出现动荡，外国侵略者乘机扶植代理人或直接入侵，新疆危机再次爆发。

在满目疮痍的中国近代史上，找寻国人如流星划过般的自豪与勇气，不是一件容易的事。但是，在新疆危机中，一位年过花甲的湘北老农左宗棠，面对俄国和英国的虎视眈眈，毅然出关西征，收复新疆。更难得的是，他在收复新疆之后，又为治理新疆立下汗马功劳。以史为鉴，过去的一切不应仅仅是电影的素材，更应是今人的宝贵经验。

“西定新疆，舍君莫属”

俗话说，家家有本难念的经。对于1870年前后的晚清政府来说，难念的经尤其多。1864年，清政府终于将太平天国运动扑灭，但这场持续13年之久的农民战争的熊熊大火，燃烧了晚清政权太多精力。就在同年，新疆多个地方发生动荡，先后出现了5个封建割据政权，他们不但自立为王，而且相互攻伐。

1865年，一个占据了喀什噶尔（今喀什）的割据政权，感到独力难支，向新疆以西的浩罕汗国（今乌兹别克斯坦境内）求援。浩罕汗国大喜过望，立即派来军事首领阿古柏带兵入侵新疆。阿古柏先后攻下天山以南的喀什噶尔、叶尔羌（今莎车县）、和阗（今和田县）等地。不久，阿古柏在喀什噶尔建立了所谓的“哲德沙尔汗国”，自立为汗，占据了南疆。1870年，阿古柏又向天山以北扩张，在北疆击败了另一个割据政权，占领了乌鲁木齐等地。至此，阿古柏染指天山南北，新疆几乎沦为异域。

眼看阿古柏在新疆得手，俄国捶胸顿足，深恨来迟一步。此前，俄国就利用第二次鸦片战争的机会，趁火打劫，侵占了中国100多万平方公里的领土，其中包括中国西北巴尔喀什湖以东以南44万平方公里的领土。俄国的野心不止于此，在吞并了中亚地区的三个汗国之后，俄国急不可待地想吞下伊犁和乌鲁木齐。于是，1871年，俄国出兵侵占伊犁。第二年，俄国派使团到喀什噶尔，和阿古柏签订条约，承认阿古柏政权，换取了在南疆通商的权益。

英国对新疆也早就垂涎三尺。阿古柏入侵南疆后不久，英国使节就面见阿古柏。为了获得英国的庇护，阿古柏表示：“（英国）女王就像太阳……从伦敦到这里，任何人都可以自由往来。”随后，阿古柏也同英国订约，从英国人手中得到了武器支援。英国则承认了“哲德沙尔汗国”，取得了在新疆的各种特权。

新疆危机到了千钧一发的边缘，晚清政权放眼大江南北，发现只有一个湘军名将左宗棠，此时正好在西北督办陕甘军务。

左宗棠人生经历之复杂，迥异于常人。1812 年，他出生在湖南省湘阴县的一个贫寒家庭。父亲是个默默无闻的秀才，以教书为生，左宗棠是他最小的儿子。幼时的左宗棠身体孱弱，在两三岁时险些夭折。成年后，他的仕途也很不顺利，在中了湖南省的举人之后，他三次赴京会试，均未考中。心高气傲的左宗棠再不打算踏进官场，终生做个农夫。但不知为何，左宗棠的祖父总是坚信，“此子异日必能昌大吾门”。

后来，左宗棠的才华引起了一些大人物的注意，著名学者贺长龄、两江总督陶澍及其女婿胡林翼都与左宗棠交情很深。1849 年，林则徐途经长沙，指名要见在家耕读的年轻举人左宗棠。那时左宗棠已经不打算考科举了，正在研究边疆地理。有人说他不务正业，他却不为所动，认为成大事的人不仅要读经典，更要有真本事。知道这个情况后，林则徐把自己担任陕甘总督时在新疆整理的资料和地图全送给了左宗棠，并说：“将来东南洋夷，能御之者或有人；西定新疆，舍君莫属。”一年后，林则徐病重，他让儿子代写遗书，向咸丰皇帝推荐“绝世奇才”左宗棠。左宗棠就此进入皇帝的视线。

1852 年，太平军攻入湖南，长沙告急。左宗棠在朋友的劝勉下，进入湖南巡抚衙门，担任军事幕僚。根据左宗棠提出的各种建议，长沙在太平军的包围下，足足撑了 3 个月，最后太平军无奈撤围而去。左宗棠的将才令人刮目相看。奉命剿灭太平军、正在家乡组建湘军的曾国藩，请他参与督办军务。但是左宗棠孤傲的性格在官场上很容易得罪人。有一次弹劾他的奏折送到了咸丰皇帝那儿，幸好给皇帝当教读的潘祖荫说了一句话，“天下不可一日无湖南，湖南不可一日无左宗棠”，把他保了下来。

1860 年，左宗棠在曾国藩的支持下，拉起一支军队，自称“楚军”，在江西、安徽与太平军交战。随着对太平军的节节胜利，昔日的孤傲书生变成了声震朝野的名将，1861 年他出任浙江巡抚，第二年升任闽浙总督，剿灭太平天国后又率军北上陕甘，与活跃在北方的农民起义军捻军作战。1871年，左宗棠进驻甘肃。此时，阿古柏已入侵新疆6年，左宗棠成了离侵略者最近的一名将领。

海防与塞防之争

既然有左宗棠在甘肃，朝廷觉得，可以商议讨伐阿古柏、收复新疆的问题了。可是，就在左宗棠紧锣密鼓准备西征时，北京传来了反对进军新疆的声音，原因是东南沿海又出事了。

1874年5月，日本借口所谓的“琉球漂民”事件，出兵台湾。10月，清政府做出让步，与日本签订了《北京条约》，承认日本入侵台湾是“保民义举”，赔偿白银50万两。尽管此前清政府不乏割更多地、赔更多款的经历，但是向一个自己从未放在眼里的邻国服软，再懦弱的大臣贵戚也会受到刺激。一时间，加强海防的呼声高涨。《北京条约》签订后的第五天，总理衙门上奏朝廷，提出加强海防的6条措施。清政府希望在更大范围内听取意见，就将总理衙门的奏章，连同前江苏巡抚丁汝昌草拟的《海洋水师六条》，发往各省督抚大臣。

接到朝廷的咨询信后，直隶总督李鸿章、办理台湾海防的沈葆桢等17人先后发表意见，支持加强海防。左宗棠也在这17人中。左宗棠此前曾创立福州船政局，深知海防的重要。但此时李鸿章却节外生枝，打起了小算盘。

李鸿章认为，加强海防急需用钱，现在用兵西北花费巨大，新疆不过是一块贫瘠无用的土地，当年乾隆皇帝倾全国之力，只是得到“千里旷地”，得不偿失。而且，新疆靠近俄国和英属印度，两国对新疆觊觎已久，阿古柏又得到了奥斯曼土耳其帝国的册封，即使勉强收复，将来也无法长久固守。因此，最好停拨西北塞防的经费，投入东南海防，同时撤回西征部队，放弃新疆。

李鸿章的小算盘激起了一场海防与塞防的大争论。支持李鸿章的大有人在，有为自己利益考虑的沿海地区督抚，有不愿给西征部队供应军饷的中央大员，还有很多李鸿章的门生故吏。在这种情况下，左宗棠能不能力争，就十分重要。

左宗棠也深感压力。而且，面对咄咄逼人的李鸿章，他多少有点心虚。他毕竟是个举人出身，套用现在的学历，如果说名列殿试三甲的曾国藩和李鸿章是名牌大学毕业的话，那么左宗棠最多也就是个专科毕业生。以前，有曾国藩在，湘军出身的人腰杆都硬。可两年前，曾国藩去世了，湘军集团的势力日渐衰落，李鸿章的话语权越来越大。幸好，以军机大臣文祥为首的一批人认为新疆不能丢，力挺左宗棠西征。朝廷便发了一封密谕给左宗棠，咨询他的意见。他知道，这是一次可能决定新疆能否留在中国的奏折。经过一番深思熟虑，他写下了《复陈海防塞防及关外剿抚粮运情形折》，也就是著名的万言书。左宗棠在奏折中指出，对于国家的安危，“东则海防，西则塞防，二者并重”。

后来，左宗棠又在《遵旨统筹全局折》中驳斥了放弃新疆的言论，指出“是故重新疆者所以保蒙古，保蒙古者所以卫京师。西北臂指相连，形势完整，自无隙可乘。若新疆不固，则蒙部不安，非特陕甘、山西各边时虞侵轶，防不胜防，即直北关山亦将无晏眠之日。”一句话，新疆不稳固，北方安全就无着落，整个国家安全也将随之崩塌。左宗棠还驳斥了李鸿章的论调，指出新疆土地肥沃、物产丰富，绝非“千里旷地”。另外，当时海防的舰船、炮台都已经有了规模，后面的主要任务是军事操练，“停兵节饷，于海防未必有益，于边塞则大有所妨”。

清廷收到左宗棠的回奏之后，立即召开会议，决定任命左宗棠为钦差大臣，全权负责新疆军务，准备西征收复新疆。

面对如日中天的李鸿章，左宗棠之所以能顶住压力，一方面是由于新疆对国家的重要性，另一方面是因为他倔强的性格。1854 年，湖南官员王珍在一场小战斗中击毙太平军 30 人，却上报为大捷，曾国藩看后未加查证，也签上自己的名字。但在送给朝廷的最后文件上，左宗棠自作主张，删掉了这场虚假的胜利。虽使曾国藩勃然大怒，左宗棠却不为所动，不惜与曾国藩失和好几年。

清政府选择了这样一位将领带兵西征。

西征之际，谋定而后动

左宗棠对面临的困难心知肚明。两江总督刘坤一在给左宗棠的信中直言，收复新疆是“任天下之至重，处天下之至难”。别的不说，光是朝廷那帮大臣，每当左宗棠遇到实际困难，进军稍慢，就会出现各种非议，“按兵不动”“拥兵自重”的帽子纷纷飞来。

左宗棠承受着巨大的压力。打仗实际打的就是粮饷，边塞作战更是如此，左宗棠曾在海防、塞防的大辩论中明确提出，充足的军饷是收复新疆的基本保证，并要求其他省份努力保证西征军饷。西征军的军费开支巨大，预计每年要支出 800 万两白银，但实际到账的各省协饷只有 500 万两。后来，许多省份又拿出海防重于塞防、要协助海防的借口，拖延供给西征军的饷银，西征军陷入每年只能完整发下一个月饷银的窘境。左宗棠在多次上奏催促饷银未果的情况下，提出了向洋商借一部分款的建议。他在给友人的信中叹息说：“借饷而议及洋款，仰鼻息于外人，其不兢也，其无耻也，臣之罪也。”

好在朝廷同情左宗棠的处境，下令沈葆桢筹款。可是沈葆桢本来就反对西征，便上奏朝廷说，新疆土地广阔，短期无法收复，即使收复，守卫新疆的花费也是无底洞。左宗棠据理力争，算了一笔细账，表明钱花在新疆绝不是亏本的。他最终说服了朝廷，筹到了足够的军饷。据统计，从 1876 年到 1880 年，收复新疆共耗费 5000 万两白银，年均 1250 万两，占清政府年财政总收入的 15.6%。清政府能下定决心如此大手笔地投入，很大程度上来自左宗棠的坚持。

在筹饷的同时，左宗棠还专门在西安设立西征粮台，统筹军粮。此外，他还在归化（今呼和浩特）和肃州（今酒泉）设立专门机构，保证南北两路的军粮供给。后来，西征军陆续进入新疆，左宗棠又命令各军在哈密等地采购粮食，就地屯垦，为军队提供了充足的粮食。

武器更是打仗的关键。左宗棠费尽心思，给西征军装备了最新式的武器。仅仅是1875年10月18日，神机营和工部火药局就向驻扎在哈密的文麟拨发了带刺刀洋枪200杆，洋帽10万个，七响后膛洋炮200尊，随带炮子10万发，各种火药3.2万斤，火绳4000根。此外，还有架劈山炮、德国造后膛来复线大炮、来复前膛马洋炮、开花后膛炮、七响后膛洋马枪……应有尽有。英国历史学家包罗杰说，“这支中国军队完全不同于所有以前在中亚的中国军队，它基本上近似一个欧洲强国的军队。”

至于怎么打，左宗棠成竹在胸。他在给朝廷的奏折中早已说明先歼灭阿古柏、后索还伊犁的构想。歼灭阿古柏又分两步：先北后南。凭借早年对新疆地形的研究，再加上林则徐送给他的新疆地图，他认为，新疆被天山分为南疆和北疆，“北可制南，南不能制北”。在召集各军商讨具体作战问题时，他又给部将刘锦棠定下“缓进速战”的策略，出关后先在北疆猛打几仗，挫败敌人锐气，等收复乌鲁木齐，再南下与阿古柏决战。

经过一年的积极备战，1876年3月16日，左宗棠离开兰州挥师西进。部队主力是刘锦棠带领的老牌湘军，其中绝大多数是南方人。他们跋山涉水来到西北，本已水土不服，又听说要去条件更苦的新疆，很多官兵出现畏战情绪，不敢打先锋。敢做先锋的只有在陕北招降的董福祥部队。但湘军毕竟是主力，董福祥也在观望湘军的反应。

左宗棠和刘锦棠秘密商议之后，定下了一条计策。左宗棠在前往肃州的途中，路过董福祥部队驻地。突然，一名老兵从队伍中跑到左宗棠轿前，大声呼喊，谁也拉不走。左宗棠当这人是疯子，毫不理会，但官兵们听到老兵的话，无不惊骇。老兵喊的是：“我是老统领派来的，老统领要出关打先锋！大家吃饱了，随老统领去打新疆！”

“老统领”说的是刘松山。刘锦棠率领的湘军本是刘松山的部下，刘松山战死后，刘锦棠接任，被称为“少统领”。湘军老兵们突然听到老统领英灵下凡，还要带队去打新疆，原本畏战的士兵都变得热血沸腾。刘锦棠故意找到那个老兵的长官，问是怎么回事，对方说："这人平时好好的，在营里5年了，今天不知道怎么回事。"刘锦棠又故意问那老兵，老兵说："那阵子忽然感到一阵冷风，老统领就来了，让我说那些话，后来我就什么也不知道了。"消息就此在西征军中传开：老统领知道左帅要西征新疆，就先来了肃州，让少统领率兵出关杀敌。左宗棠当即命令全军设祭，祭奠刘松山，还写信给留守兰州的人，若有其事地说："忠壮（刘松山谥号）殁后，遇有大战，必先示梦其部曲。忠义之灵，固常在也。"

这出老统领显灵的大戏，正是左宗棠和刘锦棠为激励士气刻意安排的。当时，上至贵族、将帅，下至士兵、百姓，都有浓重的迷信思想。借士兵们对老统领的崇敬，激励他们的士气，是左宗棠无奈中想出的妙招。

全歼敌人，安抚同胞

1876年4月7日，左宗棠抵达肃州，指挥各军入疆。西征军先到哈密，随后翻过天山，穿过戈壁，逼近乌鲁木齐。

天山北路被阿古柏侵占后，原来陕西回军的首领白彦虎逃至新疆，投靠阿古柏，背叛了国家和民族。此时，他正代阿古柏占据乌鲁木齐。1876年8月，刘锦棠部从阜康出发，进逼乌鲁木齐东北的古牧地。阜康到古牧地的路程100余里，有两条道路可选：大道平坦，却要经过50里荒无人烟的戈壁；小路途经黄田，水源充足。白彦虎故意放出黄田有重兵把守的消息，希望西征军走大道进戈壁，自己好偷袭。

刘锦棠将计就计，派人佯装走大道，实际上悄然走黄田。白彦虎正准备偷袭，却被突然杀来的西征军反偷袭。黄田叛军一触即溃，西征军乘势追击，1876年8月17日，历时五昼夜的狂攻，西征军用德制的后膛炮攻破古牧地城池，以伤亡600人的代价歼敌6000余人。

第二天，刘锦棠率兵长驱大进，直捣乌鲁木齐。阿古柏听到乌鲁木齐危急，急忙派兵增援，但还没到乌鲁木齐，就听说城池失守，白彦虎仓皇逃往南疆。西征军3个月就收复了北疆。

丢失北疆之后，阿古柏企图借天山天险，靠着英国的支持死守南疆。1877年4月，休整了一冬天的西征军主力悄然从乌鲁木齐出发，直奔达坂城。南下之前，左宗棠再次申明纪律，严禁杀掠，对于依附敌人的各族同胞，只要真心反正，一律宽待。

达坂城是通往南疆必经之路，其得失关乎全局。4月17日，西征军包围达坂城，却苦攻不下。就在这时，城内的维吾尔族群众冒死送出情报，说城内守军准备弃城而逃。西征军得到情报，坚定了攻城决心。19日夜，西征军攻下达坂城，阿古柏心腹爱伊德尔胡里等1200余人被活捉。刘锦棠把俘获的敌人押赴肃州大营，但对被胁迫附敌的各族同胞一律发放衣物粮食，送回原籍。几天后，刘锦棠进抵托克逊。托克逊城中的维吾尔族同胞冒险出城报信："敌人听到达坂城失守，惶恐至极，正在各处烧杀劫掠，准备逃跑。希望官军速进，解救百姓。"刘锦棠当即下令西征军进攻托克逊，敌人望风而逃。

托克逊之战后，南疆门户大开，阿古柏精锐部队折损大半，他感到十分惊恐。维吾尔族同胞对阿古柏的残暴统治早已深恶痛绝，听说西征军要来了，相互转告，准备配合。阿古柏知道大势已去，日夜哭泣，最终服毒自杀。阿古柏死后，他的儿子相互争斗，西征军则继续扫荡残敌。

1877年10月，刘锦棠大军进攻库尔勒，白彦虎掘开开都河，妄图阻止大军前行。当地蒙古族老百姓主动给西征军当向导，找到开都河的浅滩处，西征军顺利渡河。刘锦棠大军进入库尔勒城后，发现已是一座空城，粮草供给断绝，又是当地维吾尔老百姓带西征军找到了白彦虎藏粮的地点。白彦虎向阿克苏逃亡，结果城内百姓紧闭城门，不许其入城。但等到刘锦棠大军一到，百姓立即夹道欢迎。1878年1月，西征军收复和阗，盘踞新疆12年之久的阿古柏匪帮终于被全歼，新疆回到了祖国怀抱。

抬棺出征，收回伊犁

收复天山南北两路后，只剩下伊犁仍被俄国占据。俄国原本声称“代清朝占领伊犁”，一旦清军收复北疆就立即归还。但在西征军平定南疆后，俄国仍拒绝交还伊犁。1878 年 10 月，清政府派吏部侍郎崇厚为全权大使，赴俄国交涉，索还伊犁。

尽管左宗棠对清政府靠外交谈判索还伊犁有些看法，但也无力改变朝廷的主意。崇厚是个胆小平庸的人，在俄国的恐吓下，他竟然擅自和俄国签订了《里瓦几亚条约》。按照条约，俄国虽然交还伊犁，但却割去霍尔果斯河以西、特克斯河流域等战略要地，使伊犁以西、以南险要尽失。

消息传来，全国哗然，纷纷要求处斩崇厚，废除条约。西北前线的将士们群情激奋，刘锦棠认为：“非决战阵，别无善策。”左宗棠在奏章中愤怒地说：“武事不竞之秋，有割地求和者矣！”由于左宗棠和前线将士的决心，也因为全国上下的坚决反对，朝廷在崇厚回国后，将他交刑部治罪，定为“斩监候”。1880 年 2 月，清廷派曾国藩的儿子、驻英法大使曾纪泽前往俄国重新订约，同时命左宗棠统筹新疆南北的战守事宜。左宗棠调兵遣将，定下了兵分三路，武力收复伊犁的策略。

此时，左宗棠已是 68 岁高龄，经略西北已经 10 多年。虽然他精力旺盛，但多年戎马，身体毕竟不堪重负。由于水土不服，他全身长满风湿疹子，奇痒不止，夜里难以入睡。左宗棠本来就有咯血的毛病，在西北越来越重，有时候早上起床时，吐血不止。他甚至担心自己的身体出不了玉门关。但非常明白，要索回伊犁，自己必须出关远征。一旦谈判破裂，和俄国的战事恐怕一两年内难以结束，自己即便出了玉门关，能否活着回来就不好说了。

1880 年 5 月 26 日，左宗棠率领亲兵 1000 余人离开了肃州大本营，向新疆哈密进发。抱病出征的左宗棠命人抬了一口空棺材，跟在自己身后，表明战死疆场的决心。这位年近古稀的老将为收复国土抬棺出征的壮举，不但极大地激励了将士们的士气，更令无数后人感动落泪。

3天后，左宗棠到达玉门关。他不仅不觉得寒苦，反而兴致很高地说，自己虽然比不了年轻人，但这次为国效命，“孤愤填膺，诚不知老之将至！”

与此同时，曾纪泽也抵达圣彼得堡，开始与俄国谈判。俄国在谈判中虽然蛮横无理，几次恐吓曾纪泽要开战。但是得知清军在前线调动频繁，左宗棠又抬着棺材到了新疆，俄国也不敢贸然动武，伊犁前线一时处于相持状态。

然而左宗棠没有想到的是，正当自己决意一战时，朝廷却动摇了。俄国在中国西北和东北地区增兵，使得清政府慌了手脚。加上李鸿章请来英国人游说，清政府连忙召开紧急会议，商讨伊犁问题。当时，力主收复新疆的文祥去世，李鸿章的意见占了上风，同时英、法、美等西方国家又对清政府严惩崇厚一事提出抗议，清政府动摇了。

1880年8月，朝廷的诏书送到了左宗棠手中，调他赴京任职。而当时，左宗棠掌握的情报显示，俄国前一年遇到灾荒，又刚刚结束与奥斯曼土耳其帝国的战争，国内很困难，不可能全力对付中国，增兵只是虚张声势。左宗棠气愤至极，因为收复伊犁的理想可谓功亏一篑！但他又无可奈何，在给儿子的信里，他感叹说，朝廷里的人不了解情况，却混淆国事，“为之奈何”。

虽然不能不走，但左宗棠推荐刘锦棠督办新疆军务，坚持以武力作为谈判的后盾，“先之以议论，决之以战阵”。左宗棠即使回京，也把不明就里的俄国人吓出了一身冷汗。在得知清政府召左宗棠回京后，俄国代理外交大臣格尔斯急忙找到曾纪泽，问道：“听说左宗棠现已进京，可能会挑起全面战争，是不是这样？”曾纪泽模棱两可地表示，自己还不知道这个消息。格尔斯赶紧说：“中俄两国要是为小事打起来，实在不合情理。”

1881年2月24日，以左宗棠在新疆的布防为后盾，经过曾纪泽据理力争，清政府与俄国签订《中俄伊犁条约》。这一条约虽然依旧是不平等条约，但相比崇厚所签的条约，中国已争取回部分主权和领土。曾纪泽与俄国签约的当天，左宗棠正好抵达北京。虽然左宗棠全复疆土的愿望没有实现，但他确实为收回伊犁起到了至关重要的作用。

治理新疆，“为政先求利民”

左宗棠能够迅速收复新疆，得益于新疆各族人民的支持。他们传递情报、捐送粮食，给西征军的行动提供了极大的便利。新疆人民支持西征军，一个重要原因是阿古柏政权横征暴敛，致使民不聊生。

在南疆，阿古柏采取极端野蛮和残酷的手段，实施民族压迫、经济剥削。所有地方和军队的官员都由自己部族的人担任，他们可以随意抢夺居民的财物，甚至抢夺他们的妻女。据《新疆图志》记载，维吾尔幼女自 8 岁以上都被奸淫，维吾尔家长死后，家产都被夺走。阿古柏也在北疆“大杀回汉居民”，各族同胞无不痛恨万分。

左宗棠治理新疆，第一条就是强调汉族和少数民族要平等对待。他在率部进驻陕甘期间，曾上奏朝廷，特别声明“只分良匪，不分汉回，为久远之规、制贼之本”。对于少数民族的利益，左宗棠十分照顾。1874 年，正是在他的大力斡旋下，清政府才同意甘肃单独设立科举乡试考场，而且允许甘肃乡试的一科是汉回合试，另设一科用“良”字编号，专取回族士子。

为了恢复被阿古柏破坏的百姓生计，左宗棠主张“为政先求利民”，在惠及百姓方面，做了很多有益的探索。首先是推出屯田政策。由于英国、俄国的虎视，新疆必须维持足够的军队，但军队的供养不能转嫁给当地百姓。因此，左宗棠实行屯田，让军队自己生产，养活自己。对屯田所种的粮食，左宗棠采取照价收购的办法，调动了士兵屯田的积极性。收购所剩下的粮食，官兵可以自由与民众买卖。新疆广阔的天地和士兵充足的人力资本，使得军队生产有着极大的优势，军队不用靠吃皇粮过日子，也减轻了新疆民众的负担。

要想百姓吃饱喝足，最关键的是让百姓地里的粮食不被地主和官吏夺走。新疆原来的农业赋税管理，用的是徭役制，如同农奴制一样，农民无偿耕种土地，还要服各种劳役。左宗棠参照内地的做法，实行按亩征赋。他规定每亩地收粮1石以上，则交税1斗（1石为10斗，1斗为10升）。后来，他又将不同的地亩进行分别对待，再次减少税赋。比如，新疆土地宽广，2亩可算作1亩，上等地征收8升，中等地征收5.5升，下等地征收3升。

新疆多年战乱，民众流失较多，为鼓励移民兴疆，左宗棠又制定特别的激励制度，新来的移民可以缓交粮税，先交六成，以后再续交。考虑维吾尔族百姓不识汉字，左宗棠又颁布律条，要求所有粮税清单，都同时使用汉维两种文体，让维吾尔族百姓一目了然。这一改革，极大激发了维吾尔族民众的生产热情。1879年，新疆共征粮税26万余石，较之原来增长了10万余石。

农业生产的发展需要兴建水利设施，在新疆尤为如此。左宗棠将修浚河渠作为建设新疆的头等大事。根据当地实情，渠道修建时，“先干渠，后支渠”；官府负责干渠，各地民众负责支渠。考虑当地民穷地薄，左宗棠让军队支援农业。哈密地区的石城子渠、镇西厅的大泉东渠……这些大型干渠都是当地驻军修建的。

为了发动各族群众参与水利建设，左宗棠还引进了内地“以工代赈”的办法，由地方官招募民众，修筑渠道，秋收后向民众发放粮食作为补偿。到清朝末年，新疆共修建或疏浚干渠944条，支渠2330条。水利建设的开展，为保障农民收入和农业发展，特别是抵御自然灾害提供了有力的保障。

教育是促进民族发展的重要事业。左宗棠对新疆的教育投入了前所未有的精力，尤其是回民教育。收复前的新疆，旧有的回官往往欺负普通回民不识汉字，任意勒索。少数民族的民众每年都交很重的粮税，其中大部分都塞到回官的口袋里。由于语言不通，民族交流困难，很多百姓都认为是国家剥削他们，而不知是回官作怪。在少数民族聚居的地方，左宗棠下令兴建义学，让各族百姓读书识字。他还下令刊刻《千字文》《百家姓》《三字经》等启蒙书籍，传播中原儒家文化。

建立“新疆省”，把商业带进边陲

推动建省设县，让新疆地区的行政管理第一次真正接近内地的模式，是左宗棠治理新疆的一大功勋。早在收复南疆之前，左宗棠就上奏朝廷，“为新疆划久安长治之策”，必须“设行省，改郡县”。朝廷同意这个建议，但当时南疆和伊犁还没有收复，建省的事就搁置了下来。

自从乾隆平定准噶尔叛乱后，新疆一直由甘肃省统辖。清政府在新疆所设的官职，无论是伊犁将军，还是乌鲁木齐都统，都是军职，而不是民职。乾隆设立的这种体制，有点类似军事基地的性质，军事战略意义第一，民生和社会发展并不是重点。随着时间的推移，这套办法越来越不适合新疆的情况。用左宗棠的话说，就是“治兵之官多，而治民之官少”，政令和军令不能协调。

当时，内地各省只有一个巡抚，相邻几省共设一个总督。左宗棠规划的“新疆省”，规格比内地各省高，设新疆总督，乌鲁木齐为首府；同时设新疆巡抚，驻地为阿克苏。左宗棠还提议在伊犁设将军，统辖驻军；在北疆悉数按照旧制，不添不舍；在吐鲁番则增设道员等。

这一设计成为新疆建省的蓝本。1884 年 11 月，清政府正式设立“新疆省”，除了不设总督，其他基本按照左宗棠的提议办。此时，左宗棠已在北京担任军机大臣，他的得力助手刘锦棠成为首任新疆巡抚。后来，刘锦棠治理新疆的诸多措施，都是参照左宗棠的建议。

新疆设省，是左宗棠治疆的一大亮点。这使得新疆从一个单纯的军事据点，变成祖国西北的大后方，极大促进了新疆与内地的交流，密切了各族人民的关系。新疆从此与内地行政相统一，政令与军令相和谐，行政效率有了迅速提升，迎来了一个管理顺畅的发展时机。

左宗棠在新疆时，对各级官吏的管理也颇有独到之处。他对旧有的官吏，特别是一些鱼肉百姓的官吏进行了大清洗。对新任的官吏，他强调除了监督和检查，更要懂得培训和爱护。“欲知民事，必先亲民；欲知吏事，亦须亲吏。”他给下属分发汪辉祖的《佐治药言》、陈宏谋的《在官法戒录》等官箴书，还自己动手编写了《学治要言》，训练官员的处事能力。在新疆各地官员递交的公文上，他屡屡批示“做官要认真，遇事耐烦”等话。

左宗棠也十分注意关心下属官吏。收复新疆后，他提高了南北各路州县官员的薪俸，办事效率和官场风气明显好转。林发深在新疆多个地方当过知府，为官清廉，家计窘迫，当他回乡治病时，左宗棠特别赠送500两白银，作为路费。此外，拒绝奢侈，禁绝陋规等，都是左宗棠个人严守的规矩，在新疆官场中起到了表率作用。

新疆的经济基础也需要夯实。作为洋务运动的领袖之一，左宗棠有过兴办福州船政局、兰州机器局的丰富经验。从桑蚕种植到畜牧业发展，从矿产开发到经商办厂，他力促新疆与内地互动，带来了新疆经济的发展。1877年，他让红顶商人胡雪岩从浙江湖州招收了60名熟悉蚕桑业的人，赶赴哈密、吐鲁番、阿克苏等地，开办制丝局，教新疆各族人采桑制丝。后来，他又让人两次从湖州运桑树苗过来，改良新疆的桑树品种。在兴办这些手工业和商业时，左宗棠特别注意“民力可用，商力可用”，主张商人自己运作，自己管理，官吏不插手，以免从中牟利。

在植树造林、改造环境方面，左宗棠也贡献甚多。他根据西北土壤环境，栽种了大量柳树，被人们亲切地称为“左公柳”，闻名天山南北。

左宗棠的另一项重要举措是重建货币制度。任何政权都会盯紧货币的制造，阿古柏政权盘踞南疆时，为了掠夺民众财富，发行了一种新的银钱——天罡。由于阿古柏等人在天罡铸造中掺假，市场交易混乱不堪。收复新疆后，左宗棠决定铸造新的银钱，每枚重1钱，价值10文铜钱。这种银钱的成色很好，两面都印有维文，深受老百姓喜爱。左宗棠又让部将张曜在阿克苏铸币局仿照乾隆旧版，制成新的铜钱，铜钱的正面依然印着汉文“乾隆通宝”，以便老百姓认同；背面增加满文和维文，方便老百姓识别。

倾听新疆大地的声音

历史的可贵，在于它总是打破常规的逻辑，告诉你曲折的现实；人性的可贵，在于它总是突破岁月的沉淀，留给人们无尽的思考。左宗棠是一个伟大的实践者，无论是收复新疆，还是治理新疆，其心胸之宽阔，见识之卓远，意志之坚定，举措之周密，爱国之热忱，无不令后人敬仰推崇。很难想象，如果没有左宗棠，当年的新疆将会遭遇怎样坎坷的命运。

左宗棠对新疆的巨大贡献，源于一个中国人对国家命运深沉的思考，源于一个主政者对来自新疆大地的声音用心倾听。

在驻扎西北期间，左宗棠深感只有民族平等，才能真正赢得少数民族民众的拥护。艰苦的收复新疆之战，每到关键时刻，都是靠民族团结获胜的。达坂城的维吾尔百姓冒死给西征军送情报，库尔勒的蒙古族老百姓为西征军带路渡河，库尔勒的维吾尔老百姓告诉西征军藏粮的地点，阿克苏的各族百姓关上城门拒绝叛军，却夹道欢迎西征军……这就是民心所向。

战争取胜的因素有很多，但是人民的拥护，却是最为可靠的力量。不仅平叛需要这种力量，此后，左宗棠治理新疆，发展新疆，都得到了各族民众的真心拥护。

收复新疆其实是一系列周密的行动。早在1868年，西北地区的捻军攻入北京附近的直隶地区，慈禧太后在极度惶恐中逼问左宗棠，有何办法可以平定西北？左宗棠直言以告，“西事艰险”，5年方可以平西北，而且需要全国支持，“用东南之财赋，赡西北之甲兵”。从那时起，左宗棠心里就想着新疆——先定甘肃，再安陕西；先安陕西，再图新疆。左宗棠始终把握着依靠内地、稳步推进的战略节奏，步步为营。等到1871年沙俄占领伊犁后，他迅速做出反应，先收复紧靠新疆的肃州，插下进兵北疆的第一个楔子。此后，从攻占乌鲁木齐到攻克托克逊，看似简单，场场必胜，但每场战争，左宗棠都做好了周密的准备，有的放矢，缓急有法。

治理新疆从来都是一道历史的难题，左宗棠能够出色地书写这份答卷，还有一个不容忽视的因素，就是他个人的情怀。他是一个出身平凡的落魄书生，终身没有考取科举的最高功名，只能以举人的身份混迹官场，这终归是有点难堪的。但他的才华世所罕见，以才华报国、建功立业，是他一生孤傲的执念，也是他前行的最大动力。唯有理解了他这份赤胆忠心，才能明白他为何在 68 岁高龄时，毅然出关西征，奔波于大漠之间。

纵观左宗棠收复新疆和治理新疆的全过程，他大胆却心细，豪放而多情，他是在完成一个必须完成的事业，不给自己半点犯错的机会。一个平凡的人，坚持自己的梦想，最终成就国家的大业，这份忠诚与执着，在历史的关键处焕发出了最夺目的光芒。（撰文：吴四伍）

左宗棠后人名医多

世纪之交的2000年，美国《新闻周刊》评选出全世界40位智慧名人。其中包括3位中国人：第一位是毛泽东，第二位是成吉思汗，第三位就是左宗棠。身为晚清重臣的左宗棠，军功赫赫、治家有方。左氏一族，在清末乱世出了不少治国能臣，而后代良医辈出，清白家风令后世称道。

科举之途　屡屡不顺

左宗棠，字季高，号朴存，湖南湘阴县人，生于清嘉庆十七年（1812年），卒于光绪十一年（1885年）。左宗棠家南宋时从江西迁来湖南，在那里定居500多年。左宗棠父亲左观澜教书20多年，生活清贫。左宗棠3岁时，跟祖父上山采栗子，采到栗子没有吃独食，而是回家与兄长平分。祖父夸他："这孩子分栗子很公平，还知道谦让，以后有出息。"

少年时，左宗棠以优异成绩考上秀才。可他的科举之路很不顺利。道光十二年（1832年），左宗棠参加湖南乡试，试卷没能被阅卷的考官看中。眼看与举人资格失之交臂，幸好这是为道光皇帝五十大寿开的恩科，主考官从5000余考卷中又选了6份，左宗棠名列增补的6人之首。

此后，左宗棠考进士三次落榜。有一次落榜，竟是因为湖南人多中了

2007年10月，游客参观位于湖南省湘阴县的左宗棠故居柳庄

一个进士，而湖北人少了一个，硬把左宗棠撤下，换上了一个湖北人。左宗棠决定不再参加会试，开始寻找新的报国途径。他23岁结婚时，在新房自写对联："身无半亩，心忧天下；读破万卷，神交古人。"这是对自己的勉励，也是他一生的写照。

道光十七年（1837年），两江总督陶澍回老家省亲，途经醴陵，县公馆的一副对联引起了他的注意："春殿语从容，廿载家山印心石在。大江流日夜，八州子弟翘首公归。"陶澍大为赞赏，提出要见作者。这个作者，正是左宗棠。陶澍和20多岁的左宗棠一见如故，彻夜长谈。左宗棠拜陶澍为师，落魄的穷举人，就这样做了两江总督府的幕僚。谁知好景不长，两年后陶澍病死于南京，左宗棠失去靠山。道光二十三年（1843年），左宗棠在老家置了几亩薄田，回家务农。

军功成就　旷世奇才

左宗棠虽在家隐居，却已然声名在外。鸦片战争时期，林则徐回原籍养病，途经长沙，指名要见左宗棠。左宗棠振奋不已，日夜兼程赶往湘江，上林则徐的官船时过于激动，一脚踏进水里。林则徐见到衣裳湿透的左宗棠，笑着问：“这就是你的见面礼？”二人一直谈到天亮，林则徐告诉左宗棠新疆的危局，将耗费数年心血整理的新疆资料和绘制的地图交给左宗棠。这为左宗棠后来新疆平乱埋下伏笔。

咸丰二年（1852年），太平军进攻长沙。湖南巡抚张亮基知道左宗棠的军事才能，派专使请出40岁的左宗棠守长沙。左宗棠与太平军初战长沙城下，太平天国西王肖朝贵战死；再战湘潭，太平军主力被击破。声名大振的左宗棠，率部从江西打到浙江，同治元年（1862年），左宗棠升为浙江巡抚，次年攻下了汤溪、龙游、兰溪，占领金华，攻克了义乌、诸暨。左宗棠一路胜利、一路升官，10多年的时间，当上了闽浙总督。

左宗棠军功赫赫，不断升迁，开始自负起来。传闻他常说自己是牵牛星下凡，爱在饭后摸着大肚子说：“我不负此腹也！”有一次，他又手摸肚子，问身边一个差官：“你知道我这肚内是什么吗？”差官说：“是燕窝海参？”左斥责道：“这是什么话！我腹中都是绝大经纶！”差官出来后咂舌道：“左大人说他肚里有绝大‘金轮’，能吞下去真不简单啊！”

左宗棠喜欢把自己比作诸葛亮，有时在写给别人的信中甚至署名“老亮”。他的一个下属林寿图喜欢开玩笑，当左宗棠自吹自擂时，林笑说：“此诸葛之所以为亮也。”左宗棠很高兴。两人后来又说起，当时有很多人自诩为诸葛亮，林寿图说：“此葛亮之所以为诸也。”左宗棠把脸一沉，因为“诸”和“猪”是谐音，左宗棠觉得丢了面子，后来找了个借口把林赶走了。

西征路　插满左公柳

曾国藩对左宗棠提携颇多，但左宗棠并不“服”他。左宗棠比曾国藩只小一岁，但曾国藩统领湘军时，左宗棠只是个幕僚。左宗棠在给曾国藩的信里却不肯自称“晚生”，只署“愚弟”，他的傲气，让两人关系逐渐恶化。传说有一次两人见面，曾国藩表面平静，内心怨气难消，出了个上联：

“季子敢言高？仕不在朝，隐不在山，与吾意见常相左（嵌入左季高三字）。”左宗棠也不示弱，对道：“藩臣当卫国，进不能战，退不能守，问君经济有何曾（嵌入曾国藩三字）？”

后来，曾国藩奉命处理“天津教案”，对洋人态度软弱。一向主张对外强硬的左宗棠拍案大骂，二人断交。

但左宗棠本人在民族大义上确实不含糊。同治四年（1865年），中亚浩罕汗国军官阿古柏入侵新疆喀什噶尔等城，宣布成立“哲德沙尔汗国”。光绪二年（1876年），左宗棠让护卫抬着一口棺材，亲率6万湖南子弟入疆平乱。他的大军翻天山，穿沙漠，历时两年，收复新疆全境，是晚清历史上最扬眉吐气的大事件，也是抗拒外来侵略的光彩一页。左宗棠下令，在西征路上遍植杨柳，并写下一首七绝：“大将筹边尚未还，湖湘子弟满天山。新栽杨柳三千里，引得春风度玉关。”这种杨柳，后来被称为“左公柳”，至今犹存。

光绪十年（1884年），法军进犯台湾基隆，又偷袭福州马尾港，福建水师覆灭。清廷命左宗棠为钦差大臣，督办福建军务。他在福建整顿防务，援助台湾清军，使法国侵台阴谋没能得逞。正当捷报频传时，慈禧太后一意求和，下令停战。左宗棠眼睁睁看着军事胜利换来的是不平等条约，气得口吐鲜血，晕倒在地。一年后，弥留之际的左宗棠口授遗折：“臣督师南下，逾未大伸挞伐，张我国威，遗恨平生，不能瞑目。”9月5日，左宗棠病逝于福州，次年归葬于湖南长沙。

“左骡子”的清白家风

左宗棠一生刚直不阿，绰号“左骡子”。早在长沙幕府期间，永州总兵樊燮贪赃枉法，自恃身为满人，又是湖广总督官文的亲戚，拒不服罪。左宗棠坚决把他绳之以法。面对咆哮公堂的皇亲国戚，左宗棠大义凛然地呵斥：“纨绔子弟，国之硕鼠，有何面目见尔列祖列宗？”官文向咸丰皇帝诬告左宗棠，把他的话篡改为“八旗子弟，国之硕鼠”，说他“头上有反骨”。咸丰帝下旨“就地正法”。幸而大臣中有人力保，左宗棠才躲过横祸。

手握大权，左宗棠要发财易如反掌，但他一生清廉。他与晚清巨富胡雪岩交往颇深，胡雪岩为左宗棠筹措粮饷，左宗棠任命胡为军中总理粮台，还保荐他为候补道，后来更奏请皇帝，给胡加授布政使衔，赏穿黄马褂。胡雪岩成为显赫一时的红顶商人。左宗棠在东南用兵顺利，又在西北连战连捷，在财政上得益于胡雪岩支持。两人可谓典型的官商合作。说这样的合作不谋私利，当然有人不信，就向朝廷告发。但朝廷调查的结果是，胡雪岩的财力支持，为左宗棠的军事行动立下了汗马功劳，而左宗棠一身清白。慈禧太后非常高兴，随即对满朝文武下了一道口谕：30 年不准参奏左宗棠。

左宗棠共有 4 个儿子，名为孝威、孝宽、孝勋、孝同。他得子较晚，大儿子孝威出生时，左宗棠已经 35 岁。儿子 7 岁时，他离家到长沙当幕僚，此后戎马生涯，与家人聚少离多，甚至一连 6 年都不能与家人见面。他对子女的教诲主要是靠书信。他写信教导儿子：“读书要目到、口到、心到。”“读书做人，先要立志，想古来圣贤豪杰是我这般年纪时，是何气象？是何学问？是何才干？我现在哪一件可以比他？”

同治五年（1866 年），左宗棠四子均已长大成人。左宗棠为左氏家塾写下一联：“要大门闾，积德累善；是好子弟，耕田读书。”他本人的表率作用，对子女产生了极大的影响。当时人们称赞说：“公（指左宗棠）立身不苟，家教甚严。入门虽三尺之童，见客均彬彬有礼。虽盛暑，男女无袒裼者。烟赌诸具，不使入门，虽两世官致通显，又值风俗竞尚繁华，谨守荆布之素，从未沾染习气。”

左宗棠的儿子中，只有老四孝同在军中当过较大的官，甲午战争时，曾任湖南巡抚的吴大澂在辽宁边关统率大军，左孝同总办营务。战后，左孝同就退出了军队。

后代名医不少

左宗棠的墓地，在湖南省长沙县跳马乡杨梅河白竹塘。据当地农民回忆，左墓在 1975 年毁过一次，当时村里要修桥，有人说左墓有很好的石料，就挖开了墓。左宗棠当时“看起来与活着时一样”，大概 1.6 米高，辫子有尺把长，一见风，皮肤就慢慢变黑，后来腐烂了。他墓里面“没什么东西”。当地农民在山上另挖了个坑，把左宗棠的尸骨藏起来。后来重修，才把遗骨葬到原地。左宗棠的祠堂“左文襄公祠”，20 世纪 50 年代被改成工人文化宫。

左宗棠后人当官的不多，孙子左念恒做过余杭太守，是个诗人。到了第四代以后，多学者，多名医。左宗棠的曾孙左景鉴是著名外科专家，毛泽东早年在湖南搞农民运动的时候，左景鉴也搞过农运。20 世纪 50 年代，他奉命入渝筹建重庆医学院，在 20 世纪 60 年代与黄家驷、裘法祖、吴阶平并称为中国外科的“四把刀”。据左宗棠曾孙女婿梁赐龙回忆，“文革”时，左景鉴被打成牛鬼蛇神，被迫去打扫厕所。有好几次，他扫着扫着，有人通知让他赶快换衣服，北京的首长要做手术，“飞机在那里等着”。

左景鉴的儿子左焕琮是外科专家，1994 年，蒋经国之子章孝慈到北京求医，为他做手术的就是左焕琮。左景鉴的大女儿左焕琛也是学医的，是影像医学及心血管病专家，复旦大学上海医学院教授、博士生导师，曾担任过上海市副市长、市政协副主席。左氏后人中，还有一位旅法华裔汉学家左景权，在敦煌学方面颇

2007 年，左焕琛在全国政协会议上

有成就。

左宗棠的曾孙左景伊是中国工程院院士，北京化工大学应用化学系教授，腐蚀与防护学的开创者和奠基人。他所创造的左氏定律，至今是化工防腐处理的一个重要定律。他曾撰文回忆王震将军对左宗棠的评价。1983年8月，王震将左景伊邀至自己家中，谈了3个小时，还将个人珍藏的《左宗棠年谱》送给左景伊。王震说："左宗棠在帝国主义瓜分中国的历史情况下，立排投降派的非议，毅然率部西征，收复新疆，符合中华民族的长远利益，是爱国主义的表现，左公的爱国主义精神，是值得我们后人发扬的。"这个评价，对左宗棠还是蛮高的。（撰文：朱珠、刘建勇）

湖南朱氏家族探秘

朱玉堂的祖屋在离长沙市中心 30 公里的长沙县安沙镇上。笔者坐了两个多小时的车，问了三四个人，才辗转找到。这座砖木结构的三进式庭院占地近一亩，房舍黑白色调，上下两层，园内祠堂、戏台、双眼水井等一应俱全。2006 年，长沙市政府将院子按原貌修葺一新，崭新的老宅此刻只有笔者一人探访，在艳阳下显得有点寂寥。时光若倒退 80 年，此刻应有书声琅琅——这里曾被改造为“时中学堂”，免费供朱家和四乡的孩子读书。

宅子的主人朱玉堂曾获光禄大夫头衔，是晚清湖南首富之家的当家人，

湖南朱氏家族祖屋位于长沙县安沙镇棠坡，图为路口牌楼（朱珠摄）

被尊称“朱云谷堂”。而真正创下家业的，是他的儿子朱昌琳。

朱昌琳，族名朱谘典，字雨天，又字禹田，是晚清湖南富商和大慈善家。朱氏家族为人称道的，除了财富、荣耀，还有他们为官的清廉，做人的正直，敢为天下先的气魄和乐善好施的家风。

朱元璋的血脉

朱昌琳显赫于清朝咸丰、同治年间，但他的家世却可上溯到六百年前，当时新兴的朱明王朝刚刚开始统治中国。

明太祖朱元璋建立明朝后，除太子朱标和皇子朱楠以外，将其余二十四个儿子分封各地，并给各家子孙后代都取好了二十辈的排辈字眼。如太子的子孙排行为“允文尊祖训，钦武大君胜，顺道宜逢吉，师良善用晟”。可惜这一支除了建文帝朱允炆外，没有后裔。太祖四子燕王朱棣夺取了侄儿的天下，为明成祖。他这一支的排行是：“高瞻祁见祐，厚载翊常由，慈和怡伯仲，简靖迪先猷。”崇祯十七年（1644年）北京城破，明思宗朱由检在景山自尽，太子朱慈烺下落不明，崇祯另外两个儿子定王慈炯和永王慈照（就是朱三太子和朱五太子）及子孙在康熙时被全部处死。明成祖一支，彻底斩断于“和”字辈。

明太祖朱元璋是朱氏家族第一代

从朱元璋孙子一代起，皇家为避免天下避讳太多，规定皇族子孙取名用双字，并且不必避讳单字。皇族子孙名字的第二字以火、土、金、水、木为序，自木字辈的太子朱标起依次排行。朱昌琳的先祖是朱元璋的十八子朱楩，生母是周妃，在洪武二十四年被封到岷州为王，二十八年改封云南。朱元璋为这一支子孙设计的排行为："徽音膺彦誉，定干企禋雍，崇礼原谘访，宽镕喜赉从。"建文元年，平西侯沐成向建文帝参奏岷王不法，建文帝把岷王废为庶人，流放漳州。明成祖夺了建文帝皇位，恢复了岷王的王爵，但他依旧怙恶不悛，明成祖一怒削去了他的护卫和官属。明仁宗朱高煦继位后，把岷王朱楩迁到湖南武冈，让地方官好好管教他，很久之后才为他重建王邸。岷王朱楩死于代宗景泰元年，谥号"庄"，史称"岷庄王"。

此后直至明末，岷王朱楩的后人乏善可陈。明代无数藩王因犯罪或没有继承人而被废除王位，岷王一支却一直在封地湖南拿着朝廷的俸禄，安安稳稳过日子。崇祯十六年（1643 年），农民军攻破武冈，杀死岷王，王世子在战乱中不知所终。自洪熙元年（1425 年）至崇祯十六年（1643 年），岷王家族历 219 年，终结于"禋"字辈。朱元璋给它定下的 20 个字，用了还不到一半。

翌年四月，崇祯皇帝把太子和二王唤入乾清宫，亲手为孩子换上布衣，叮嘱道："你今天是太子，明天就是小老百姓。我一定要殉国，你们不要牵挂我，各自逃生去吧。"——"势败休云贵，家亡莫论亲。"从王孙贵族到平民百姓，身份的转换不过只是一夜间的事。

落魄皇孙　行医教书为生

明太祖朱元璋的第十七代孙朱天池，族名镕垂，为土字辈。老人现住邵阳，从水泥厂退休后便在家撰写书稿。那是一部整理朱氏家族历史的大部头著作。

80 多岁的老人精神健旺。笔者去拜访时，他正准备祭祖，那天是他的父亲朱宽浚 116 岁冥寿。他对笔者说，他和一些族人一直保持这样祭祖的习惯。

朱天池保存有四大本族谱，记载着从岷庄王至今的家族传承。他说：“明朝灭亡后，岷府子孙四散逃匿，其中一支经宝庆、南陵迁至长沙。为避免清朝斩草除根，只能隐姓埋名。其中岷府八世孙企字辈的一人改名小鲁，族内都叫他小鲁公。这就是我们棠坡朱氏的先祖。”

小鲁公的儿子还是不敢用朱元璋定下的辈分字排行，而是取名朱其美。“禋”字辈就断了档。直到他的儿子、十世朱雍松时，局面已经稳定，才恢复排序。十一世朱崇相、十二世朱理泰、十三世朱原善都是靠行医和教书为业。朱原善又名朱玉堂，他的儿子朱昌琳是朱天池的曾伯祖父。另一个儿子朱谘桂，又名昌藩，则是他的曾祖父。

“南柜总商”豪气十足

朱昌琳生于道光二年（1822 年），他是明太祖的第十四世孙，排“谘”字辈，族名“谘典”。他几进科场，却未获功名。道光二十七年（1847 年），27 岁的朱昌琳到曾任云南藩司的唐荫云家教书。这一年稻谷生芽，一石芽谷只卖到 500 文仍无人愿购。朱昌琳想趁机囤积稻谷，但正做小生意的父亲朱玉堂不愿借钱给儿子，一口回绝说：“没钱。”

最终借钱给朱昌琳的是他的东家唐荫云，朱昌琳用这笔钱囤积了几千石生芽的稻谷。第二年，便是湖南历史上有名的“道光己酉之灾”。连月暴雨，湘江、资江、沅江暴涨，大堤溃决，饥民挤满了长沙和善化，一斗稻米价格涨到数千文。这场天灾让朱昌琳发了大财。

同治三年（1864 年），曾国藩的湘军剿灭了太平天国，在湖南重新实施“票盐制度”，招募商人领取盐票贩卖淮盐。朱昌琳再次看准商机，领了 34 张盐票，创立了自己的启顺泰盐号。又过了两年，李鸿章为了筹集经费，把贩盐的垄断经营权卖给了有盐票的商人。朱昌琳凭已有的盐票，又向别人租用了一些，从此成了湖南盐商老大。生意鼎盛时，朱家的启顺泰盐号向湖南、湖北销盐两万余吨，占了湖南总运盐量的 20%。

同治七年（1868 年），左宗棠平定回民叛乱，返回故乡湖南招募茶商将砖茶送往甘肃和新疆。富商朱昌琳再次把握住机会，联合湘商垄断了销往西北的 70% 的茶叶生意。这位号称“南柜总商”的朱老板，把湖南黑茶一路销到俄罗斯，他的“朱乾生茶叶总站”成为晚清名副其实的跨国公司。

朱昌琳一手把持着湖南省盐、茶的经营权，其富足可想而知。他在湖南、安徽等地的田产，每年收租 25000 多石。他在长沙市内拥有房产不下数十处，其中位于丝茅冲的朱家花园占地方圆十余里，“登之可极尽岳麓湘江之胜”，是湖南最豪华的私人园林。

1937 年抗战爆发，朱昌琳的子孙无偿将朱家花园借给政府设兵工厂，因发生意外爆炸而毁于一旦。朱家子弟朱天池当时在棠坡祖屋，隔着六十华里还能听见花园里爆炸的声音：“炸了足足有两三天，才炸完。”单凭这句话，我们就可以想象朱家全盛时的繁华。如今，朱家花园因旧城改造已荡然无存。这个豪富之家的遗迹，除了位于长沙太平街的钱益升粮铺，便只剩了棠坡老宅。

没中秀才却当上内阁大学士

朱昌琳本是年薪 32 吊钱的穷教书匠，只用了 20 年便“富可敌国”。有人问他致富方法，他说：“务审时，如治国。”

与朱昌琳的豪富相衬的，是他的乐善好施。在“己酉之荒”中，朱昌琳雇用工人在长沙修葺住宅，供给灾民们饭食，救活了上千条人命。致富后，他更在长沙四乡疏浚河道，修桥补路，设育婴堂、施药堂、鳏寡孤独堂，设义学，为贫穷无依者发放年米、寒衣。种种善行，不胜枚举。而他最热衷的，便是救荒，非止湖南一省，附近的河南、湖北、陕西等各省灾民，都曾受过朱昌琳的救助。

朱昌琳有大善心，又有豪杰气度。朱天池老人告诉笔者，光绪二十二年（1896 年）东南一带官银贬值，湖南市面上有很多成色不足的银子、元宝流通，民间苦不堪言。当时湖南巡抚陈宝箴专程到朱府请朱昌琳出面设官钱局以维护货币稳定。朱昌琳慷慨答应。随即他领导湖南官钱局铸造一两重的银币，格式统一，使投机者无机可乘。此后，朱昌琳又开设了乾升钱庄，连曾国藩兄弟也把积蓄存在“乾升”赚取利息。此后，官府凡要兴办公益事业，陈宝箴都委托给朱昌琳。左宗棠从关陇退休回长沙，许多德高望重的老人前来拜访，左宗棠都只是向他们行后进礼。只有朱昌琳来时，左宗棠走下台阶相迎，热情接待，并对人说：“这是我们乡的豪杰之士。”

因为多行善举，且与官府关系和睦，1897年，在朱昌琳捐巨资将湘江、碧浪湖和浏阳河凿通后，朝廷赏他三品卿贤，又赐内阁大学士和光禄大夫的头衔。连秀才都没有中过的朱昌琳，此时终于在名义上差不多位极人臣，人称“阁学公”。

朱昌琳一生经历了道光、咸丰、同治、光绪、宣统五朝，卒于民国二年（1913年），享年90岁。

棠坡朱氏的为官之道

朱昌琳的后人们大多没有参加科举，靠恩荫得官，但都是清正廉洁、为民做实事的好官，这与朱氏的家风有不可分割的关系。

朱昌琳的儿子朱访纶在清末担任资政大夫，还曾在钦办海军衙门水操内学堂担任办事官。八国联军侵华的“庚子国变”中，白莲教的教众焚毁了教堂，法国教士罗尚德态度凶蛮，广东巡抚听说朱访纶有才干，请他出面处理。他据理力争，激昂陈词，罗尚德称他为“中国官场最有血性的男子”。朱访纶二十年间在南北任过数职，卸职之时民众置明镜一方，白菜一叶，焚香跪送，爆竹声数十里不绝。辛亥革命后，他在长沙办起了华实纺纱公司，造福乡里。

朱昌琳另一个儿子朱访德是光绪十四年的举人，长得高大魁梧，身怀绝技，攀登峭壁危峰如履平地，据说还能咬断锥针。他在光绪年间任军事总参议时，重修江宁城附近沙洲，将淤塞多年的河道疏浚一清。他还平反了湖北巡抚端方和安徽巡抚恩铭造成的许多冤狱。

朱访绪是朱昌琳之弟朱昌藩的儿子，也是天池老人的祖父。他在光绪二十年中举，因为看不惯官场风气而辞官回乡。他继承家风，凡遇救助旱涝灾害等地方公益事业，都积极参与。当时人们感慨地说："朝廷不能任用朱访绪这样有才干的人，十分可惜。如能够防患于未然，怎么会有庚子之乱呢？"

天池老人在他的书稿中写道："十五世诸祖均取朝廷功名，为官清正，世励清操，为民办实事，戒奢靡，崇俭约，忠厚孝友，和宗族，睦乡邻。淳风美德，世代相传。"这大概可以用来为棠坡朱氏的为官之道做总结。

清白门风代代相传

朱天池老人在叙述家事时，仍一板一眼地将族中男性先辈称为"府君"，将女性先辈称为"夫人"或"太夫人"。"荷生府君（即祖父朱访绪）经常教导我们：'我们自己家里很苦，富裕之后一定要记得老百姓，要替老百姓办好事情。'"朱天池说，"我们都很痛恨贪官污吏。"

在棠坡朱氏族谱的扉页，用毛笔写着八个字："天池珍藏，传之后世"。对这个已经有七百年历史、仍在欣欣向荣的家族来说，要传之后世的不光是一本族谱，更是一直在维系着家族延续的东西。在天池老人书稿的前言中，提到了撰写此书的目的，是要"秉承先祖宗风，以为官清廉，刚直不阿事实，撰写成书，以启迪后进，激励来兹。"

朱氏的第十八代孙朱喜贤，生于台湾，现居美国，他主持修纂了棠坡朱氏的多福堂一支的家谱。在序言中他感叹道："详阅棠坡家谱，深深感到……老祖宗留下来的宗族思想，超越时空、超越政治与社会环境而历久不衰。这种天生的、自然的血脉延续，由家族发展至民族，我认为才是维系我们中华民族五千年绵延不断的主要命脉。"（撰文：朱珠）

安徽绩溪胡氏家族

美丽如画的黄山景区东侧，群峰环抱之中，有一人杰地灵之处——绩溪。

绩溪是安徽省宣城市的一个县。这个县虽然不大，但历史上却出过不少名人，尤其以胡姓为多。如北宋名臣胡舜陟、南宋文学家胡仔、明朝户部尚书胡富和兵部尚书胡宗宪、清代徽墨名家胡天注和红顶商人胡雪岩、近现代著名学者胡铁花和胡适等，都出自绩溪的胡氏家族。绩溪县是全国胡姓最重要的聚居地之一。在这里，胡姓被公认为是家族最大、人数最多的姓氏（约占全县总人口的 15%）。

绩溪胡氏，人才辈出，成为名门望族，除了得江南物华天宝之利和徽文化尊学重教之熏陶外，还有哪些鲜为人知的成功奥秘呢？

笔者专赴皖南，探访神秘的绩溪和神秘的胡氏。

龙川族脉：始于焱公，兴于廿五

“可以说，在绩溪的四支胡姓中，数‘龙川胡’出的名人最多。他们的一世祖、始迁祖是胡焱，后人尊称为焱公。他的画像如今就挂在龙川胡氏宗祠的祠堂里。”《绩溪县志》的主编徐子超如是向笔者介绍。

在迁入龙川之前，胡焱一家生活在青州濮阳县一带（今河南濮阳、山东郓城）。大约1600年前，胡焱作为散骑常侍兼中领军，随晋元帝南下镇守安徽歙州（后改为徽州），并于公元337年，娶了华阳镇（今绩溪县城）的汪氏为妻。婚后不久，胡焱来到华阳镇东部约10公里的龙川游玩，发现这里“东耸龙峰，西峙凤冠，南则天马奔腾而上，北则长溪（登源河）蜿蜒而来”。胡焱觉得这里山水清丽，是块不可多得的风水宝地，于是举家迁到这里，定居下来。

笔者在焱公的画像前驻足良久，他威严和蔼、神态凝重。令人不解的是，他身着龙袍。身旁一位胡姓的当地人似乎看出了笔者的疑问，主动解释道，胡家的子孙为了表达对祖宗的尊敬，特意在画像中为焱公“穿”上了龙袍，但为了避嫌，将龙袍的颜色由金黄变成了土黄，前襟上的盘龙刺绣，也特地没有绣上眼睛。“画龙没有点睛，也就不能称之为龙了，这不能不说是我们先人的巧妙智慧。”

《龙川胡氏宗谱序》中记载道：“我徽州固多世家，而华阳（今绩溪）则以胡氏为首，胡氏又以龙川为首，龙川之胡氏即吾徽州郡亦无出其右者。”胡焱和他的子孙们，凭借从青州濮阳带来的先进农业生产技术、儒家文化传统，在龙川这片土地上开始了数十代隐逸与耕读并举的生活。随着财富的积累，到了第21世胡廿（音同念）五的时候，胡家已经成为远近闻名的富裕人家。

焱公画像

胡廿五又名胡之纲，是两宋期间龙川胡氏的大富翁、大善人。徐子超告诉记者，胡廿五家里拥有的土地遍及徽（徽州）、严（严州，位于今浙江省境内）、杭（杭州）、睦（睦州，位于今浙江省境内）四地，多达三万顷。每年产粮十万石，仅交皇粮就有几万石，可谓当时江南的殷富大户。“皇上看他有钱，建造杭州城的时候下诏给他，让他修半个杭州城。没想到廿五公谨遵皇上旨意，真的修成了半个杭州城。”朝廷本想嘉奖胡廿五，给他加官晋爵，可他不屑与秦桧为伍，婉辞官职，在龙川隐居。龙川胡氏的后人都说，胡廿五为人大度宽厚，颇有孟尝君风度。在龙川村，笔者还听到这样一个传说：

有一天拂晓，胡廿五忽然梦到西方升出了太阳。惊诧万分的他觉得西边一定会有事情发生，不等天亮，就急忙冲出家门向西方走去。途经一个马棚，里面有一个人正在睡觉。虽然躺在马棚里，这个人却气宇不凡，不像个普通的流浪汉。于是胡廿五叫他起来仔细询问，才知此人叫赖文正，进士出身，学识极高，因不喜官场，弃官寄情于山水之间，终身研究易经，人称“赖布衣”。胡廿五与赖文正一见如故，便力邀他到家中小住，并待为上宾。

一天，胡廿五问赖文正：“我想在龙川建一座胡氏宗祠，好让子孙得到祖先的庇佑，你看应该选在何处呢？”赖文正说：“胡氏宗祠的选址并不难，但你首先要解决龙川村风水问题。”胡廿五诧异道：“龙川村东有龙峰耸立，西有凤山对峙，人都称赞这里是龙凤呈祥的绝佳之地。这样的风水，难道不好吗？”赖文正说：“是这样没错，可你登高俯瞰，这个村子的形状就像一条龙舟，你们又都姓胡，在方言里与‘浮’同音。这样一来，龙舟就不稳了，本来你们胡家还可以更有作为的。”

赖文正告诉胡廿五，要想稳船，必须依靠丁字形的铁锚，解决的办法是找一户丁姓人家住到这里。于是，胡家特意请来一户姓丁的穷苦人家，分给他房子和田地，让他们也过上和胡家一样的好日子。为了感谢丁家对胡氏家族的贡献，龙川胡氏还特别为丁家建造了一座祠堂。当地人告诉笔者，这件事情说来也很传奇，丁家人在这里过了24代，代代都是单传。新中国成立后，丁家与胡家和睦地生活在龙川，就住在村子中部偏北的地方。现在的丁家三代同堂，仍旧是单传。

徐子超告诉笔者，龙川胡氏家族始于胡焱，兴于胡廿五。自胡廿五之后，胡氏家族日趋兴旺，人才辈出，成了当地千年不衰的一支望族。（撰文：崔瑾月、李荣刚）

人才辈出　奥秘何在

在去绩溪龙川之前，笔者一直有个疑问，随着考察的一天天深入，这个疑问也越发萦绕在心头：为什么龙川胡氏家族能够历经千年而不散，且人才辈出？

得天独厚的“好风水”

龙川为什么走出了这么多人才？在被问到这个问题时，很多当地人都笑答“风水好”。那么，龙川的“好风水”究竟好在哪里？

“所谓风水，其实是过去劳动人民对地理、自然、生态环境的一种敬畏。”安徽大学一位对徽文化颇有研究的教授告诉记者，龙川有很多与风水有关的传说，在这些美丽的故事背后，反映出人对自然的尊重和崇敬。因为注重风水，龙川胡氏的先人们才更加热爱自然，不肯轻易破坏老祖宗留下来的生活环境，从而保护了生态，延续起一个地区生生不息的命脉。

绩溪龙川占据了很多从历史、地理角度而言的“好风水”。从胡氏家族迁到绩溪至今，这里就一直因“偏僻”而远离战火（唯一的一次是太平天国起义）。因为少战乱，绩溪人的生活相对安逸平稳。而徽商们“太平时候外出经商，战乱时则回乡避祸”也已成为传统。随着财富的不断积累，这里的人们自然更重视教育，重视对子孙后代的培养。

徽文化的传承

在采访中，“古徽州”“绩溪龙川”和“龙川胡氏”这三个由大到小、由广到专的概念引起了笔者的好奇。古徽州的人文传统对绩溪造成了怎样的影响？在这种地理环境和人文背景的熏陶下，龙川胡氏有哪些传承，又发展了哪些属于自己的特征？为此，笔者找到《图说龙川》的作者章恒全。

“龙川是古徽州的一部分，徽州文化是它的根基所在。龙川文化在传承了徽州文化的同时，也发展了属于它自己的特点。”生长于绩溪的章恒全，几乎一生都在从事对徽州人文、地理的研究。

徽州文化是一个广泛的概念，古徽州人在历史发展中，逐渐形成了自己独有的思维、道德、宗法和风俗，今天人们把古徽州所流传下的精神文明与物质文明总和，称为“徽州文化”。正是这种文化，才孕育了这里层出不穷的人才。

“首先是重视读书教育，第二是重视家族的力量。”章恒全告诉笔者，让子女读书、受教育，是每个徽州家庭的使命。“在古徽州，不管父辈是做官、从商，还是种田，都要竭尽全力让子女受教育，我们甚至有句俗语，叫做‘三年不读书，等于一窝猪’。”

除了重视教育之外，“家族”是徽州人心中永远的堡垒。这从他们对祠堂的重视中可见一斑，“每一村落，聚族而居，不杂他姓，其间社则有屋，宗则有祠”。同一姓氏的直系亲属围绕着自己的“家祠”居住，“家祠”则环绕在同一族脉所共建的“支祠”周围，“支祠”又簇拥在总祠——“宗祠”的周围。通过这种家祠、支祠、宗祠之间的统属关系，徽州的大家族保持着几百年甚至上千年的凝聚力。“从前的徽商很注重家族的力量，因为在商业行动中，一个庞大又联络频繁的家族能够把全国各地的商业信息集成在一个网络里。”在今天，绩溪仍有很多家族通过宗祠的联系，来实现家庭之间的互助，从而保证整个家族的兴旺发达。

“到了龙川，徽州文化中的‘重视教育’这一条又有了新的演变，我们可以将其归结为‘耕读文化’和‘亦儒亦商’”。章恒全说，在重视读书的同时，龙川人并不强求。进则读书走仕途，退则耕田，做生意。但即便选择了外出经商或是下地耕田，龙川人也并不松懈对子女的教育。“在泰州的胡源一脉，为什么能够生意兴隆、人才辈出，就在于虽然家族从商，却仍坚持要把子女送去受教育，做商人也要‘亦儒亦商’”。

独创的和谐家风

龙川胡氏在重视徽州传统的家族力量同时，对治家还有一个独特的秘方，那就是崇尚和谐。

在龙川胡氏宗祠里，笔者看到大量以荷花为主题的槅扇。当地人告诉笔者，胡家推崇荷花，不仅因为其高洁的特质，更因为它谐音为“和”，体现了家族和睦，长幼有序，亲同手足的“和谐”之意。

顺着村里的小河一直走，笔者偶遇龙川胡氏的第47代后人、《世界胡氏通谱》编委会主任胡增顺老先生。在胡老先生的家中，记者对龙川胡氏的家族文化又有了更深一步的了解。

胡增顺曾以行医为业，如今已经年逾古稀。他说，自己家中传下了很多从未公开过的族谱、家规和家训。他如今的心愿，就是将这些曾经熏陶、伴随他成长的人文遗产进行整理和编纂。

胡老先生告诉笔者，龙川胡氏家族有自己的家规祖训，族人必须要熟读谨记。看到这部胡家祖训的时候，笔者大为震惊：龙川胡氏的祖训并不是简简单单的几页纸，而是多个朝代多个版本的集结，拿在手中极有分量。早在宋代修谱时，胡家就已经制定了相当完善的祖训，往后的每一个朝代，胡家都有新修订的版本。其中“祖宗当知尊敬、宗族当知和睦、宗子当自慎重”体现了族内的和谐；“子弟不可纵容、闺门须当严谨、名分须当板正”体现了家风的严谨；而“谱牒当知珍藏、祖例须当遵行”则教育子孙要饮水思源，不忘根本。

“胡氏家族的人言行低调，不善张扬，却愿意踏实做好本分的事情。”胡增顺老人言语极少，很多时候，他只是拿出各种资料给笔者看。他的女儿胡雅萍告诉笔者，如今胡老先生的听力、视力都有所下降，但他仍坚持修谱，甚至自己投入了大量经费。当记者问他为什么要如此苦心埋首于龙川胡氏族谱的编纂时，老人没有立即回答，只是默然翻腾着桌上将近一尺厚的资料。忽然，胡老先生翻出其中的一页纸，顺着他手指之处，笔者看到这样一行字：“是为了寄望同族同宗同乡共勉。”

一个家族的规矩和训诫，能够生生不息地教育培养其子孙后代；一个家族的自律和勤勉，又能够影响乡邻，带动一个地区走向良性发展。在龙川的周围，还有汪姓、程姓、章姓等其他姓氏的大家族。和胡氏一样，他们也同样重视教育、尊重祖宗的规矩，这与绩溪乃至整个徽州的文化传统不谋而合。几千年过去了，胡氏家族走出了大量国家栋梁，而其余的大部分族人，还依然在这片土地上悠然生活着。他们坚持祖宗传下的道义，坚守族间邻里的和谐。看到这幅景象，萦绕记者心头许久的疑问终于找到了答案。（撰文：崔瑾月）

四代赤子　亦儒亦商

在龙川胡氏家族的第44代后人中，有一个毅然离家、外出创业的少年。他将胡氏的一支带到了江苏泰州，又在“三泰”（泰州、泰兴、泰县）地区开办茶庄。这位杰出的徽商就是胡源。历经、树、炳、增四代之后，这支生活在泰州的胡氏族人成为近代“亦儒亦商”的代表人物。人们对他们的从商经历津津乐道，更对他们的治家之道赞不绝口。

胡源创业

胡锦霞告诉笔者，“我们古徽州六县有一首流传很广、形象逼真的民谣，说‘前世不修，生在徽州，十三四岁，往外一丢’。我们的高祖源公及曾祖树铭公与许许多多徽州少年一样，有着相同的命运。”

胡源生于清道光年间，从小家境不富，少年时代就由亲戚带往泰州黄桥镇（也有人说是东台）的一家徽州茶庄学做生意。他头脑灵活，做生意诚实厚道，极受老板器重。学徒期满后，胡源被委以重任，专门负责进山采购茶叶。

当时正值太平军鏖战徽州，胡源凭借着自己对交通道路和茶货行情的熟悉，多次冒险进山，采购徽州地区的高山名茶运到苏北去卖。苏北至徽州相距千里，交通十分不便，胡源就借助骡马或人工将茶叶运出山来，由木船经新安江运往杭州湾，再经海路转运至苏北。因为货源充足，茶庄的生意非但没有受到战祸的影响，反倒更加兴隆。店主为了感谢胡源，赠他一笔可观的酬金，成为他离乡创业后挖到的“第一桶金”。

不久之后，胡源和另外两位徽州乡友在黄桥合伙开办了一个茶庄，取名为“裕泰和”，主销祁红、屯绿等徽州名茶。由于经营有方，为人厚道，很讲诚信，“裕泰和”的生意十分兴隆。很快，胡源就攒够了自立门户的资本，到离黄桥不远的季家市镇独资开办了“胡裕泰”茶庄，并随后收购了“裕泰和”的股份，开始独自经营“裕泰和”。随着产业的发展，在泰县（今姜堰市）、泰兴等地也都纷纷设立起“胡裕泰”的茶号。胡源成为“三泰”地区著名的徽州茶商。

茶庄两次危机

早在光绪初年，胡源就将儿子胡树铭由老家带去江苏，安排在自家店里当学徒，为未来培养接班人。在严格管教下，胡树铭很快就成为父亲生意上的得力助手，先是独当一面主事“裕泰和”，后来又接管了“胡裕泰”。胡源 63 岁病故于家乡，噩耗传到江苏，胡树铭悲痛不已，立即赶回龙川治丧。没想到，他这一离开，竟招致了一场大祸。

胡树铭急于奔丧，离开泰州时，匆忙把家业留给店伙计打理。结果其中的几个伙计趁机勾结外贼，盗走了大批茶货。因为断了货源，茶庄的业务几近停顿，濒临破产。

胡树铭遭受双重打击，但他毫不气馁。胡锦霞说：“徽州人素有‘徽骆驼’的美誉，绩溪人又被称作‘绩溪牛’，曾祖树铭公并没有任由家业倒塌，而是清除内贼，全力整治。”胡树铭先派人速往徽州进货，又想尽办法融资盘活茶庄。在他夜以继日的精心运作下，茶庄的生意开始逐渐复苏，并走向进一步繁荣。

胡树铭有四个儿子：炳荣、炳华、炳文和炳衡。其中炳荣、炳文二人早逝。胡树铭过世后，胡炳华与胡炳衡共同继承家业。人们常说的“富不过三代”，在胡家却并非如此。通过第三代的经营，胡家的生意蒸蒸日上，又在泰县增设了“胡震泰”茶号。与此同时，这个在异乡发展的徽商家庭，也逐渐发展成为人丁兴旺的大家庭。一家十多口人生活在同一个屋檐下，其乐融融，和睦相处。

1841 年，胡炳衡在老家辞世。不久，胡炳华也因积劳成疾在泰州亡故。家里主事的人接连过世，下一代又还未能主事，一时间，胡家又陷入前所未有的迷茫和混沌中。

在这个关键时刻，有一个女人撑起了胡家的家业。她就是胡炳衡的遗孀陈氏夫人，人称“四婶”，后辈称她为“四老太”。胡家兄弟在世时，精明能干的陈氏就包揽了除生意之外的所有家事。这次家里遇到危机，“四老太”挺身而出，毅然接下 5 处茶庄的店务，统揽起所有家事和店事来。

针对茶庄分号过多，管理不过来的现状，陈氏首先调整了人事。她不惜重金，为各店聘请来专职经理。在资金和业务上，她也做出了相应的调整。由于店事过于繁忙，很多家事开始来不及打理。陈氏就请胡炳华的遗孀卯氏帮忙。遇到大事，妯娌二人相互扶持、一起商量。很多胡家的后人评价说，这个远在江苏的徽商大家庭能再一次在危机面前保住祖业、支撑家庭，都是这位德高望重的“四老太”之功。

客居泰州的龙川胡氏第 47 代也是四兄弟。增鑫、增金是炳华之子，增麟、增钰为炳衡之子。直到抗战前夕，胡氏家族在泰州地区的 5 爿茶庄（黄桥的裕泰和，泰兴的胡裕泰，季家市的胡永泰，泰县的胡震泰、胡永泰）生意一直保持运转，不曾停歇。1937 年 8 月，日军侵占上海后，泰州的茶庄业务受到严重影响，只能惨淡经营，勉强维持。新中国成立后，1956 年，在对私营工商业进行的社会主义改造中，胡家顺应历史潮流，将茶庄都申请转为公私合营，后又上升为国有企业。四代人为之奋斗的胡氏茶庄，终于画上了圆满的句号。

胡炳衡墓前哀思

虽然世代从商，泰州这一支胡氏却依然保持龙川胡氏尊学重教的传统。身为富商的胡树铭并不赞成子女过早涉足商业，而是愿意花重金让他们读书，走又儒又商、儒商结合的道路。在这种教育方针下，他的两个儿子炳华与炳衡志向各有不同。炳华善于做生意，炳衡则专心攻读诗书，决意另辟前程。笔者在龙川考察时，胡家的第 47 世后人胡增顺告诉笔者，胡炳衡一生酷爱读书，然而时运不济，几度科考落榜后，忧愤交加地病逝在老家。

在龙川水街一条不起眼的窄巷深处，有一座古朴的民宅，这里就是胡炳衡的故居。拱形的铁皮院门上，钉着一个蓝底白字的门牌：大坑口村010号。这栋只有220平方米的建筑平时并不开放，里面的布置也十分简单。胡锦霞告诉笔者："叔爷爷的屋子里有两副对联很有名，一副是：俭为上孝为先修身为本，勤致裕善致庆和气致祥；一副是：世上几百年旧家无非积德，天下第一件好事还是读书。"

清明时节，细雨中的龙川村，似乎还弥漫着对胡氏先人的悼念之意。在龙川当地人的指领下，笔者翻过一座小山包，来到胡炳衡的墓前。背靠龙须山，面对登源河，胡炳衡的墓静静坐落在一片开阔的半山坡上。笔者发现，刚有人来过这里。墓前，拜祭者所献的鲜花，映衬着周围满山遍野的油菜花，一切是那样的安静肃穆、朴实低调。笔者肃立在胡炳衡的墓前，回想起之前听到种种有关胡氏艰难创业、守业，坚持求学、读书的点点滴滴，感动、敬佩、遗憾……胸中五味杂陈的情感，最终化为深怀敬意的三鞠躬。（撰文：崔瑾月、李荣刚）

皖南探源

清明前后的皖南，一场细雨洒过，一幢幢灰白相间的徽派建筑清新悦目，林木更加苍翠葱郁。笔者伴着各地来的游客，嗅着徽文化浓浓的气息，来到绩溪县。

始祖胡公满

绩溪县城，位于黄山山系和天目山山系之间的一个狭长地带。在这里，笔者有幸找到了一位专职“导游”——绩溪县徽文化研究会会长黄来生。他先从徽文化说起：

徽州是一个古老的地理概念，它包括现在安徽省的绩溪县、歙县、休宁县、黟县、祁门县和江西省的婺源县，古称“徽州一府六邑”。绩溪是其中面积最小的一个县，素有“七山一水一分田，一分道路和庄园”之说。漫步绩溪县城，不时能看到“胡氏人家酒”“胡仕宾馆”等“胡氏”的印记。

“以前，县城的胡氏文化很浓厚，光是胡姓祠堂全县就有30座，后来大多在‘文革’中被破坏了。如今要想了解胡姓名人，还得去绩溪县名人档案馆。”黄来生说，绩溪县城小，去哪里都方便，完全不需要以车代步。

在档案馆里，笔者看到从隋唐至今的286位绩溪名人中，胡姓人士占了很大比例。馆长告诉我们，在1987年编写的《绩溪县志》中，胡姓人物占了全县立传人物的1/3以上。

对于家族姓氏的来历，绩溪胡姓人很少能说详细，但都能说出他们始祖的名字——胡公满。

在西周时期，有一个诸侯，他的儿子妫满娶了周武王的女儿太姬为妻。妫满被分封到陈地（今河南省淮阳县一带）建诸侯国，国号为“陈”。妫满选拔人才，教化国民，很快就使陈国强盛起来，并最终成为周朝的十二大诸侯国之一，堪与齐、晋等大国并列。

当时，大家用“胡”来称颂人的长寿，长寿者的称谓也通常与“胡”有关。根据《逸周书·谥法解》记载，妫满由于治理陈国出色，而且长寿，死后被周朝天子封为“胡公”，史称胡公满。从此，胡公满的后裔遂以“胡”为姓。胡公满的后世子孙逐渐向四周扩散，经过数代的繁衍，南达河南新蔡，北到山西。到汉代时，胡氏迁入陕西、甘肃、山西、山东、湖北等地。其中，迁到甘肃省境的一族，在后汉时已发展为一大望族，成为各地胡氏繁衍的主要来源。西晋末年，因“永嘉之乱”，胡氏的后代从中原渡江南下，先迁到安徽，然后一部分又东迁至福建和台湾。如今，胡姓在全国分布很广，约占全国汉族总人口的1.31%，居大姓氏第十三位。

在安徽绩溪一带居留下来的胡氏族人，慢慢分成四个支脉，被称为“绩溪四胡”，即“龙川胡”“金紫胡”“遵义胡”和“明经胡”。

和谐的“龙川胡”

龙川是位于绩溪县城东10余公里的一个古老村子。为避皇帝讳，当地人又给龙川取名坑口。它早在晋代就已经建村，迄今有1600多年的历史。

在黄来生的安排下，一位叫胡锦霞的女士陪同笔者走进龙川。胡锦霞告诉笔者，她就是地道的“龙川胡”，传到她这一代的“锦”字辈，已经48代了。

古徽州建筑讲究“得水为上”，龙川依登源河而建，整个村子，像一艘停靠在岸边的大船。龙川胡氏人才辈出，是著名的“进士村”，这里仅宋、明、清三个朝代就出了11位进士。其中，最著名的是明朝户部尚书胡富，兵部尚书、抗倭名将胡宗宪，以及都御史巡抚辽东的胡宗明等。村内现保存有为胡富和胡宗宪建的奕世尚书坊，是徽派石雕的精品，距今已有400多年的历史。

踩着青石板路前行，一条名为龙川的小河穿村而过。在村子的东头，有一座区别于其他民居的建筑——胡氏宗祠。胡锦霞告诉记者，胡氏宗祠始建于宋朝，明嘉靖年间整修，是国家重点文物保护单位。宗祠三进七开间，后有龙山，前有狮山和象山。龙川溪水从祠堂前流过，注入新安江。祠堂建筑集徽派砖、木、石三雕和彩绘为一体，享有“木雕艺术博物馆”和“民族艺术殿堂”的美誉。中外建筑专家称胡氏宗祠“规模之大、时间之长、保存之好、装饰之美”为天下第一。

走进宗祠大门，便见玄关上画着色彩鲜艳的门神，转进去是开阔的天井和气势恢宏的正厅。天井走廊的墙上，悬挂着龙川胡氏的历代名人画像。正厅左侧槅扇门裙板上，画着荷叶荷花和飞鸟鱼虫。画作姿态飞扬，线条流畅，据说是晚明大画家徐渭作的底图。其中，一幅图描绘的是荷叶下面一只螃蟹。“荷蟹”谐音为“和谐”，其他的几幅画也都有各自的谐音。左边的四块槅扇雕版分别以荷、鱼、飞禽等为画，依次寓意“和气生财”“和为贵”“连年有余”“河清海晏”。右边则以荷与其他水族动物为画，构成了“和谐”“和美”“和顺”“和鸣”四幅美图，低调而含蓄。胡锦霞告诉笔者，“和谐”是龙川胡氏倡导的家族理念。

各具特色的“金紫胡”“遵义胡”和“明经胡”

据绩溪县志办的人介绍，现在全国有较大影响的胡姓共七支，绩溪有四支。除了“龙川胡”，还有另外三支，即“金紫胡”“遵义胡”和“明经胡”。

在绩溪县城东街，有片胡姓住宅区，称“金紫胡”，因宋代名臣胡舜陟获封金紫光禄大夫而得名。胡舜陟与抗金英雄岳飞是好友。岳飞当年在绩溪曾拜访过他，并有诗书往来。岳飞因“莫须有”罪而下狱，胡舜陟上书为岳飞鸣冤，两次弹劾秦桧，最终也被秦桧所害。“金紫胡氏子孙十分注重诗书礼仪，到了清代，‘金紫胡’更是人才济济。”一位金紫胡嫡系后人，说起金紫胡氏，如数家珍。“我们金紫胡氏，一向崇尚理学，它也是徽学最重要的组成部分。”

金紫胡氏在清朝的三位名人胡匡衷、胡秉虔、胡培翚，被称为“理学三胡”。

“遵义胡”因住在绩溪城内遵义坊而得名，是明代工部尚书胡松的后裔，所以又叫“尚书胡”。”

“遵义胡”的一世祖胡松，是个疾恶如仇的人。24 岁的他中进士，八年之后，官居御史，负责大明王朝的反腐政务。不久被贬。后又晋升为工部尚书。他办事依然保持以前刚正不阿的作风，得罪了权臣严嵩，多受排挤，最后不得不告病返乡。返乡后，胡松在绩溪兴修堤坝，消除水患，深受百姓爱戴。但自胡松之后，遵义胡氏子孙鲜有名人出现。

“明经胡”又称“李改胡”，其起源颇为传奇。当年，唐昭宗李晔因避朱温叛乱，被迫由长安迁都洛阳。他自知此去东都必死无疑，并将遭灭族之灾。便和皇后商量，将襁褓中的第十子，托付给近侍婺源人胡清，速速逃匿。果然，同年仲秋，朱温在洛阳指使属下追杀了李晔，又将其 9 个儿子缢死。胡清很快逃回家乡徽州，住了下来。胡清作为义父，精心抚养李氏皇家最后一丝血脉。为安全起见，他将“皇子”弃李姓改胡姓，并取名“胡昌翼”。后胡昌翼参加科考，得明经科进士。但胡昌翼知道身世后，决定再不踏进官场一步。他从此隐居，闭门专事经学研究，著有《周易专注》，人称“明经公”。

明经胡氏后人中，为官者少，大多以做学问和经商著称。最为知名者当数红顶商人胡雪岩、文化名人胡天注和胡适等。（撰文：李荣刚）

一文一武两尚书

笔者又一次踏着青石板路进入龙川，探访奕世尚书坊及其主人的故事。

奕世尚书坊与胡氏宗祠隔龙川河相望。它是龙川胡氏人的骄傲，纪念的是明朝胡富和胡宗宪两位尚书。牌坊是四柱三门五楼单体仿木结构，高10米，宽9米，用花岗石和茶园石搭配凿制而成。虽建于明嘉靖四十一年（1562年），但至今保存完好。胡锦霞告诉笔者：“‘奕世载德’出自《国语·周语》，是高尚品德代代相传的意思。”

“皖南包拯”胡富

1444年，胡富出身于书香门第。他7岁能作诗，13岁中秀才，是绩溪当地有名的神童。27岁时，胡富考中举人。胡富真正进入仕途，是在他34岁中进士之后，明宪宗亲授他南京大理寺评事一职（相当于现在的司法部主要官员）。

入仕后，胡富政绩显著。明弘治年间，他出任福建佥事（司法官员）时，仅福宁一地的囚犯就有200余人。胡富到任后，迅速清理积案，平反冤狱。他审案清正，断案明决，深得民心。当地百姓十分感激胡富，编出民谣称赞他：“天高地厚胡恩公，千年再世一包拯。”

由于治理福建出色，胡富很快升任广东副使。然而，等待他的是一个烂摊子。当时，广州四会等地的瑶民时常骚扰汉人和其他少数民族，使这

牌坊

里的百姓无法正常生产和生活。虽然身为文官，但胡富亲自督军作战，力平瑶人叛乱，剿擒500余人。胡富意识到，光靠武力解决不是长久之计。为了使地方安宁，他率领民众在泷水沿岸开垦荒田3000余顷，招揽瑶族、僮族（后改称壮族）人耕种。这里的百姓得以安居乐业。此后，胡富又出任湖广按察司廉使和陕西左右布政使。明正德元年（1506年），胡富升任顺天府尹（北京地区的最高长官）。据史料记载，胡富在离开陕西时，当地百姓感念他的政绩，“老幼塞街挽留，马不能前，自辰（时）至未（时），方行出城，有送至半途者，有送至临潼者，大哭而回”。

胡富为官清正廉明，遇事果敢，不畏权势。他在升任南京大理寺卿后，因执意揭发宦官刘瑾而得罪其人。后在任户部右侍郎时，胡富被刘瑾以“勘事迟缓”为由参到朝廷，不得已辞官。

不久，刘瑾专权欺君之事暴露，胡富不但官复原职，还于正德七年（1512年）升任户部尚书。胡富任户部尚书三年，国家粮仓囤积即够六年之用。他还根据多年经验，上疏陈述朝廷弊政十余条，却被权贵阻挡。胡富不禁心灰意冷，感慨自责“居大位而不能举职，是误国也”。于是，他七次奏请辞官，皇帝才准其告老还乡。

胡富回到家乡龙川后，积极筹办一件事：在村边大河上架一座桥，把龙川和对岸的浒里村连起来，结束百姓隔河相望的历史。然而，胡富辞官后，一些权贵们仍不肯罢休，上奏诬告他携24担金玉还乡。皇帝于是派御史暗访龙川，结果发现胡富布衣草履，正带领村人辛苦架桥。胡富的家里，也是一贫如洗，所说的“24担金玉”，其实是24担书籍。

皇上听说此事，深为胡富的清廉所感动，于是降旨立牌坊表彰，并命地方官拨款，为龙川造一座铁锁木板桥。当地百姓把这座桥称为“官桥”。经历数百年，“官桥”几经水毁，几度修葺，如今仍在使用。

抗倭名将胡宗宪

胡宗宪是胡富的本家曾孙，到1522年胡富终老时，胡宗宪已是一个10岁的读书郎。

嘉靖十七年（1538年），27岁的胡宗宪金榜题名，一举考中进士，两年后出任山东益都知县。他治蝗害，平盗贼，治宗室，平冤狱，政绩显著屡获朝廷嘉奖。嘉靖二十六年（1547年），胡宗宪出任浙江总督。

在浙江期间，胡宗宪最辉煌的业绩是抗倭。在抗倭行动中，部将戚继光向胡宗宪建议创立兵营，使得他对这位刚来的下属非常赏识。在胡宗宪的推荐下，戚继光很快被提升为参将，镇守沿海的宁波、绍兴、台州三府。

嘉靖三十四年（1555年），倭寇又深入徽州、南京等地，沿途烧杀淫掠，许多地方遭受洗劫。外辱当头，胡宗宪先后八次上书嘉靖皇帝，要求给他三年时间训练出一支强大的抗倭军队。奏章得到恩准后，他立即派参将戚继光招募兵士，严格训练。胡宗宪还经常和戚继光一起探讨孙子兵法等带兵打仗之术。其间，戚继光几次被当地官员以种种“莫须有”的罪名“告发”，几乎被免职。但胡宗宪不惜自己承担责任，得以使戚继光“戴罪办贼”。

戚继光果然没有辜负胡宗宪对他的期望。用了不到两年的时间，训练出了一支精神饱满，斗志高昂，作风顽强的抗倭“戚家军”。

当时，以徐海、王直为首的倭寇猖獗一时，甚至在海上“南面称孤”。胡宗宪一面命令部将戚继光和俞大猷痛击倭寇，一面派人到日本方面做“离间”工作。嘉靖三十五年（1556年）四月，徐海等人再次率数万倭寇大举进犯内地。胡宗宪巧施离间计，使倭寇自相残杀。而他及时抓住战机，亲率大军征讨，大败倭寇，迫使徐海提出议降。结果，徐海出尔反尔，投降后不久又“反水”。胡宗宪迅速命令大军剿灭。其时，倭寇早被“戚家军”吓破了胆，一时难以振作。不到十天，徐海及其部下1600余名倭寇悉被胡宗宪大军歼灭。至此，浙江沿海倭患全被平息。

历史学家在评价明朝抗倭之事时曾说：“戚家军在抗倭斗争中发挥了关键的作用……而客观地说，没有胡宗宪就没有戚继光。”由此，胡宗宪在抗倭历史上的地位可见一斑。此外，胡宗宪还有一大贡献不能不提。他当年负责编撰的《筹海图编》，详细记载了中国军民在钓鱼岛抵御倭寇的布防情况，从而证明早在500年前，钓鱼岛就是中国领土。

嘉靖三十九年（1560年），胡宗宪以平海盗之功，加太子太保，晋升兵部尚书。两年后，因“严嵩同党”案而入狱。三年后病死狱中。直至隆庆六年（1572年）胡宗宪案得以昭雪。

先辈功德　垂范后人

胡富和胡宗宪“一文一武两尚书”，不仅对当世功德无量，也为后世龙川族人争光无限，并成为他们的榜样。

此后，朝廷和绩溪当地族人，为他俩立坊多达13座，其中龙川就有7座。然而，这些铭刻人们怀念之情的建筑艺术品，时至今日仅留下奕世尚书坊一处。奕世尚书坊展示给人们的，除了那超凡脱俗的建筑雕刻艺术之外，更多的还有龙川胡氏的精神和文化传承。

龙川胡氏族人，都有读书的习惯，非常尊师重教。胡富曾出资将曾祖父兴建的龙峰书院进行重修，以供胡氏子孙就读。

绩溪县徽文化研究会会长黄来生对胡氏家族文化和家族教育颇有研

究。他告诉笔者，胡宗宪幼年时，家人就常拿胡富作为榜样鼓励他。胡宗宪自小受到了良好的家庭教育，他的父母也不惜出重金聘名师教授。

在龙川胡宗宪尚书府里，正厅前抱柱挂着一副“道德传家富贵依然久，诗画济世子孙更永贤”的对联，意在教导子孙读书做官，恪守儒家道德。

胡富和胡宗宪都有浓厚的家族观念。胡富在世时，见胡氏族谱历代“相映接踵修葺，而其谱犹未详也，就慨然起统宗之思”，着力推动龙川胡氏宗谱的编修。胡宗宪则捐资倡导重修了胡氏宗祠。两人去世后，都葬在了家乡，墓地都在与龙川一河之隔的对面山坡。黄来生告诉记者，胡富和胡宗宪的墓地选择是有讲究的，他们似乎每时每刻都在直面着自己的子孙，关爱着自己的晚辈。

相隔近 500 年，今天的龙川人依然以读书为重，古老的龙川村至今还向世人讲述着“一文一武两尚书”的故事。（撰文：李荣刚）

孙中山家族，百年沧桑

当历史时光的指针跨入2011年，人们似乎猛然间听到了100年前震惊世界的轰响——那是辛亥革命的炮声。从此开启了中国的新纪元。

辛亥革命的先驱孙中山振臂一呼，风起云涌。几千年的封建君主专制制度灰飞烟灭，民主与共和思想的清风迎面扑来。在这场持续了几十年的复杂斗争中，孙中山及其家族也伴随着时代浪潮的翻涌，几经沉浮，沧桑巨变。

如今，中山先生“国富民强”的愿景已经实现，他的后代遍布海内外，过着平静安宁的生活。2011年，纪念辛亥革命百年之际，他们期待着在故土相聚。

带着对孙中山先生的缅怀之情，笔者走进广东孙中山故乡，探访南京总统府，拜谒中山陵，专访他的后辈亲人，记述那令人荡气回肠的百年故事。

农家走出一代伟人

“酸豆一株起卧龙”

孙中山的出生地翠亨村，距广东中山市市区约25公里。2011年1月

6日，笔者慕名来到这里。中山市原名香山县，因境内有座香山而得名。按照当地人的说法，翠亨村的风水非常好，坐落在香山的“行龙干脉”上。

1956年11月，为了纪念孙中山，政府在翠亨村建起了孙中山故居纪念馆。整个纪念馆包括孙中山故居、孙中山史迹展览和翠亨村民居展览等几部分。到了20世纪80年代后期，为了更好地保护和展示翠亨村风貌，当地政府将周边一些古屋征用，扩大了纪念馆的规模。这一工作一直延续到2009年，最后一户才搬走。

在纪念馆的后山，政府为翠亨村人建了一个新的居住区。现在新翠亨村户籍人口有3900多人。村民多在附近镇上从事商业或服务类行业，生活较富足，很多人有私家车。

村民告诉记者，现在的翠亨村以“外来户”为主，姓孙的人并不多。1866年孙中山出生时，翠亨村有60余户人家，共约200人，其中有6户姓孙，大多是贫民。后来，这几户孙姓人家或跟随孙中山参加了革命，或在战火中丧生，或到海外谋求发展，或因家境衰败而搬离。如今，翠亨村里已无真正当年孙姓的后代。

中山市是华侨之乡，很多人有海外关系。翠亨村所在的南朗镇，经济状况在中山市各个县区中排在前列。所以，当地人并不依靠孙中山故居纪念馆来发财致富。笔者看到，虽然参观者如织，但门前几乎没有兜售旅游产品的小商贩。

在孙中山故居纪念馆门前，首先映入眼帘的是孙中山先生所题的“天下为公”四个大字。进入园内，走过一条百米长的林荫小道，一栋引人注目的二层红色小楼出现在面前，这就是孙中山故居。

纪念馆馆长萧润君告诉记者：“孙中山在翠亨村度过了童年和青少年时光，受到当时进步思想的熏陶，萌发了改变现状的爱国愿望。”

在故居小院里，有一棵参天大树，周长达2.7米，高12米，当地人称之为“酸子树”。这是孙中山17岁那年从美国檀香山带回的种子种植的。到今年，这棵树已有128岁。树原本是笔直的，但在1931年不幸被台风吹歪。1961年郭沫若来这里参观时，曾感叹道：“酸豆一株起卧龙。”因此，这棵树也被翠亨村人称为“卧龙树”。

孙中山故居是一座朝向西，融合了中西建筑特点的两层砖木结构楼房。萧润君向记者介绍说：“主体建筑是1892年由孙中山的大哥孙眉出资、孙中山设计并主持修建的。孙中山12岁留洋，17岁回国，26岁设计了这座房子。房子的特点是门多窗多，有22扇门和26扇窗。孙中山的父亲孙达成在1888年就去世了，所以没有住上儿子设计的新房子。”故居屏风后是孙中山母亲的卧室，按照当地的规矩，“屏后房”要由长辈居住。

楼上房间里，多是岭南风格的家具和摆设，古味盎然。在楼下一间小屋里，陈列着一个铁胎搪瓷浴缸。萧润君告诉笔者：“这是孙中山从澳门购买来的，可见当时他对西方的生活方式和文化理念的认同。”

主屋右侧，是孙中山和原配卢慕贞的卧室。在这里，他们生下一男两女：儿子孙科，长女孙娫（18岁病亡）和次女孙婉。

走出故居，来到老翠亨村的街上。萧润君指着街两旁向记者介绍说，孙中山17岁回国后，建议村里按照西方社会的样子，在街上设置了街灯和更楼，并组织巡逻队防火防盗。笔者看到，当年的更楼立于众多低矮的民居之中，显得格外高大。更楼二层墙壁上还有枪孔，可俯视整个村落的情况。

孙氏家族迁徙史

在中山市，有两本权威的资料可考证孙中山的家族史。一本是著名历史学家、客家研究开拓者罗香林的《国父家事源流考》；另一本是在江西省宁都县发现的《宁都富春孙氏伯房十二修族谱》。据记载，孙中山先祖为中原望族，居住在河南陈留（今开封）。

远祖名孙拙，字玄儿，曾出任唐朝两江节度使。他的儿子孙俐英勇善战，在平定“黄巢之乱”时有功，被封为东平侯，驻扎在节虔州虔化县（今江西宁都）。孙俐卸任后在宁都定居下来。他便是孙氏家族迁往江南的始祖。

在孙科的《八十述略》一书里，他提到孙俐的曾孙孙有敬因躲避兵祸

1901年4月，孙中山在檀香山与家人合影。中坐者为孙中山母亲。后排左四为孙眉，左二为孙眉夫人，右四为孙中山，右三为孙中山原配夫人卢慕贞。前排三个小孩，左起依次为孙科、孙婉、孙娫

又南迁入闽（福建）。他被称为孙氏家族入闽之始祖。此后，孙家在福建居住了四代。直到明朝永乐年间，孙俐的第七代孙孙友松举家由福建迁到现在的广东省紫金县忠兴坝一带落户。他成为孙家入粤的始祖。从孙友松起，再经历十一世，至孙俐的第十八世孙孙鼎标。孙鼎标是位抗清义士，因为其最后兵败，孙氏族人也多流徙离散。孙鼎标的次子孙连昌迁居到香山县，以耕渔为业。孙连昌是香山孙中山家族的始祖。

孙连昌的孙子孙殿朝在乾隆时迁入翠亨村，孙殿朝的孙子孙敬贤就是孙中山的祖父。

孙敬贤之前的几代人均以农耕为生，家境贫寒，属于典型中国贫民之家。到了孙敬贤这一代，凭着苦干和节俭，购得了田地20亩。但孙敬贤一生迷信风水。他对一位姓钟的术士优礼有加，并对他的风水之说深信不疑。钟姓术士给他看了一处坟地，说如购得此地，子孙必将发达。孙敬贤不惜变卖田地买回了这块坟地，并对坟地大加修缮。虽然坟地修好了，但其家道也随之败落了。

到了孙中山的父亲孙达成这一代，日子过得十分艰难。他一面种田，一面做更夫，一家人常把红薯当主粮吃。

倔强好动的“石头仔”

孙中山原名孙文，本来兄弟姐妹六人，他排行第五。二哥和三姐早年夭亡，余下长兄孙眉、四姐孙妙茜、他和六妹孙秋绮。

孙中山6岁就跟着姐姐孙妙茜上山打柴，捡拾猪菜。稍微大一点，各种农活都能干。他每年还要替人放几个月的牛，以换取用人家的牛给他家犁地。

8岁那年，一户做豆腐的人家搬来翠亨村，住在孙中山家隔壁。人们给做豆腐的主人送了个绰号，叫“豆腐秀”。“豆腐秀”的两个儿子非常顽皮，经常暗地里用弹弓打孙中山。孙中山气急了想追赶他俩，但很不容易追到。有一次，孙中山实在忍无可忍，拿起一块石头追他俩，一直追到“豆腐秀”的店里，见到灶房正在煮一锅豆浆，便把石头掷了进去，“嘭”的一声把锅打破了。“豆腐秀”随后来到孙中山家“讨说法”。

孙中山的母亲杨夫人平素与乡亲和睦相处，待人和蔼可亲，时常帮助亲友，所以在村里颇受敬重。她知道“豆腐秀”家生活也不容易，甘愿赔偿损失。“豆腐秀”深为感动，觉得自己儿子也有错，就不再追究。

萧润君告诉笔者，有史料记载，孙中山儿时倔强且顽皮，常爬上参天大树掏鸟窝。他的“绝活儿”是用石子掷打小鸟，而且掷得非常准，能把鸟打下来。村里人见他倔强好动，又爱玩石头，就给他起了一个外号叫“石头仔”。

孙中山出生时，南方刚经历了一场声势浩大的太平天国运动。太平军的事迹在两广地区广为流传，也成为当地民众热议的话题。翠亨村有位曾参加过太平军的老人，叫冯观爽。在门前大树下乘凉时，他常常讲述太平天国的故事，孙中山非常喜欢听。孙中山对洪秀全很是敬慕，将他视为英雄。

每次老人讲完故事，孙中山都觉得听得不过瘾，于是便亲自组织村里的孩子们玩“天兵抓清狗”的游戏。大家操着木棒打成一团。孩子们推孙中山为领袖，在游戏中当“洪秀全第二”。有一次，他和小伙伴们出去游玩，经过一座庙，见到许多人在那儿跪拜。孙中山二话不说，上前将神像的手折断了。这一举动惊呆了很多人。曾教过孙中山私塾的一位先生给了他一句评语：“他将来不是做人上人，就是做人下人。”

后来，有人问孙中山革命思想来自何处时，他回答说：“我革命思想之成为体系乃是以后的事，不过给我这种念头的，却是幼时乡间宿老的谈话。”

1878 年，孙中山 12 岁，好学的他得到在檀香山做生意的哥哥孙眉的支持和帮助，被接到那里读书。此后他接受了五年西方教育，不仅学业大大长进，更开阔了视野。（撰文：张雷）

民国崛起“第一家庭”

孙中山从一个留学生成长为“国父”、大总统，他的家族也随之经历风云变幻，历尽世事沧桑。

从医生到大总统

早年的孙中山并没有想到革命。1883 年他从檀香山回国后，先是在广州博济医校读书，1887 年考入香港大学的前身香港西医书院，胸怀的是一颗“治病救人”的心。除了医学专业外，孙中山还广泛涉猎欧美各国的政治、经济、农业乃至天文地理知识，被朋友称为“通天晓”。

但随着“开眼见世界”，孙中山对国内社会现实的不满和牢骚也一天比一天多。父母商量早点给他讨个媳妇，以拴住他不安分的心。父母相中了同乡人卢慕贞，她比孙中山小一岁，虽长得不算十分标致，却以精明能干为村人称道。加上卢慕贞的父亲卢耀显认识孙中山的哥哥孙眉，算得上门当户对，两家都欣然同意。孙眉还从檀香山寄钱回家，促弟弟早日成婚。面对父母兄长的良苦用心，孙中山不敢违命，1885 年夏回乡成亲。1891 年，卢慕贞生下长子孙科，在家侍奉公婆，甚是孝顺。

同年，仍在香港读书的孙中山在一次教会活动中，认识了 18 岁女子陈粹芬。陈粹芬于 1873 年出生在香港新界的屯门，眉清目秀、举止豪爽、吃苦耐劳。她虽然没有读书识字，但为人机智果敢。两人初次见面，就畅谈了效仿洪秀全、推翻清政府的豪情壮志。年纪轻轻的孙中山博闻强识，意气风发，让陈粹芬为之倾倒。此后的17年，孙中山为了革命，一直辗转于加拿大、日本、檀香山及香港等地。陈粹芬一直陪伴在他左右，担任联络工作。在他们居住的地点，陈粹芬负责接待革命同志，从烧饭做菜到洗衣服，一切粗活无所不包，任劳任怨。但两人一辈子没有举行正式的婚礼，人们通常称陈粹芬为孙中山的“平妻”。

1895年广州起义失败后，孙中山被清政府列为头号通缉犯，家人也受到牵连，卢慕贞带着孩子投奔在檀香山开农场、多次资助孙中山革命活动的孙眉。1907年，孙眉的生意也宣告破产，卢慕贞和两个女儿只好随孙眉迁居香港九龙，在那里开办了小型农场维持生计，生活极其艰辛。

1911年10月10日，辛亥革命爆发。次年1月1日，孙中山在南京宣誓就任中华民国临时大总统，入住总统府，万人敬仰。不过即便身居高位，孙中山依然保持着朴素的生活作风。日前，笔者走访南京总统府，辗转很久，才找到了位于西花园的孙中山起居室。那是一栋简陋的小木楼，家具只有铁床和木制衣柜。中山陵的研究员范方镇告诉记者，当年，卢慕贞带着孙科、孙娫和孙婉也来到了南京总统府。由于房间不够，孙科只好住在东边勤务兵房内。卢慕贞亲自为家人整理房间、烧饭做菜、浆洗衣物，一家五口饮食起居都很简单，两个女儿甚至诉苦说：“总统府里的饭菜还不如家里的好吃。”

然而就在孙中山事业达到的顶峰之时，陈粹芬却选择了悄然离开。个中原因，人们有很多猜测。而陈粹芬自己则在1942年给出了一番解释：“我跟孙中山反清建立了中华民国，救国救民的志愿已达……我自知出身贫苦，知识有限，自愿分离，并不是中山弃我，中山待我不薄，也不负我。”

离开孙中山之后，陈粹芬始终未嫁，孙家后人都很尊重她，称她为“孙夫人”。1960年，陈粹芬在香港病逝，享年87岁。1986年，孙家后人将陈粹芬的遗骨葬在翠亨村孙氏家族墓地内，碑上写着“孙陈粹芬夫人之墓”。

作为时任大总统的兄长、为革命做出重大贡献的孙眉赢得了很高的威望。当时很多人都推举他为广东都督，南京总统府接到的此类电报多达百封，其中包括教育总长蔡元培发来的，但孙中山均复电婉拒。孙眉起初很不理解，亲赴南京向孙中山当面陈述自己的委屈。但孙中山坚持："你是我大哥，家里的事，我可以听你的，但国家的事可不能随便。"其实他是最了解孙眉的人，知道哥哥秉性质朴刚正，不会阿谀奉承和耍手腕，走上政治舞台难免要吃亏。孙眉接受了弟弟的忠言，回到澳门安度晚年，不问政事，但仍然默默支持弟弟的事业。1915 年，孙眉病逝于澳门，享年 62 岁。

与宋庆龄相伴到老

1912 年 4 月 1 日，为了兑现之前许下的诺言，仅仅在位 91 天的孙中山正式辞去临时大总统职务，让位给了袁世凯。但 1913 年，国民党要员、即将出任内阁总理的宋教仁被暗杀，袁世凯被疑为元凶。孙中山非常愤怒，力主南方各省起兵反袁，称为"二次革命"。但由于实力不足，二次革命旋即失败，孙中山、黄兴等一大批革命党人被迫逃亡日本，这其中就包括与孙中山和革命党关系密切的富商宋耀如一家。那时，宋耀如的大女儿宋霭龄是孙中山的英文秘书，二女儿宋庆龄还在美国留学。

范方镇研究员告诉笔者："孙中山和宋耀如是基督教友，关系很好。宋庆龄小时候多次见过孙中山，对他非常崇拜，迫切地希望跟随他参加革命。"1914 年 9 月，宋霭龄与孔祥熙结婚，无法再任孙中山秘书。宋庆龄便主动要求承担这份工作。爱情在两个志同道合的人之间产生了，并一发不可收拾。1915 年，他们决定结婚。49 岁的孙中山比宋庆龄大 27 岁，连儿子孙科都比宋庆龄大 2 岁。"这种巨大的年龄差距在当时的观念里是不被接受的，更不要提孙中山在家乡还有妻儿。"范方镇说。宋家坚决反对自己的女儿成妾，甚至把宋庆龄软禁在家中。

但二人并没有动摇。1915 年 9 月，孙中山在众人的反对声中，向卢慕贞提出离婚。卢慕贞慨然表示："孙先生为革命奔走海外，到处流浪，身心为之交瘁，既然现有人照料他的生活，我愿意成全其美，与先生离婚。"这番话平息了很多质疑的声音。10 月 25 日，宋庆龄不顾父母反对，执意与孙中山举行了婚礼。气急之下的宋耀如一病不起，宣布与孙中山断交、和宋庆龄断绝父女关系。宋庆龄晚年回忆此事时依然十分内疚："我爱父

1922年11月，孙中山与宋庆龄在上海

亲，也爱孙文，今天想起来还难过，心中十分沉痛。”

婚后，宋庆龄始终陪伴着孙中山，给予了他工作、生活、精神上的全力支持。1916年，袁世凯称帝失败，二人从日本返回上海，继续领导革命。次年，孙中山南下广州出任大元帅，并开展“护法运动”，却遭到军阀和政客的排挤，愤而辞职回到上海。1921年，孙中山再次到广州，出任非常大总统，开展第二次“护法运动”。然而，由于与当时的广东军政领袖陈炯明政见不同，后者叛变，爆发了炮轰总统府事件。

炮轰前，孙中山和宋庆龄接到密报，二人都坚持让对方先走，自己留下来掩护。僵持不下之时，宋庆龄的一句话让孙中山不得不先走：“中国可以没有我，不可以没有你！”孙中山安全逃离后，炮轰开始了。宋庆龄九死一生，终于逃脱。然而，当时怀有身孕的她由于过度紧张和劳累，最终流产了。这是她一生唯一的一次怀孕。此次宋庆龄的深明大义，让国民党内一些原来反对二人婚事的人，对她的看法有了很大改观，她的威望也有了很大提高。

陈炯明兵变后，孙中山开始考虑与共产党合作的可能。1923年1月，孙中山与苏联政府全权代表越飞在上海会面，正式讨论与共产党合作。1924年1月，孙中山在中国国民党第一次全国代表大会上，宣布实行“联俄、联共、扶助农工”三大政策，接受中国共产党和苏联共产党帮助，改组国民党。宋庆龄始终全力支持国共合作，面对国民党内右翼分子的强烈反对也毫不退让。“宋庆龄是最了解孙中山思想的，也是最坚定贯彻的。”谈话的过程中，范方镇研究员始终在向笔者强调这一点。

1925年1月，孙中山被确诊为肝癌。这期间，宋庆龄始终侍奉左右。

弥留之际，孙中山已神志不清，但依然对宋庆龄说："你不要悲哀，我之所有即你之所有。"宋庆龄哭着答道："我一切都不爱，爱的只有你而已。"1925年3月12日，一代伟人驾鹤西归，享年59岁。宋庆龄遵从孙中山意愿将其葬在南京钟山，其陵墓称为"中山陵"。笔者从灵堂的平台上看下去，整个南京几乎尽收眼底。灵堂正中，中山先生的雕像正以热切的目光，俯瞰着这座曾承载其人生辉煌的城市。

孙科爱做官也爱女人

孙中山的长女孙娫聪慧伶俐，气质与风采与孙中山颇为相似。却因患糖尿病，加之肾功能衰竭，18岁便病亡了。次女孙婉经历了两次婚姻，后定居澳门，1979年病逝，享年84岁。

孙科是孙中山唯一的儿子，在孙氏家族和国民政府中占有重要地位。孙科，1891年10月20日出生于翠亨村，在檀香山接受了小学和中学教育。孙中山为革命奔走漂泊，但心中仍记挂着孙科的教育问题。据孙科回忆："父亲有一次从英国回来，途经檀香山，带给我100多本英文版的世界名著，命我勤读。我的英文修养，可说都是在那时打下了根基。"

孙眉破产后举家迁往香港，17岁的孙科独自一人留在檀香山半工半读。其间，他还作为同盟会檀香山刊物《自由新报》《大声周刊》的编辑，积极倡导反清革命。1912年7月，孙科在檀香山与相恋多年的表妹陈淑英结婚。孙科回国后，一直到1949年，在国民政府担任过多个要职。其中包括：三任广州市长、铁道部长、考试院副院长、行政院院长、国民党中央执行委员会常委、国民政府副主席、立法院长等。

史料上说，孙科"喜欢做官"，也很风流。1932年，孙科在上海认识了交际花严蔼娟，两人未婚同居近四年，其间严蔼娟还到南京充任孙科的私人秘书。但1935年，孙科又结识了交际名媛蓝妮，便抛弃了当时正身怀六甲的严蔼娟。

而对于蓝妮，孙科则毫不避讳。两人结识后一直形影不离，十分恩爱。孙科还亲笔写下字据证明蓝妮的身份："我只有原配夫人陈氏与二夫人蓝氏二位太太，此外决无第三人，特此立证，交蓝巽（音同“讯”）宜（即蓝妮）二太太收执。”在重庆主持国共合作抗日时，孙科的寓所时常接待全国的知名人士和共产党人，共商抗日大计，郭沫若等均是这里的常客。而蓝妮作为女主人，对每个来宾都热情款待。

但蓝妮也为孙科带来了很多麻烦。1948 年，孙科与李宗仁竞选副总统时，蓝妮成了李宗仁一派攻击孙科的筹码，最终导致了孙科落选，又回到了“行政院院长”的位置上，此事动摇了二人之间的感情。后来蓝妮离开了孙科，至死也没再相见。

1949 年 1 月蒋介石下台，由李宗仁任代总统。孙科以南京不稳为由，将行政院迁往广州，3 月辞职，后去了香港。（撰文：孙夏力）

后人不忘“振兴中华”

孙中山一生颠沛流离，其后人也遍布海内外。但不管他们在何处，都能继承家族的血脉和祖辈的精神，踏踏实实做人，勤勤恳恳做事，演绎出多姿多彩的人生传奇。

在此仅将仍健在的孙中山哥哥孙眉的第四代、孙中山的第三代、孙中山姐姐孙妙茜的第四代、孙中山妹妹孙秋绮的第三代及他们的后人进行简单的梳理和介绍，以飨读者。

孙眉后代牢记“中山先生”

孙中山哥哥孙眉只有一子，叫孙昌。孙昌有两子一女，长子孙满，次子孙乾，女儿孙霞。就像孙眉当年大力支持弟弟闹革命一样，孙满和孙乾也与孙中山一家走得很近，他们晚年还亲自重修孙氏族谱。孙眉的第四代非常旺盛，多达 12 人。

2011 年 1 月 8 日，孙乾之子孙必胜在中山市接受了笔者的专访。孙必胜兄弟五人，他是老大。五兄弟在不同地方出世，但名字都是孙科所取。

孙必胜今年 73 岁，曾获美国康奈尔大学工程学士、斯坦福大学营造管理硕士学位，退休前是建筑工程师，六年前从美国回到中山市定居。他从小由孙中山的夫人陈粹芬带大，儿时在孙科及宋庆龄身边生活过。他虽然没有见过孙中山，却是听着孙中山故事长大的。

孙必胜告诉记者，他正在给曾祖父孙眉写一本传记。他认为，在家族中，对孙中山影响最大的当属孙眉。他说“孙眉比孙中山大 12 岁，非常疼爱这个弟弟，两人的关系好得不得了。孙眉去世时，便把我爷爷孙昌和我父亲孙乾托付给了孙中山。孙中山把他们接到大元帅府。孙中山比孙昌大 15 岁，对他特别好。孙昌对孙科又特别好，因为两人年纪也相差十几岁。孙科比孙乾大十几岁，两人关系也很好。我在美国大学毕业的时候，孙科亲自来参加毕业典礼，我当时很感动。”孙眉和孙中山的性格完全不同，但在做事上，两人很配合。“不是每个哥哥在弟弟要钱的时候，都愿意把所有家产都拿出来的。但是孙眉做到了。我听陈粹芬说过，在孙眉去世的时候，还说要继续弄钱来帮孙中山，因为那时孙中山很需要钱。”孙必胜说，他想“让更多的人知道，在伟人背后，还有这位了不起的人物”。

在孙必胜兄弟中，最出名的是他的三弟孙必达，现为全国政协委员、孙中山基金会理事、宋庆龄基金会理事和孙中山文教福利基金会顾问。在很多场合，孙必达都称孙中山为“中山先生”，并满怀敬仰地说：“若称之为曾叔祖父，他就只是我的一位长辈。若称为‘中山先生’，更觉得他是一位伟人！”

曾孙中出了位特技演员

孙中山的第三代中，男子都已成了故人。

孙科长子孙治平只留下一个儿子，叫孙国雄。由于从小在美国受教育，不懂中文，他曾因答不出曾祖父孙中山的经历而遭老师责问。但他一直不忘父亲的教诲——“记得自己的根”。孙国雄从小就把孙中山确立为心中偶像：“曾祖父是一位伟人，他为自己的梦想奋斗了一生。”

孙国雄也有自己的梦想——成为电影演员。大学时他虽然念的是生物化学系，但凭着一种热情和信念，他勇闯好莱坞，后来任职特技演员长达37年。而很多时候，他还坚持跑龙套、当替身。孙国雄第一次出镜，是在美国著名影星马龙·白兰度主演的《丑陋的美国人》一片中扮演一位村民，辛苦一天，赚到16美元。职业生涯中，他前后参加过大约600部电影和电视剧的制作，拍过很多从高楼坠下的惊险画面，也拍过撞车和爆炸场面。在一部《非凡的勇气》的电影里，他甚至“死”过19回。虽然辛苦，但他对能做自己喜欢的职业十分满意，认为“孙中山的后代做特技演员是一件非常有趣的事情”。

前几年，孙国雄退休，并在洛杉矶成立了一家特技培训公司，自己当起了“教练”。

孙国雄与妻子白娣生育了孙美玲、孙美兰和孙美莲三朵金花和一个小儿子孙伟仁。孙美玲曾效仿父亲当特技演员，后来在一家能源公司从事市场营销，孙美兰是市场分析员，孙美莲在律师事务所工作，儿子孙伟仁尚在求学。孙国雄一家目前都在洛杉矶，他们为人平和低调，从不拿自己祖辈的丰功伟绩说事，在当地侨界颇有威望。

孙科次子孙治强的第一次婚姻失败后，所留一对女儿孙嘉霖和孙嘉瑜均在美国。与第二任妻子又生得两子孙国元和孙国升，后都送往美国读书。孙治强为小儿子取名“国升”，寓意“国运渐升”，国升也明白父亲的期待，10岁就开始刻苦练习书法。他和哥哥国元是孙中山第四代后人中仅会说中文、写汉字的两个。目前，孙国升在美国南加州大学从事软件工作。

“四朵金花”，传奇人生

孙中山的第三代中，四个孙女都还健在，即孙科的女儿孙穗英、孙穗华、孙穗芳、孙穗芬，取意“英华芳芬”。

孙穗英和孙穗华都是孙科和陈淑英的孩子。孙穗英于1922年出生于广州。她毕业于美国卫理斯莱大学和加拿大蒙特利尔大学。在加拿大，她和广东人林达文相恋并结婚，生有一子林德杰和一女林淑真。目前，一家人都在美国生活。孙穗英与国内保持着频繁的联系，基本每隔几年就要回国探亲一次。

孙穗华生于1925年3月18日，是孙中山去世之后的第六天。她毕业于美国史密斯大学和麻省理工学院，获机械工程硕士学位。后与旅美学者张嘉恭结婚，生有一子张孔颖，二女张乐文和张乐真。孙穗华和丈夫选择远离政坛，在美国发展实业。他们在斯坦福创办了自己的建筑公司。经过多年苦心经营，如今公司的年营业额超5000万美元，跻身全美中小企业“五百强”。夫妻二人虽然身居海外，却挂念乡梓，秉承孙中山先生“天下为公”的精神，拿出大笔资金投资国内教育事业。

与两位姐姐相比，孙科的三女儿孙穗芳的命运多了几分曲折。她出生于1936年，因是孙科与严蔼娟的私生女，一度不能迈进孙家大门。孙穗芳的童年生活令其不堪回首。在她的记忆中，孙科一直不愿意见这对母女，而继父总是不问缘由地暴打她，甚至给她留下终身耳疾。孙穗芳从小在上海读书，在班上是最瘦小贫苦的一个，经常吃不上早饭，衬衫小了也没钱买新的。因为她长得酷似祖父和父亲，经常被老师和同学提起，这成了她儿时生活唯一的慰藉。高中毕业时，因为“家庭背景不好”，成绩优秀的孙穗芳没能上大学，后来在宋庆龄的帮助下才顺利走进同济大学。1958年，她被送到上海近郊农村劳动，倒粪桶、睡地板，患上了风湿性关节炎……重重苦难打磨着孙穗芳的意志，让她更加坚强。1963年，孙穗芳嫁给香港富豪之子王守基，终于结束了孤独无依的生活。虽然没有见过祖父，但孙穗芳对孙中山充满了崇敬之情。她把自己收集到的祖父用广东话和普通话进行演讲的录音全部转录了下来，日日聆听。也许因为听得太多，孙穗芳两次梦见祖父，要她将自己的资料整理出来。信仰佛教的孙穗芳决心放弃自己经营正红火的地产生意，开始潜心研究祖父孙中山和他的思想。她花了近10年的时间，往返于檀香山和广东之间，终于在1996年写出了《我的祖父孙中山先生》一书，之后还编辑了一些关于祖父的图片纪念集。

近年来，因为年老体衰，她将宣传和传承孙中山思想的重任交给了儿子王祖荣和王祖耀。

孙科的小女儿孙穗芬，也以其鲜明的个性和丰富的经历，吸引着众人的目光。孙穗芬1938年出生在上海，是孙科和蓝妮的孩子。虽然后来父母离婚，但她自小得到家庭的关爱，被视为掌上明珠。她拥有父亲赠予的洋房，自幼受到良好教育，每天上下学都有汽车接送。17岁时，相貌美丽又会讲一口流利英语的孙穗芬进入台湾民航航空公司，成为一名空姐，并很快成为美国飞行员孙康威热烈追求的对象。不久，她和孙康威结婚，生有三个儿子：孙忠仁、孙忠杰、孙忠伟。但孙穗芬并没有因此搁浅自己的追求。39岁时，她考入美国亚利桑那大学，获得了秘书学和金融学两个专业的毕业证书，并以各门功课全A的成绩荣获《华尔街日报》奖。一时间，孙穗芬成为美国媒体的新闻人物。1986年，见多识广、精明干练的孙穗芬成为美国驻广州总领事馆的商务领事，后来又调任上海，她自称为“媒婆”，热心为中美两国的商贸活动牵线搭桥。1992年底，孙穗芬任美国驻法国大使馆商务参赞，后来在香港创办了香港顺亚顾问有限公司，为协调欧洲和美国的公司来华投资做了很多工作。

2011年1月1日，孙穗芬在台北遭遇严重车祸，孙家后人和两岸同胞都非常关注此事。目前，孙穗芬的伤情已经稳定。

其他后人，命运各异

孙中山的后人，除了儿子孙科一支，还有他的女儿孙婉一支。

1914年，孙婉在美国与同盟会人士王伯秋结婚，生下女儿王缵蕙和儿子王弘之。孙婉后来与王伯秋分手。1921年，她在澳门与广东人戴恩赛结婚，同年生下了女儿戴成功，第二年又生下儿子戴永丰。因为怜惜遭受婚姻不幸的女儿，孙中山格外疼爱外孙和外孙女，“成功”和“永丰”的名字都是他起的。“成功”一则寓意他领导的革命成功，二则希望外孙女能成就一番事业。“永丰”是为了纪念当年他在广州蒙难，于永丰舰上指挥抗击叛军一事。戴永丰长大后进入岭南大学攻读畜牧学，获硕士学位，并留校从事畜牧免疫学的研究。不幸的是，他后来患上肺结核病，英年早逝。而戴成功则终生未嫁，一直在澳门侍奉母亲孙婉直到其1979年去世，极为孝顺。

在孙家后人中，还有孙中山的姐姐孙妙茜和妹妹孙秋绮及其各自的后代。

孙妙茜 1863 年出生，后与邻乡的农民杨紫辉结婚。2011 年 1 月 8 日，中山市孙中山研究会会长、孙中山姐姐孙妙茜的曾孙杨海接受了笔者采访。他说："现在，孙中山家族的后人虽然大多在海外，但联系却越来越频繁。位于各地的家族成员会不定期地回到中山市，也去翠亨村举办一些纪念活动。"

孙中山的妹妹孙秋绮家人丁兴旺，现有两位孙女和三位孙子。孙秋绮的孙女林莲芳在接受笔者采访时介绍说，当时孙家人跟着孙中山闹革命是极其危险的，因此常常东躲西藏。有一些亲友甚至不得已逃往海外，有时回国也有被抓住砍头的危险。但每个人都默默地支持、援助孙中山，没有人退缩，也没有人抱怨。

孙氏家族历经百年，如今枝繁叶茂，虽有人风云一生，有人郁郁而终，但不变的是他们对孙中山的敬仰和怀念，并格外珍惜这一份血脉亲情。同时，几乎每个人都在悄然远离"名门之后"的光环，他们不张扬，不炫耀，只坚持一条："做个普通人，岁月静好，平淡是真。"（撰文：胡婷婷、张雷）

孙家与台湾的恩恩怨怨

1949 年 12 月 10 日，随着蒋介石从成都乘飞机逃亡台湾，"国民政府"也从大陆彻底消亡。

孙科虽然辞去了"国民政府"行政院院长职务，但他一直是国民党中央执行委员会（1949 年 7 月改为"中央非常委员会"）常务委员。蒋介石不但没有通知在香港的孙科去台湾，还一再阻挠他赴台。1950 年 3 月 1 日，蒋介石在台北复任"总统"。此后，社会上又风传孙科将赴台湾出任"副总统"。但很快，台湾的报纸就出现了大量攻击孙科的报道，有关方面对他来台更是竭力防范。孙科意欲申请赴美国，但台湾当局又以种种理由不给他发放护照，无奈只得留在香港。直到这年秋天，孙科才得以偕夫人陈淑英经印度、希腊赴法国居住。两年后，孙科夫妇迁居美国，和在那里的子女团聚。孙科一家的“漂泊”生活一直持续到 1965 年回台湾。

孙中山与台湾的渊源

孙科虽然被拒在台岛之外十几年，但孙家却与台湾有着颇深的渊源。这还要从孙中山说起。

从推动革命开始，孙中山就有从日本手中收复台湾的决心和意志。1894 年兴中会成立时，孙中山就在成立《宣言》等重要文献中表露出“战败赔款、割地求和是耻辱”的思想，并决心“恢复中华、收复失地”。

孙中山还是最早将“收复台湾”付诸实际行动的人。1899 年冬，他在日本东京从事革命活动时，曾手绘一些中国《形势地图》，将被清政府割让给日本的台湾领土涂上颜色，以便“让阅读者触目惊心，永志不忘”。

此后，孙中山三次到台湾，从事革命活动。

1900 年 9 月 25 日，孙中山独自一人从日本奔赴台湾，在台北设立指挥所，指挥了惠州起义。第二次到台湾是 1913 年 8 月，孙中山住在台北一家叫“梅屋敷”的旅馆里（这里现已改建为台北市国父史迹纪念馆，是唯一保存至今的孙中山赴台历史遗址）。他在此接见了一些在台的老同盟会会员，向他们了解情况，征询意见。当时，孙中山还给“梅屋敷”旅馆的主人题写了“博爱”二字。孙中山第三次赴台是在“第一次护法运动”失败的 1918 年 6 月，但由于台湾日本殖民当局的极力阻挠，他只在台北住了一宿，次日即离开了台湾。

孙中山三次赴台，留下了永不磨灭的足迹。台湾方面还有文献指出，孙中山直到去世前，都念念不忘要撤除日本与中国所签订的所有不平等条约，给台湾实行自治的权力……

正是由于这些，“国父”孙中山才得以在台湾深入人心，并受到尊崇。

如今，“孙中山”在台湾是无所不在。台湾流通最广的新台币 100 元钞票上，印的就是孙中山的肖像。在台湾许多地方，“孙中山”甚至就是钱的代名词，像选举时就常有人说“选举没师傅，有‘孙中山’就会赢”；大家还常说“口袋中‘孙中山’多不多？”此外，台湾所有的政府机构、学校、公共场所，也都有孙中山的塑像或画像；所有政府人员、民意代表在宣誓就职时，也必须要“面对国父遗像宣誓”；政府机构举行重大会议时，还要“宣读国父遗嘱”……孙中山在台湾已经成了一种精神信仰与图腾。

孙科穷困潦倒回台湾

孙中山虽然在台湾受到尊崇，但其光环却无法照到他的后人。

孙科在“流亡”美国期间，台湾的蒋介石一直对其不闻不问。国民党驻美外交机构与孙科也无任何往来。偶尔前去探访的，也是孙科在大陆时期的故友。1961 年，陈诚以台湾“副总统”身份访美，也没有专程前往探访孙科，只是给他打个电话而已。

在美初期，孙科和家人的生活还算过得去。他们夫妇一直和次子孙治强一起生活，由于没有固定收入，只能依靠儿女的小额接济过日子，所以生活越来越清苦。后来，为了节省开支，孙家省吃俭用，一切自己动手，还自己种菜。当时有人曾这样描述他们的生活：全家人分工负担清洁及其他工作，孙科负责各室内的卫生，包括卫生间，每天用吸尘器打扫；夫人陈淑英负责烹饪和厨房的清洁工作；儿子孙治强负责搬运重物品、清理户外；儿媳则负责照顾孩子及琐碎的家务事。

有人解释说，孙科宁愿自己拼斗过生活，也不寻求蒋介石的帮助。当时的一家华文媒体曾报道称，“一幢简陋的平房，没有地毯，没有仆人，凡事自己动手，曾经是叱咤风云的人物，而今却能自甘淡泊，然而他的精神生活却非常富足，他的家中，到处都是书籍。”

其实真正了解孙科的人都知道，他的内心是很凄苦的。不仅生活上拮据，随着年龄的增长，那种“漂泊感”也在与日俱增。

孙科在香港时，中共方面就曾通过相关人士与他联络。但孙科对中共及其领导的革命怀有很深的成见和对抗情绪，拒绝了邀请。1956 年 3 月，周恩来总理在北京会见英国客人马坤时，请这位与孙科有数十年私交的人代向他致意。周恩来说，我们不能让孙中山先生的儿子长期流亡在外，中国政府仍然欢迎孙科先生回来。这次，孙科仍表现出一种“倦于政治”的姿态，对周恩来的口信没有作出回应。

到了20世纪60年代，孙科的一些“知心”故旧开始为他回台多方活动。1962年10月，“台湾当局立委”刘崇龄向“行政院”提出质询，要求当局主动邀请孙科返台。“行政院”在请示蒋介石后回复说：“政府非常欢迎哲生（孙科）先生回国。”

1964年，由台湾出资，在美成立了“中华文化教育基金会”，并推举孙科任董事长。此后，孙科与台湾官方机构才重新建起了联系。1965年10月29日，孙科搭机从美返台，在台北松山机场受到蒋经国及2000余人的欢迎，场面之盛令孙科潸然泪下。

按说，曾经担任“行政院院长”等高级职务的孙科，应该得到蒋介石的重用或“补偿”。但事实并非如此。回台后，他先是担任“总统府”高级咨议这一虚职，后才有机会担任一段不长时间的“考试院”院长。1967年，孙科出任东吴大学董事长，直到1973年9月13日在台北病逝。

孙家第三代的“告别”

与孙科夫妇一同回台湾的，还有他的两个儿子孙治平和孙治强。但他们在台湾的境遇与其父相比，更是“每况愈下”。

兄弟二人都是孙科在美国加州大学留学期间出生的。孙治平出生于1913年11月16日。当时因“民国”刚创建，百废待举，孙中山殷切期望国治民安、天下太平，就给长孙起名“治平”。1915年1月27日，孙治强出生。孙中山又有感于治国之道要先求平安、再求强盛，所以给次孙起名“治强”。

孙治平和孙治强自幼备受世人关注，他俩虽然没有经历过其父那样艰辛的童年，但却与其父一样，受到中西文化熏陶，学识都很丰富。孙中山逝世后，国民党元老吴稚晖认为北京读书环境好，就在北京创办“海外补习学校”，遴选革命元勋的子女，到那里补习后送到海外读书。孙治平兄弟及蒋经国等都曾在那里读书。开始，兄弟俩听不懂普通话，给学习带来很多困难。好在二人聪慧，学习又用功，很快就克服了语言障碍，适应了学习环境。抗战前，孙治平就读于上海圣约翰大学，孙治强则在南京金陵大学进修。后兄弟俩一起赴美深造，均获美国加州大学政治经济学硕士学位。国民党从大陆逃往台湾后，孙治平兄弟寓居美国。

孙治平返台后，曾任国民党中央委员、“总统府”国策顾问、台湾电视公司副董事长、联合发展企业公司董事长等职。孙治强在台湾一直怀才不遇，得不到重用，仅担任过“中央信托局”及台北故宫博物院顾问等职。

到了晚年，孙治平和孙治强兄弟处境迥异，受到媒体关注。20 世纪 90 年代末，台湾《自立晚报》的一篇报道，以《孙中山之孙要在纪念馆前设摊》为题，披露了孙治强“因经济困难上书李登辉请求改善待遇”的窘况。澳门《新华澳门》报道说，孙治平看到政治前途无望，转向精心理财，已拥有价值不菲的股票，生活过得比较宽裕。1980 年，他转往香港定居。

孙治平和孙治强的子女也都先后定居海外。最后孙家人只有孙治强独居台湾。由于经济十分拮据，为了方便治病，孙治强曾长期在台北荣民总医院附近租屋居住。

孙治强在古稀之年曾于 1992 年和 1993 年两次回大陆，不仅回故乡翠亨村瞻仰祖父的故居，还游览了北京、上海、武汉、广州等地。2001 年夏，孙治强不顾年迈体弱，抱病赴美参加儿子孙国升的大学毕业典礼，不幸于 7 月 4 日因心脏病突发撒手异域，享年 86 岁。至此，台湾再也没有孙中山的后人。

2004 年 4 月，孙治平在香港接受采访时，曾对当政的陈水扁和民进党“去中国化”表示极大的不满与愤慨。他介绍说，1998 年，陈水扁在竞选台北市长时，其竞选阵营曾搞过“国父也称赞阿扁做得不错”的宣传活动。那伙人在一家工厂的外墙上画了一幅漫画，意思是孙中山“称赞”陈水扁竞选一事，还说什么这是“新新人类的幽默”。孙治平说，这严重地玷污了孙中山先生的形象。2000 年陈水扁登上台湾领导人宝座后，更是大搞“去中国化”。孙治平说：“陈水扁主张‘台独’，不承认‘中华民国’，也不承认孙中山，还企图以孙中山骗选票。这是骗人的行为，我不排除对他采取法律行动。”不幸的是，没等孙治平将陈水扁告上法庭，自己就于2005年4月6日在香港病逝，享年92岁。

但历史最终还了孙家一个公道，在孙中山一手创立的国民党再次“执政”台湾之后，“玷污”过孙中山的陈水扁终被关进牢房。（撰文：萧师言）

梅屋庄吉曾外孙：曾祖父与孙中山的革命生涯

1895 年 3 月，两个有着共同理想的年轻人在香港一见如故。他们纵谈天下大事，甚为投机，最后结拜为兄弟。“君若举兵，我以财政相助。”当时，27 岁的日本实业家梅屋庄吉对 29 岁的兄长孙中山做出了郑重承诺。

此后，梅屋庄吉用自己的一生兑现了这个诺言。他倾其所有支持和资助孙中山领导的革命事业，甚至不惜出售公司股票。孙中山病逝之后，梅屋庄吉又耗尽为妻女准备的保障金，打造了四尊孙中山铜像，现在分别位于南京新街口街头、广州中山大学、广州黄埔军校旧址和澳门国父纪念馆。

然而，就是这么一段超越国界的友情、这么一个坚守终生的承诺，却成为了尘封的历史。很长一段时间内，日本人大多对梅屋庄吉在中国革命史上的地位全然不知。因为，梅屋后人谨记他的遗言：“我参加孙中山的革命，是与他有过盟约的，这一切不能外传。”

听着孙中山的故事长大

一百多年来，孙中山是梅屋家族难以泯灭的符号。“小时候，我们家人一起吃饭，祖母千世子总是会自然而然地讲一些有关孙先生和我们家的故事，我是听着这些故事长大的。”梅屋庄吉的曾外孙女、松本楼（日本

1915年，孙中山与梅屋庄吉夫妇合影

著名餐饮公司）第四代“掌门人”小坂文乃告诉笔者。

随着祖母、母亲相继去世，小坂觉得不能让这段历史湮灭了。她首先要做的是重新学习这段历史。于是，小坂找来与孙中山有关的书籍仔细研读，还阅读了曾外祖父梅屋庄吉留下的日记。

2008年，时任中国国家主席的胡锦涛访问日本时，小坂在松本楼特设的“孙文与梅屋庄吉史料室”里，向他介绍了孙中山与梅屋庄吉交往的历史。

2010年，“孙中山与梅屋庄吉展览”在上海世博会日本馆举行。小坂让上中学的儿子到上海，和中国大学生一起为展览提供志愿服务。“今后有机会的话，我还会多带孩子去中国各地走走，让孩子了解中国——这个我们祖辈曾经深爱并做出贡献的国家。”

2011年，为纪念辛亥革命100周年，“孙文·梅屋庄吉和长崎”展在梅屋庄吉的家乡长崎县历史文化博物馆开幕。

“孙先生曾和300多名日本人有过交道，而我的曾外祖父和他的感情可能是最单纯的。他为孙先生的革命事业竭尽全力，却不求回报，故而嘱咐后人对相关日记和信件概不外泄。”虽然谨记先辈的嘱咐，但在看到中日关系出现不和谐声音时，小坂决定把梅屋庄吉和孙中山百年前的理想和友谊公之于众，“告慰直到生命最后一刻，仍然为日中和平忘我奔走的曾外祖的在天之灵”。

2014年7月3日，笔者前往梅屋家的祖业——位于东京日比谷公园的松本楼，采访了小坂文乃。

把做大事业的历史留给后人

笔者：甲午战争后，孙中山先生和中国留学生为推翻清政府，在日本成立了“中国同盟会”。你的曾外祖父为他们的革命事业提供了很大的帮助。为什么他会不惜倾尽家产帮助孙中山先生？

小坂文乃：那时，日本明治维新取得了成功，而中国却在鸦片战争后一蹶不振，又割地，又赔款。为此，几万中国人来日本“取经”，其中也包括孙先生。

就在孙先生考虑如何发起革命之际，日清战争（即甲午战争）爆发了，最后以中国失败而告终。在孙先生看来，腐败不堪的清政府失败了，正是革命的好时机。也就是在那时，孙先生和曾外祖在香港相识，这是他结交的第一个日本朋友。

我的曾外祖出生在长崎，那里原本就有很多中国人，他们带来了中国的文化、民俗，这些都令曾外祖对他们充满敬意，觉得中国人好像自己的兄弟。

14岁那年，曾外祖去中国上海，看到西方人对待中国人的态度十分恶劣，这让他非常痛心：被自己视作兄弟的中国人怎么陷入如此境地？同时他也萌生了一种危机感，日本会不会沦为下一个半殖民地国家？

孙先生提出要建设一个强大亚洲的理想，令曾外祖深有同感。曾外祖认为，作为亚洲人，作为兄弟，相互帮助是理所当然。对孙先生倾囊相助，不仅是帮助中国，同时也是在帮助日本，中国强大起来了，亚洲就能建设得更好，不会再沦为欧美列强的殖民地。

后来，孙先生和曾外祖的行动，打动了很多中国留学生和日本人，大家集合力量，成就了一段可歌可泣的历史。

笔者：作为后人，你怎么看待没留下什么财产的曾外祖父？

小坂文乃：我非常敬佩曾外祖父，他答应了别人的事情就要做到。他在生意上一度很成功。在一百多年前，我的曾外祖就兴办电影公司，先后合并了当时日本四家电影公司，因此获得了巨大财富，曾经是日本数得着的富翁。

为了孙先生的革命事业，曾外祖多次筹集资金购置军械、弹药等，对孙先生领导的革命斗争予以倾力支持和资助。当时，孙先生想使用飞机搞起义，曾外祖就在滋贺县八日市建革命军飞行学校训练中国学员。

孙先生逝世后，梅屋家已经接近一贫如洗了。但曾外祖始终认为，自己所做的一切非常值得，革命事业给了他挣钱的动力。他曾对后人说："把家产给你们，你们是不是珍惜？即使我写成一本书，你们会不会读？我都不知道，那还不如把这个先人做大事业的历史留给你们。这是我给你们的唯一遗产。"

笔者：我们知道，松本楼是你曾外祖父的故居，这座楼有着怎样的历史？

小坂文乃：松本楼从 1903 年营业至今，已经有 110 多年，称得上是东京历史最长的西餐馆，有很多著名的作家、政治家到松本楼就餐。孙文先生也是我们的客人之一，他和宋庆龄女士的婚礼，也是在松本楼举行的。松本楼的一楼还放置着宋女士当时弹奏过的钢琴。

1913 年，孙先生已经 47 岁了，经历革命失败的他心情十分低落。而年仅 20 岁的宋女士刚从美国大学毕业，担任孙先生的英语秘书。这名青春活泼的女孩让一代伟人迅速坠入情网。

当时这段感情并不被看好，孙先生有妻室子女。宋女士的父亲提出反对，并且把她带回上海。被相思煎熬的孙先生天天茶饭不思，我的曾外祖母天天变着花样给他做好吃的料理。在和孙先生谈心后，曾外祖母知道他对这段感情极为坚定，于是就找到孙先生的秘书陈其美，让他到上海告知宋女士。1915 年，宋女士辗转到东京后，梅屋家为她准备了嫁妆、新房，并在家里为两人举办了婚礼。

为此，孙先生在曾外祖的和服短外褂背面写下了“贤母”二字，说曾外祖夫妇像母亲一样不求任何回报地支援中国革命，也像母亲一样悉心照料自己和宋庆龄。这饱含了身在异国他乡的孙先生对曾外祖夫妇的感激之情。

后来，松本楼在几次地震中遭到破坏，又在1971年被烧毁。我们家保存的史料，很多也被当时的政府没收烧毁，还是曾外祖父的秘书拼死藏了一部分。

20世纪70年代重建松本楼后，我们都知道，这里不可能再作为普通的饭馆了。松本楼必须承担历史所赋予的使命，我们希望能把这段历史和先人的精神传承下去——这也是家族的使命。

今天的松本楼已经成为日本的一个景点，很多中国人来东京，都会来这里看一看。我非常乐意接待，然后和他们说说梅屋家与孙先生的故事。

曾外祖父在日本一度被社会孤立

笔者：今年是甲午战争120周年。这场战争是日本近代史上的第一场对外战争，也是日本建设近代国家的分水岭。作为一名日本人，你如何看待这场战争？

小坂文乃：我觉得，大多数日本人根本没有意识到，今年是日清战争120周年。那时，日本通过明治维新学习了很多西洋的军事、经济制度，引进了很多先进装备，所以最终打败了清王朝。但也正是日清战争的胜利，让日本一发不可收拾地走上了发动日俄战争、侵华战争的错误道路，最后自我毁灭。当时，日本政府的方针就是要一味发展军事力量，不可避免地走上了军国主义的道路。

回顾日中两国的历史，战争是一个避不开的因素，但同时，两国人民之间也曾有过真挚的友谊。通过曾外祖和孙先生的密切交往，我们可以看到日中民众间有着超越国籍、背景和民族的感情。在一百年前，两个国家

2014年7月，小坂文乃（右）接受笔者采访

就有这么好的关系了，希望所有人不要忘记这段历史。

虽然现在通过大量史料和图片，曾外祖和孙先生的故事得以重现，但是我不是历史学者，更多的是根据家中的相关资料和其他学者的叙述来再现历史，所以我并不期望在重现这段历史后，就能让两国关系迅速出现很大改善，我只是想以此为始，让当代人学会思考，思考两国关系未来的发展。

我看过曾外祖的日记，研究以后才明白，百年前，他们有着亚洲和平、人类平等的共同理想。这么大的理想，在当时能理解的人很少。曾外祖在日本还一度被称为“怪人”，被社会孤立。因为资助中国革命，他曾因“叛国罪”两次入狱。但曾外祖一直没放弃过信念。他在日记中写道：“即使他们都离去，我也不感到孤独。”在我曾外祖看来，眼前的失败只是一个站点，他有着和孙先生一致的大目标。孙先生逝世后，他认为他们的共同目标虽未达到，却不会发生变化。

到今年，我的曾外祖离世八十年了，但我相信，今后的一百年，日中两国的各界人士仍需为亚洲和平这个目标而努力，我们永远不能放弃这个伟大的信念。

笔者：多年来，你一直致力于中日两国友好交往。你认为，进一步推动两国民间交往的关键是什么？

小坂文乃：两国的友好关系应该世世代代保持下去，因为日中友好与否关系到亚洲和平，乃至全世界的和平。要保持这种关系，我认为关键在于两国年轻人之间的互相交流和了解，曾外祖父和孙先生第一次见面时，他们只有 27 岁和 29 岁，正因为有了像他们这样的年轻人，日中历史才有这段佳话。两国的未来，将由两国年轻人来共同决定。百余年前的前辈们，其实给我们做出了很好的榜样。（撰文：蒋丰）

附录：为何有人丑化孙中山

抛开一百年来革命党人对孙中山的各种评价不论，当代人对孙的看法显得极有意思。比如，嘲笑“孙大炮”只会忽悠空谈，只会骗钱，只会擅权；嘲笑辛亥革命并非革命党的功劳，立宪党人也与有荣焉；更进一步，论证辛亥革命开启了一个世纪的中国劫乱，革命不如改革，改革不如改良。越来越多的论者在津津乐道地数落孙中山的罪与错，他的专制、蛮横、好色……人们像发现了宝一样。

孙中山其实跟许多历史人物一样，在历史的天平上经受着几番左右摇晃，贬抑交替。这都是历史发展的必然现象。只是孙中山更为复杂一些，他甚至没有“对手”，他的参照者有袁世凯，也有黄兴、宋教仁、章太炎、张謇；同时，以他为代表的革命党人的参照者则有立宪党人和清末实力派……当宪政话语压倒性地遮蔽革命话语时，孙中山及其革命党人注定要经受多重的贬抑。因此，现在我们与其说在谈论孙中山，不如说谈论的是我们这个时代。这些人论或史论，实则为时论，已经参与了我们当代人的认知，也使得我们看历史的眼光难以理性、平易。

那些主张辛亥革命非革命党人之功的人在历史面前过于短视了。辛亥革命是中国历史上的大事，实力派、立宪派、清政府都在其中扮演了自己的角色，但其光荣当然属于革命党人。那些厚诬革命开不出宪政的论者，回到了袁世凯好于孙中山，清政府好于袁世凯的老调中去。他们忘记了，中国文明和中国人已经以足够的耐心拖延和推迟了这一革命，是上层精英的衰败、不作为和堕落招来了革命。用当下中国人的话说，人民群众都过河了，官员们还在河里假装摸石头。

辛亥革命以极低的成本建立了亚洲第一共和国，以不同于农民造反的方式改换了国体、政体。这一革命为中国催生了不亚于先秦百家争鸣式的文明遗产，大革命家、大思想家、大作家、大教育家、大实业家……无数先贤在民国成长，以至于“民国”成为今天很多人怀旧的对象。厚诬孙中山，实则身在历史虚无主义之中不自知，而孙中山及其革命党人才是站在历史的洪流之中，站在古老文明的前端和中国大众之中。

在中国，推动历史的车轮几乎如愚公移山一般艰难……以曾国藩、李鸿章权倾一国的实力，都不敢有所作为，曾国藩甚至迷信术数，感叹大清还有“50年”的寿命。但孙中山知其不可为而为之，百折不挠，终于为一个专制愚蠢的政权送终。这种人格，非我们当代人所能感知。蔡元培挽孙中山：“是中国自由神，三民五权，推翻历史数千年专制之局；愿吾侪后死者，齐心协力，完成先生一两件未竟之功。”

革命是个痛苦的工作，难以呐喊，无地彷徨……但孙中山出色地完成了他的工作，他开了风气。只要我们想想英国革命、法国革命尚有两百多年的反复，辛亥革命后的历史就是可以理解的。

那些仍在丑化孙中山的人应该反省，自己是否在切实地推进中国人的理性进步，而非就事论事地陷入历史虚无主义。正如台湾学者南方朔批评的那样：“近代虚无主义当道，它在西方成不了主流，但在非西方则透过文人作家而产生较大的影响……在虚无主义盛行的时代，文人知识分子已不会唱大调歌曲，都只会唱矫揉造作的小调，中国的民国史热，就是小调歌曲的大合唱。”（撰文：余世存）

项城袁氏家族沉浮路

近百年前，大清权臣袁世凯逼迫清帝退位，一手推倒几千年封建帝制，又一手建立起北洋军阀的独裁统治。袁门传奇，历经千年，可圈可点。今年9月16日，是袁世凯诞辰150周年。经过了历史的沉淀，回眸重看袁氏家族，或许现在正是时候。

传说是三国袁绍之后

袁氏故居在河南项城东南17公里的袁寨村。这是一个明清砖木结构的建筑群，空中看去活脱一个“富”字。这里原占地270亩，有各式建筑248间，至今还保存了50多间房屋。袁宅当年有10米多高的墙壁、六座炮楼、三道护城河拱卫，威风十足。

袁世凯称帝时，有人“考证”出他是三国袁绍之后。其实，项城袁氏源于江西宜春，后迁至湖北黄安，元末明初又迁河南。清乾隆年间搬到项城袁阁（今高寿镇袁阁村），在村东北建立了袁氏家族墓地和家祠。墓地内葬有34位袁氏后人，家祠内则有一块清咸丰年间铁板家谱，记录了“志九耀三，保世克家，启文绍武，卫伟国华”等辈分排名。1958年开展大炼钢铁运动时，《袁氏铁板家谱》被扔进了小高炉，只留下一份拓片。

袁氏一族，近代可查到的“志”字辈的先祖是袁志恭。袁志恭生于乾隆年间，儿子袁九芝、孙子袁耀东都是乡下教书匠。袁家的转折源于袁耀东的媳妇。当年淮宁财主郭如珽把女儿嫁给袁耀东。郭氏刚过门，公爹就病死了。郭氏跟着丈夫分家另过，生下四子一女。那时袁家靠几亩薄田谋生，郭氏让丈夫一心读书，自己白天种地，晚上织布。可惜袁耀东40来岁就得了痨病，撒手西去。

当家人一死，寡妇郭氏看着四个儿子，最大的才14岁，她把牙一咬，手执先夫留下的教鞭，在灵牌前训子：“你们哪个不好好念书，就不是袁家子孙。”四子中，次子袁甲三最受器重。这孩子7岁上学，8岁就写下《事君能致其身》。但科场道路艰难，袁甲三连考9次，才在道光十四年（1834年）中了举人，次年31岁时又中进士。报喜的人来到袁家，郭老太太正在地里砍麦茬。从此袁家就有了个传统，每年全族妇女都要到麦田里砍一筐麦茬，以示不忘本。

踏上仕途的袁甲三当了礼部主事，顶头上司就是礼部左侍郎曾国藩。在咸丰朝，袁甲三兴办团练，镇压捻军，很快升为都察院左都御史，后来升任钦差大臣，督办安徽军务，实授漕运总督，赐黄马褂。但袁甲三并非湘军嫡系，在官场也受排挤，最后更因寿州失陷而开缺回籍。同治二年（1863年），袁甲三病故，葬于河南淮阳。

袁家发迹正是从“三”字辈开始。袁甲三的哥哥，老大袁树三（就是袁世凯的祖父）担任过陈留县训导兼教谕，生子袁保中、袁保庆。老二袁甲三是家道中兴栋梁，生子袁保恒（翰林出身，后来做到刑部左侍郎）、袁保龄（官居内阁中书）。老三袁凤三捐官得了禹州训导头衔，后来平定捻军有功，赏五品衔，有一子袁保颐。老四袁重三善于理财，在他管理下，袁家很快就成了项城首富，他生了袁保晋、袁保纯、袁保恬和袁保皖。

到咸丰年间，袁家一门有13人受封，其中有6人食一品俸禄，3人食二品俸禄，可谓风光一时。

官宦之家走出了一代枭雄

袁世凯于1859年出生，生父袁保中治家甚严。袁世凯7岁过继给署理江淮盐运道的叔叔袁保庆，在嗣父家，他见识了官场的大场面，也学会了八面玲珑的本事。可惜同治十二年（1873年）袁保庆因霍乱死在任上，这时袁世凯才14岁。第二年，他亲爹也死了。

在京做官的堂叔袁保恒、袁保龄接过了管教袁世凯的责任。袁保恒是朝廷正二品大员，他带袁世凯进京，聘请名师教导。小堂叔袁保龄则觉得这孩子很浮躁，更对他严加督促。袁世凯为人乖巧，口才又好，后来得到堂叔们“办事机敏”的夸赞。1878年袁保恒去世，袁世凯回到老家，继承了嗣父袁保庆的丰厚家当。1881年，袁世凯到山东投奔袁保庆的密友吴长庆，从此踏上仕途。他以“小站练兵”起家，一步步走上了权力的巅峰。

袁世凯乃小妾所生，这是他的一块心病。他生父袁保中正妻刘氏生了长子袁世昌（早夭），次子袁世敦。袁世凯生母也姓刘，生了袁世廉、袁世凯、袁世辅、袁世彤。兄弟六人，人称“老六门”。可嫡子袁世敦很看不起庶母生的几个兄弟。袁世凯当山东巡抚时母亲去世，袁世敦竟不许庶母在祖坟正穴与父亲合葬，也不让从正门出殡。袁世凯一怒之下和二哥翻了脸，另买坟地葬了母亲。

在袁世凯弟兄中，和他最要好的是三哥袁世廉。袁家老三少年时胆识过人，曾经亲自带人抓了土匪头子张天罕，扭送县衙正法。袁世廉跟袁世凯去过朝鲜，后来当过徐州府兵备道，但不久因风痹病去世，死后两个幼子被袁世凯收养。

袁世凯的五弟袁世辅一生没有出来做事，但其与段祺瑞家族的联姻倒值得一提。当时袁世辅的独子袁克庄和段祺瑞的太太都怀孕了，袁、段两人就在酒桌上指腹为婚，后来段家女儿段式巽就嫁给了袁家公子袁家鼐。至于六弟袁世彤，曾在光绪十九年（1893年）以参赞身份出使英、法、比利时，回国后不愿从政，在项城老家建“怡乐园”，以书画怡情。

政治联姻令袁家势力更大

袁世凯有一妻九妾，生活奢靡。正室于氏说了一句“我有姥姥家”（意思是她是明媒正娶的），触到了袁世凯的忌讳。她不识字，更不懂礼节。有一次新年袁世凯要接见各国公使，她自然要陪同接见。某国公使走到这位夫人面前，要和她行握手礼，她大为惊慌，居然吓得把手藏到背后去了，弄得公使和袁世凯都十分尴尬，从此更被晾在一边。大姨太太沈氏出身苏州名妓，八面玲珑，袁世凯就把她当作正室看待。他又娶朝鲜王妃的妹妹金氏为妾，连金氏两个陪嫁丫头全收作偏房，且按年龄排序，本是丫头的李氏倒成了二姨太。袁世凯在直隶总督任上时，派二公子袁克文到南京办事，袁克文看中南京钓鱼巷的妓女叶氏，带了叶氏的玉照回家，想不到给父亲请安时照片掉了出来。老袁便问“是什么？”小袁只得推脱是给父亲找的偏房。于是袁家就多了个六姨太。

袁世凯生了17个儿子、15个女儿；这17个儿子，又生了22个孙子、25个孙女。他的子女多与望族联姻：长女伯祯嫁给两江总督张人骏的儿子，次女仲祯嫁给了另一任两江总督端方的侄子，五子克权娶了端方的女儿，六女籙祯嫁民国总理孙宝琦的儿子，七子克齐是孙宝琦的女婿，九子克久娶了民国总统黎元洪的女儿，十子克坚娶了民国陕西督军陆建章的女儿，十二子克度娶了富商罗云章之女，十四女怙祯嫁给了民国总统曹锟的儿子（后离婚）。政治联姻令袁家势力更大。

袁世凯称帝时拍的标准像

在袁世凯称帝的问题上，他的子女其实分歧很大。最积极的是长子袁克定——他想当太子。袁克定搞了一份假的《顺天时报》，上面全是支持帝制的消息，给袁世凯和全家人看。不料有一天，三女袁静雪吃蚕豆时无意中发现包蚕豆的旧报纸，竟和平时所看到的《顺天时报》论调不同，就告诉了父亲。袁世凯当时眉头紧皱，没有任何表示，只说了句："去玩去吧。"

第二天清晨，他把袁克定找来，问明是儿子捣的鬼，气愤已极，用皮鞭把袁克定痛打了一顿，边打边骂儿子"欺父误国"。

可是袁克定还有一个"撒手锏"：袁家做官的男人都没有活过57岁，袁甲三、袁保庆、袁保中、袁保恒、袁保龄等都是四五十岁就去世，袁世凯也担心自己活不过六十大关。袁克定说"称帝可以突破这个魔咒"，这打动了袁世凯。但称帝后的袁世凯在1916年去世，还是只活了57岁。（撰文：方振良、刘朕驿）

袁世凯后人远离政治

定居在加拿大的画家袁始是袁世凯的长房曾孙。在袁家后人纪念袁世凯 150 周年诞辰的前夕，他接受了笔者的专访。他说："袁氏家族后人的命运，几乎都受到袁世凯的影响。"

赶上了富贵日子的尾声

袁始原名袁缉燕，1941 年出生于北京。祖父袁克定，父亲袁家融，袁始是小儿子。他童年时赶上了富贵日子的尾声，但兄弟姐妹间关系相当淡漠。

提起袁克定，袁始没有为亲者讳："我爷爷鼓动曾祖父称帝，大错特错。他封建思想严重，对弟弟妹妹总是摆出'长兄如父'的架势，与弟妹关系都不融洽。他对子女更是摆足了家长威严。""20 世纪 40 年代，我奶奶带着我爸爸和我们七个兄弟姐妹，都住在北京城里，只有爷爷袁克定带着私人医生、厨子、听差住在颐和园里排云殿牌楼西边的第一个院落清华轩。母亲得了'气瘰脖'，爷爷才破例地让她去颐和园里养病，她把我带去那儿住了一年多。那时我 4 岁。"

袁始还回忆："有一个夏天傍晚，我父亲在排云殿前面小码头上穿着游泳裤与两个人在说话，不知谁喊了一句：大爷（袁克定）来了！我父亲吓得一头扎到昆明湖里，一直游到龙王庙！他知道他大庭广众穿着游泳裤，爷爷看到了肯定大为光火。”

清华轩前后好几进，都摆满了古玩、字画。“早上他从外面散步回来，坐在书房里，我们吃完早点，进去给他请安。他就在鼻子里哼一声，有时候他只顾看书，连头也不抬，我们就赶紧退出。有时我在院里疯跑疯闹，奶妈看见他拄着拐杖散步过来了，赶快对我说：爷爷来了！我就马上站直，等他走过去。”

袁始对这个爷爷的感情很复杂。“抗战时日本人请他出山，他拒绝了。1949年以后政府曾想给他政协委员之类头衔，他也不接受。”“由于他在‘袁世凯称帝’一事上扮演了不光彩角色，后半生生活在愧疚之中，完全将自己封闭起来，几乎不跟人来往。他晚年生活困难，但从来不向人诉苦，不苟言笑，闷头看书。”

袁世凯孙辈另启新章

袁氏一族到了袁世凯的孙子“家”字辈，开始另启新章。

袁始的父亲是袁世凯长孙袁家融。他16岁去美国留学，在哥伦比亚大学拿到地质学博士学位。留美期间，袁家融先后与两位姑娘相恋，但他童年时就与湖北督军王占元的女儿定亲。袁始说，在袁克定一连12封电报催促下，“我父亲最终与心爱的姑娘分手，回国与我的母亲成亲。”国民党政权败退台湾前夕，袁家融的美国同学设法弄了一架飞机要接他全家去美国。但袁克定坚持要留在中国，为了尽孝，袁家融也就留下了。

袁家融先在开滦煤矿当工程师，后去绥远主持地质勘探。20世纪50年代初在白云鄂博、大青山发现铁矿矿苗以及后来包头钢铁公司的建立，都有他的功劳。此后袁家融到贵阳工学院当教授，1964年退休。1996年他以92岁高龄辞世。

“我父亲有两个姐姐袁家锦和袁家第。家锦姑姑嫁到天津的雷家，家第姑姑嫁给浙江大学政治经济学教授费巩。费巩参与民主宪政运动，1945年3月被特务秘密杀害，后来被追认为革命烈士。”在袁世凯的孙辈中，最有成就的就是旅美物理学家袁家骝。1973年袁家骝偕夫人吴健雄首次回中国时，“我哥哥、姐姐陪我父亲去北京饭店见他们，我没去，但我托他们带去家骝叔叔父亲袁克文的一本诗集手稿。‘文革’抄家时，我趁红卫兵没注意，偷偷把它藏了起来。袁家骝非常激动，那时他手里还没有一件他父亲亲手写的东西呢。”

袁氏宗族代代传家训、续家谱

1959年，袁始考进河北美术学院专攻油画。毕业后到中国科协展览部，后调到北京二轻局装潢设计室。“文革”中，“成了‘黑五类’，被两次抄家，父亲保留的一点袁家物品都被当作‘四旧’要么砸碎要么抄走。单位还要遣送我回曾祖父的原籍河南项城。当时年轻气盛，一跺脚不辞而别。”没了工作，他只能当临时工。“文革”结束后，袁始去《神剑》文学月刊当美术编辑。1982年，夫妇俩成立了“原始装潢设计室”。1987年底，袁始关掉了设计室。袁始说：“为什么我对权啊钱啊不那么看重？因为我见多了富丽堂皇转眼成空！”

袁始对袁世凯的看法也经过了一个转变过程。“袁在任时做了不少有益于社会进步的事，是继李鸿章之后引进现代制度最积极的当权者。”近年来，历史学界对袁世凯的研究相当活跃，涉及方方面面，袁始说，他会有意识地收集一些来看。

袁氏宗族代代传家训、续家谱。袁始小时候还见过家训，一直放在家里，但“文革”抄家后就再没见着了。袁世凯第八子袁克轸之女袁家淦在纽约市立大学工作，曾回中国进行寻根之旅。她一直在搜集资料、准备写中英文对照的袁氏家谱。

袁氏后人散布于海内外，普遍远离政治。直系后人中住在天津的最多，有二三十人，如天津市中心妇产科医院放射科原主任袁家诚（袁克坚之子）、经营餐馆的袁家倜（袁世凯四子袁克端之女）等。袁家骝的弟弟袁家楫也生活在天津。袁世凯第17个儿子袁克有的女儿袁家惠，则是生活在河南项城的少数袁家直系后人之一。（撰文：心远）

专访袁世凯孙女：84岁还在打拼

她曾是购物不花钱，出门有保镖的千金大小姐；“文革”抄家后，她被下放农村，成为劳动妇女；改革开放后，她靠买原始股起家，成了天津西餐厅的女老板。袁世凯84岁的孙女，至今仍在打拼。

位于天津中心市区南部的“五大道”，素有“万国建筑博物馆”的美誉，这里至今还保留着三百多座风格各异的小洋楼。在其中的“成都道”上，有一座并不起眼的四层英式洋房，是袁氏家族目前在中国内地唯一的房产。洋房上挂着“苏易士西餐厅”的牌子，其经营者是袁世凯的孙女，已84岁高龄的袁家倜女士。

袁家倜在她的“苏易士西餐厅”（张健伟摄）

袁家倜是袁世凯目前在世的孙辈中，年龄最大的。她精力旺盛，69岁开始下海经商，如今还在商海“打拼”。老人家皮肤细腻，看上去十分年轻，举手投足间，还留有旧时大家闺秀的味道。

“袁家的封建残余我没有继承，唯一可能保留了点的，就是生活上的考究。”

袁家倜的着装讲求特色，涂的指甲油是香港的，抹的化妆品是倩碧等大牌，戴的首饰工艺精细，连洗发水、沐浴露也很讲究。她说自己琴棋书画没有天分，唯一的爱好就是购物。

袁家倜底气很足："我现在很独立，无论是经济上还是政治上，这在以前老袁家的女人里，是没有的。现在的生活让我很快乐。"袁家倜在天津做了24年的政协委员，无论是招商引资还是扶贫救灾，她总是冲在最前面，为天津的经济发展做了不少贡献。

谈起过往，袁家倜反而庆幸自己经历了非同寻常的大起大落。"这对我是极大的改造和历练。半个世纪的巨变反而救了我，刺激了我的求生欲，让我学会自力更生。否则我早像袁家大多数子孙一样，养尊处优，靠遗产寄生，然后抽大烟，找乐子，穷困潦倒而亡……"

祖母是朝鲜人

袁家倜是袁世凯四子袁克端之女。袁世凯一生正式娶进门的有一妻九妾，共有17个儿子、15个女儿、22个孙子、25个孙女，袁家儿孙共计79人。

袁家倜的父亲袁克端，是袁世凯的四姨太吴氏所生。吴氏是袁世凯三位朝鲜姨太太中的一个。当年，她本是作为丫鬟，随朝鲜王妃的妹妹金氏陪嫁到袁家的。哪曾想，本以为来做"正室"的金氏，却和她的两个丫头，同被袁世凯收为妾。她们三人都是朝鲜族，嫁到一个陌生的封建家庭，语言不通，又不懂得中国的封建礼数，在袁家受尽了凌辱和折磨。

袁世凯喜欢缠足的女人，他所娶的太太和姨太太，除了这三位是"天足"，其余都是裹足的。三位女子来时都已成年，无法裹足，无奈只得仿照从前京剧中的花旦、武旦"踩寸子"的办法，做出缠足的样子，来取悦袁世凯。吴氏还算幸运，死在袁世凯直隶总督任上，少受了一些罪。其他两位直到袁世凯去世，才离开"寸子"，最后连路都不会走了。不仅如此，满怀醋意的大太太还经常趁袁世凯不在家，对她们非打即骂，甚至进行虐待。

袁世凯去世后，他的现金被分为17股，给了他的每个儿子。每人一股，计12万银元。15个女儿，每人分到嫁妆费8000银元。姨太太随各自儿女生活，不分现金。但袁世凯生前的金银细软、玛瑙玉器、绸缎裘皮，各房太太均分了一些。

在天津胜利路大营门，原有一个大院，六座大楼。新中国成立前，袁世凯的大部分姨太太及其子孙，都聚居在此。1924年袁家倜便出生在这里。当时，祖父袁世凯已去世八年。

袁家倜没有见过祖父，但她多少也有所耳闻："父亲很害怕祖父，他们以前每天要给祖父请安，每天几乎都是公式一样的问答，有时惹恼祖父，甚至会被用皮鞭和木棍抽打。"袁世凯偶尔会在儿子请安时，让他们陪同吃饭。据说一次，二儿子袁克文吃得很饱，袁世凯递给他一个热馒头，他不敢说不吃，偷偷将馒头塞进袖筒，竟烫掉了一层皮。

袁家倜说，袁世凯虽然对儿子们很严厉，但对女儿们却比较"娇纵"。"祖父有着'女儿为重'的思想，家里的男孩都有小名，但女儿他都不允许起。他认为女儿是别人的人，同时也是他攀亲家的工具。袁家的子女都是包办婚姻，几乎全都与当时的王爷和军阀后代结了亲。比如曹锟的儿子是我十四姑父，黎元洪的女儿是我九婶，这都是祖父促成的，包括我的父母也是如此。"

与世隔绝的大小姐

袁家倜的母亲是天津最有名望的大盐商何仲瑾的女儿，"母亲家里在天津光出租的瓦房就有好几千间，当时两家联姻，让很多人羡慕不已。然而……"

谈起自己的父母姐妹，袁家倜不堪回首。她的父亲毕业于天津新华书院，字写得相当有水平，古硬质朴，自成风格。然而作为大总统的儿子，袁克端从小养成了吃喝挥霍的习性。他当过张作霖大元帅府的参议，但连班都不会上，之后又在开滦矿务局当挂名董事，每月分 300 元银元。袁世凯搞洪宪帝制时，他还刻了“皇四子”之印，自比雍正。可惜好景不长，1916 年袁世凯去世时，这个儿子，一夜间由“皇四子”变成了寻常百姓，他难以接受，大受刺激，从此精神失常。

袁克端的后半生，主要靠典当遗产和股票为生。他们夫妻两人都是烟鬼，有大烟瘾。由于挥霍无度，后来家境很窘迫。1951 年袁克端去世。

袁家倜两个姐姐命运也很悲惨。“很多书上都写袁克端有两子一女，其实我还有两个姐姐，她们也是封建礼教包办婚姻的牺牲品，婚后受虐待而死，很凄惨。所以我对旧社会，没有任何怀念。”

袁家倜童年时期，曾有过 13 年优越的生活。在她 4 岁时，被无子女的二姑妈过继到门下，来到了江南水乡无锡。“二姑妈家是一个新式家庭，二姑父曾留学美国，是中国较早接受实业救国思潮的民族工业家。他在无锡办有丝绸厂，是当地的首富。”袁家倜在二姑妈的教育下，开始学习英文，了解经营，并考取了上海中西女子高中。

“我们当时住的房子，现在是无锡的博物馆。房子共 3 层，每层 8 间，只有姑父、姑妈和我 3 个人住，可用人就有 37 个。司机、管家、保姆、清洁工……屋外还有网球场和游泳池。”

袁家倜上的是教会学校，她说自己当时最怕的，就是上历史课。“只要一提到袁世凯，我简直就无地自容。”

“那时我进学校，汽车的窗帘都拉着。8 点上课，我 7 点 50 分进校，汽车要一直开到学校里面。他们怕我被绑架，给我带一个保姆，一个男保镖，一个司机，3 个人送我上学。等我上课的时候，保镖要在外面守着，司机回去，到点再来接我们。”

袁家倜后来回想，“你说这样的生活叫什么？叫幸福？我觉得不是。就好像是没有自由的行尸走肉，你和社会根本没有联系。”袁家倜直到上初中都不会买东西。“那时我买东西都是姑妈领着，带着保姆、保镖，到百货公司看好，车就运回来了，他们会去账房拿钱。究竟东西什么价格，我一概不知。我们出门身上从来不带钱。”

但不能否认，在无锡的日子，是袁家倜最快乐的时光，她可以上街，可以和邻居家的男孩一起玩。然而，袁家倜 17 岁时，因二姑妈出国，她又被送回天津的家。

在什么状态下都能活

回到死气沉沉的袁家，袁家倜开始被进行“早晚请安、吃饭不得‘过河’”等封建礼数的管教，“家里人不让我上学，因为大学男女同校，他们在家里给我请了汉文先生。我念了 4 年古文，现在诗词歌赋，都还会一些。”

虽然袁家当时已走向没落，但她说，“讲实话，那时候即便很难，随便卖点家里的东西，生活还是过得比普通人好，家里依旧连厨子、仆人、老妈子一共几十号人。”袁家倜的父母都不工作，她的叔叔伯父们也如此，一起过着浑浑噩噩的生活，“一个个面黄肌瘦，吃得再好也不行”。

在姑妈家接受了西式教育的袁家倜，压抑得喘不过气来，“袁家封建残余到了后期，青年人有点正义感的，都接受不了”。不久，袁家倜成家了，嫁给了当时天津民族工商界颇有名望的“元丰五金行”的老板丁先生。

“我爱人也是个资本家，他当时自己创办了 3 家企业，我们还有个贸易行，年底收钱都是我亲自过目。”但不久，随着政策形势的变化，她的命运发生了逆转。

1956 年开始公私合营，袁家的特权被取消了，他们再也不能不带钱就随意买东西了。这些细微的转变，对袁家倜来说，“也是个适应和改造的过程”。“我还记得第一次数钱的时候，非常困难，觉得那么脏，总不想数。我从坐四轮汽车改坐三轮人力车，又从三轮车变为挤公共汽车。最初，我丢了两回手镯，两回戒指，都是金的，皮包也丢过，让人扒走了……”

接踵而来的“文革”，更让她感到了“真正的末路”。袁家倜接到最后通牒，全家到农村去接受改造。她当时已有三儿一女，大女儿已经在甘肃祁连山插队。她和丈夫带着三个儿子，一床铺盖，告别生活了几十年的小洋楼，来到天津西郊大寺王庄子。

袁家倜走时，头都没回，她当时想，可能再也回不来了。

农村对袁家倜和她的全家来说，遥远而陌生。荒凉的土地，坎坷的土路，低矮的土屋和呼叫的北风，让一家人不知所措。“为了驱蚊虫、赶毒蚂蚁，我学会了抽烟；没有吃的，只能把捏不拢的散窝窝头和着野菜吃；经过锻炼，后来40斤的土豆，我背起来就走……”袁家倜突然发现，她的意志力竟如此坚强。

在农村时间久了，袁家倜开始动起脑筋：“那里生活非常贫穷，一天劳动下来，只有一个工分，而一个工分才1毛5分钱。我想到丈夫曾担任过天津市工商联五金工会主委，又是干生意出身，大胆向村里提出了开办五金小工厂的建议。”在农民们的支持下，袁家倜办起了当地第一个镀锌厂，她当工厂会计，丈夫当厂长。在他们的努力下，小工厂越来越红火，给农民们带来不少实惠。工厂开张的第一年，村里的工分就提高到8毛5分钱。“这大概是来到农村的第3年，从此我们最苦的日子过去了。”

袁家倜一家在农村干了整整8年。1973年，堂哥袁家骝受周恩来总理邀请回国。根据周总理的批示，袁世凯第三代后人逐渐恢复自由。1978年，袁家倜回到天津，住进了位于天津成都道40号的小洋楼。她百感交集，“8年的改造，我认识到什么？并不是钱的重要，而是一个人生存的本领，你要在什么状态下都能活，这是一种能力。”

袁家骝建议开西餐厅

在袁世凯的第三代中，有一人改变了整个家族的面貌，让袁家后代扬眉吐气。他便是世界著名高能物理学家、美籍华人袁家骝，袁世凯二儿子袁克文之子。袁家骝曾获全美华人协会杰出成就奖，他的妻子吴健雄博士，是世界上首颗原子弹研制人员中唯一的女性，被称为“中国的居里夫人”。

这位堂哥对袁家倜的人生也有很大影响。“堂哥的父亲袁克文，是民国时期的四大公子之一，天性风流，才华横溢。可惜晚年败光了家产。堂哥出国的路费和铁皮箱子，还是我和二姑妈送去的。”袁家倜还记得堂哥在船上站得笔直，一动不动如雕像般的身影，她当时也立志“要像哥哥一样”。

1987年初，袁家倜来到了深圳。已经63岁的她，被这个地方深深吸引，在深圳一干就是6年。“我参与了当时国内最大的度假村建设项目，成为深圳第一批创业者。”6年后，袁家倜在深圳买了一些原始股票，赚了70多万元。袁家倜印象很深：“当时深圳不让汇款，我就用大皮包把钱装着，带回了天津。”

一个老人，有70万元的养老金，晚年可以尽享天伦了。但袁家倜却决心要在天津再干一番事业。在袁家骝和吴健雄的建议下，她开了一家西餐厅。

“人家都说大餐厅火5年，小餐厅火3年，我的餐厅一直开了15年。”如今已年过八旬的袁家倜，还是老板，还在拼搏。“现在竞争很激烈，要想长盛不衰，大要关注国际和国内的经济形势变化，研究西餐的发展，及时更新菜肴，小要管理各项账目和各类人员，检查厨房食品、卫生……”她分析了“苏易士”不垮的秘密，“特殊之处是没有外债。房产是我的，资金是我和儿子凑的，就我一个独号，不开分号。有多少大企业想和我合作，我都不。为什么，一变味就完了，开分店多是好，但只要一家出事了，说倒全部倒……”

越老越要争取经济独立

2003年，袁家骝去世后，将他和妻子的毕生积蓄，全部捐赠中国，这让袁家倜非常受触动。“我有时甚至说他抠门，请他吃个烤鸭，他会批评我三天。他和吴健雄在美国，中午就吃方便面，钱放到口袋都不知道花。

哥哥在我这里住了7年，楼下是餐厅，这让他特别高兴，说这是他最奢侈的生活。”

“我照顾堂哥7年，他没给我一分钱遗产。他说，那样就把我害了。袁家活生生的例子太多了，花花公子都穷困潦倒，只会花钱不会挣钱，挥金如土。”

谈起自己的儿女，袁家倜说，“我不养闲人，因为我还在工作呢，从依靠家族到后期自己置办一草一木，我完全是自己拼出来的。儿女们也要自己奋斗，现在他们都有车有房，自食其力。”

袁家倜在天津蓟县先后共资助了20多个孩子，每批培养到小学毕业。现在，第二批已经培养到五年级了，每个孩子一年5000元。

采访时，袁家倜的小孙女跑来告诉奶奶，她大学毕业正准备出国深造，今天接到了中央团委和中组部消息，被选中去陕西做赈灾志愿者。袁家倜肯定地告诉孙女，“不出国，也要先去灾区！”

袁家倜把邓颖超在一次妇联会上的话，作为座右铭：“女同志越老越要争取经济独立，越老越要争取政治地位。我现在体会很深，女人老了，要是没有地位，那就是被人遗忘的角落；要是没有经济基础，问儿女要钱，不是很可怜？女人半边天，我既有政治上的荣誉又有经济上的独立，我是双赢户了。”（撰文：刘畅）

严复家族走出的忠义之士

严复（1854—1921）：原名宗光，字又陵。福建侯官（今福州市）人，毕业于福建船政学堂、英国格林威治皇家海军学院，中国近代杰出的启蒙思想家、教育家、翻译家，被胡适称为“介绍近世思想第一人”。

严孝潜：1938年出生，毕业于西安交通大学。高级工程师，第八、九届全国政协委员。现为福建省严复学术研究会顾问。

公元1877年8月8日，英国海军部收到来自外交部的一份文件，上面是即将进入格林威治皇家海军学院的12名清帝国留学生名单，其中一位的简介是：“严宗光，现年23周岁，在福州船政学堂肄业五年，在练习船上实习并服役六年，曾任练习船航海军官，中国水师都司。英国皇家海军上校德勒塞评论其为非常机敏的军官和导航员。”

严复

按照计划，这个年轻人将会成为一名海军将领，并很可能在17年后的中日甲午海战中以身殉国，就像他的同班同学刘步蟾、林泰曾那样。但事实上，他走了另外一条道路，并以一个新名字——严复，名垂中国近代史册。2014

年 1 月，在严复诞辰 160 周年之际，由他的族曾孙严孝潜撰写的《严复的一生》正式出版。不久前适逢“七七事变”77 周年，严孝潜接受了笔者的专访，讲述了严复家族一以贯之的爱国情怀。

留英师夷长技

严复的父亲是一位非常有名的医生，外号“严半仙”。他为人慷慨好施，同时也爱赌钱，但逢赌必输，弄得家无恒产，囊无余钱。严复在家中排行老二，兄长早殇。四五岁时，邻居凿了一眼深井，上面是一丈多高的井架。严复自己爬上去，看着井底大喊：“好圆！好圆！”母亲陈氏闻声而出，吓了一大跳，又不敢大声骂，就装着很高兴地说：“儿子真有本事，你要能顺着梯子慢慢下来就更能干了。”严复兴高采烈地从井架上爬下来，然后被结结实实地揍了一顿。

严复 12 岁时，父亲在抢救霍乱病人时被传染身亡，全家一下坠入困顿之中。面对前来吊唁的客人，严复连连哀叹：“肩不能挑，手不能执，怎么办？怎么办？”最后，严复在父亲生前病人的资助下才办理了丧事，卖光家底后，欠债还没还完。艰难之中，严复看到了福州船政学堂的招生章程：凡考取者，饭食及医药费全部由学堂供给；每月给银四两，还有奖学金；五年毕业后可进入水师领工资。

当时的正途是考科举，人们对于新式学堂大多不屑一顾。严复为了生计，还是报考了船政学堂，笔试考了第一名。同批录取的还有林泰曾、刘步蟾、方伯谦等人，不久后，邓世昌也被招了进来。在船政学堂的几年，严复系统学习了英文、代数、几何、电磁学、光学、热学、化学、天文学、航海术等几十门课程。1871 年 5 月，严复以最优等成绩毕业于航行理论科，随后上舰实习，开始了自己的军人生涯，直到 1877 年被清政府选派出洋留学。

在英国期间，一件事情对严复刺激很大。有一天上课，内容是让学

位于福州市鼓楼区的严复故居

生们挖军事掩体，要求在一小时内挖出一个深三尺左右的壕沟，每人发了一把铁锹，教官自己也拿了一把一起挖。等时间一到，教官的早已完成，其他学生完成了一半，只有中国学生挖得最慢最少，而且已累得筋疲力尽。

这件事让严复意识到中国人在体能上的落后，根源则是教育方式和生活习惯的差异。赴英之初，他和其他同学一样，希望尽最大可能学习西洋人的技术。但很快，严复的兴趣和视野就不再局限于指定的海军专业，他在课余经常阅读有关哲学、政治、经济、社会等领域的著作，开始从制度层面及价值观念上探寻西方富强的奥秘。

1879 年 7 月，严复从格林威治海军学院“考取头等毕业”，随后回国，开始长期致力于传播西学，并先后担任北洋水师学堂总办、上海复旦公学校长等职。他还是北京大学的第一任校长，提出“兼收并蓄，广纳众流，以成其大”的办学思想，成为北大奉行至今的传统。

抗日报国情怀

严孝潜是阳岐严氏宗族第三十代子孙。严复是其曾祖父严传慎的族弟，按照辈分，严孝潜应当称第二十七代的严复为“老叔公”。“我们家和严复家除了是族亲外，还有一个姻亲关系，我的祖母与严复四弟严传安（观澜）的妻子是亲姐妹。”严孝潜对笔者说，多年来，他收集整理了很多关于严复的资料，在他看来，严复的所有成就与贡献都源于他的强国理想。正如习近平曾评价的那样："严复的一生首先是爱国者的一生。他的一切寻求、一切进取、一切成功都是与其爱国之心、报国之志分不开的。"

1871年从船政学堂结业前夕，严复曾与同学联名写信给学校教习，表明心迹："生等愿尽所能为国效劳。"在英国留学期间，督办福建船政的吴赞诚在给朝廷的奏折上这样评价严复和他的同学："该生徒等深知自强之计，舍此无可他求，各怀奋发有为，期于穷求洋人秘奥，冀被国家将来驱策，虽七万里长途，均踊跃就道，他日或能尉成大器，共济时艰。"

严复回国时，正值日本吞并中国藩属琉球，改名为冲绳县。1880年，他被调到天津北洋水师学堂任教，看到日本海军不断强大，而中国国内腐败横行，不禁忧心如焚。"他那时经常对人讲，如果这样下去，用不了30年，中国领土与藩属将被吞灭殆尽，那时候中国就会像老牛一样，让外国侵略者牵着鼻子走。"严孝潜说。

甲午战争之前，严复曾经一度热衷科举，希望能考取功名，一展抱负，但是，甲午战争的炮声使他从梦中惊醒。1894年9月23日，严复给曾在清朝担任内阁学士的陈宝琛写了一封信，赞赏甲午战争中北洋海军的勇猛抵抗："同学诸友，无不见危授命。"同时，严复批评李鸿章用人不当、私心未净，觉得这是海战战败的原因之一。10天后，严复给陈宝琛写了第二封信，信中他这样评说时局："所最可痛者，尤在当路诸公，束手无策，坐待强寇之所欲为。""臣主平时于洋务外交绝不留意，致临事之倾，如瞽（音同鼓）人坠眢（音同冤）井，茫无头路如此。"严复认为，当时的朝廷不懂洋务外交，坐井观天，夜郎自大，遇到事情不免像盲人一样掉入深井，不知头绪，这是战败的又一因素。"诚恐四千余年之文物声名，行将扫地而尽。此惊心动魄之事，不料及吾身亲见之也。"

同年11月7日，大连被日军攻陷，严复彻底被打醒了。在残酷现实面前，他找到了战败的根本原因，就是清朝官僚政治的腐败。在给陈宝琛的第三封信中，严复认为"北洋海军不败自废"。在他看来，朝廷用人不明，平时不留心济世之才，到了危急时刻，更是乱了阵脚，不知道可以用什么人。真正的重权在握的“庸奴”却无策可施，国家的灭亡，便在情理之中了。

甲午海战，北洋舰队全军覆没，昔日船政学堂和留学英国时的同窗好友或战死，或自尽，让严复悲痛欲绝，激愤不已。他发表了《论世变之亟》等一系列政论文章，宣传西方资产阶级的科学文化，一再大声疾呼救国维新，改造社会，救亡图强：“呜呼！吾辈一身无足惜，如吾子孙与四百兆之人种何！”1897年，严复等创办《国闻报》，他先后发表了《驳英泰晤士报论德据胶澳事》《论胶州章镇高元让地事》等文章，猛烈抨击列强的侵略行径，以及中国官僚的腐败无能和丧权辱国。

百日维新失败后，沉浸在巨大悲痛中的严复，专门作长诗《哭林晚翠》悼念“戊戌六君子”之一的林旭，表达了对维新派的深切同情。报国无门的苦闷让他开始埋头于翻译工作，在严孝潜看来，严复的译著也凝聚着深厚的爱国感情。“他翻译的著作都有明显的爱国倾向，其中《天演论》《原富》《法意》以及《名学》所表现的爱国思想尤其突出。他不是为了翻译而翻译，而是借重译著，并通过序言和大量按语，表达自己的爱国思想和爱国主张，从而希望达到救亡图存的目的。”严孝潜说。

一门几多忠烈

严复有五子四女，还在世的直系亲属大多都在台湾。其中三孙女严倬云是首任海峡交流基金会董事长辜振甫的夫人，也是台湾妇女联合会主任委员；四孙女严停云是台湾著名作家，曾获得世界艺术文化学院荣誉博士；曾孙严正是台湾著名企业家，他的父亲是严复长孙、革命烈士严以侨。

说到严以侨，不能不提到严复家族在民族变革与危亡时期的几位忠烈之士。首先是严复的族侄严伯勋（1880—1933），他是严复族兄严传慎的第三子，也毕业于福建船政学堂，在校期间就加入了同盟会。1911年，武昌起义爆发后，复出担任内阁总理大臣的袁世凯开始镇压革命党人，同盟会决定进行暗杀行动，严伯勋是骨干成员。

1912年1月16日中午，袁世凯下朝后乘马车回家，走到东华门外的三义茶叶店时，埋伏于店内多时的严伯勋快速走出，向袁世凯的马车下面投掷了炸弹，警卫营长袁金镖当场被炸死，还有十多个警卫被炸成重伤，但由于车速很快，袁世凯侥幸逃脱。一同执行刺杀任务的三名战友均被逮捕、杀害，只有沉着冷静的严伯勋安全撤离。这次事件强烈震慑了清廷，影响了政局走向。仅仅一个月后，宣统皇帝就发布了退位诏书，千年帝制就此终结。

严复的长子严璩（音同渠）则是另一种刚烈。1874年出生的严璩早年留学英国，曾三度出任北洋政府财政部次长。抗战时期，滞留上海的严璩年近七旬，有严重的哮喘，经济陷入困窘。汉奸与日本人轮番劝说他出任伪财政部长，还设下圈套逼其就范，严璩誓死不从。1942年冬，严璩在饥寒交迫中辞世。

抗战时期，严氏家族中有多位在海军任职的子弟为国捐躯，其中就有严复的堂弟严传经。他早年毕业于烟台水师学堂航海系，后来一直在海军任高级军官。“七七事变”后，严传经被紧急调往长江防线，任上尉艇长，负责在鄱阳湖一带布雷。1938年6月25日，严传经在敌机轰炸中牺牲，年仅43岁。他的遗体始终没有找到，似乎在证明“海军以为国葬身鱼腹为荣”的战前誓言。

还有严复的长孙严以侨。他1920年出生于福州，新中国成立前加入中国共产党。1950年初，严以侨受组织派遣偷渡到台湾。1953年被国民党逮捕，关到“火烧岛”，或许由于是严复之孙等原因，未被杀害。1961年获释后从事教育工作，1974年病逝于台北。2003年，大陆民政部追认严以侨为革命烈士。

台湾作家李敖曾这样评价严复家族：“我总觉得严氏一门，正是中国现代史上最好的家传资料。”严孝潜则告诉笔者，虽然严复并没有传下什么家训，但古老的阳岐严氏家族，从严复这一代往下的排行字是：传家以孝，为国维忠。“我想，无论严复还是严伯勋、严传经、严璩，他们共同点就是爱国，忠于国家。”（撰文：尹洁）

黄兴和孙中山的恩怨

在6月淅淅沥沥的小雨中，中国资产阶级革命家黄兴的长孙黄伟民，带着笔者参观湖南长沙黄兴故居。通往黄兴镇的公路正在修，不太好走。

“这就是浏阳河，歌中唱的‘弯过了九道弯’的地方，就在黄兴镇。”黄伟民说。黄兴镇里有黄家的祖宅，四周有护庄河环绕，屋后有枫树林、紫竹林和后花园，原有53间房屋，占地70亩，是湖南少有的江南风格庄园。然而1903年，为了资助革命，黄兴毅然卖掉了这一祖遗田产和宅院。

对黄兴，现在的人恐怕很陌生了。他是湖南省长沙府善化县高塘乡（今长沙黄兴镇凉塘）人。辛亥革命时期，他以“黄克强”闻名，与孙中山被人们并称为“孙黄”。然而，1927年南京政府成立后，黄兴渐渐淡出了历

2010年6月1日，黄兴长孙黄伟民带笔者参观黄兴故居（毛阆杰摄）

史舞台……同是民国革命数一数二的伟大先驱者，黄兴这位被民主革命家章太炎誉为“无公则无民国，有史必有斯人”的先驱，现在静卧在长沙岳麓山密密丛林中，与他鲜为人知的故居默默遥相对望……

黄兴故居冷清、孤寂，没有游人。土木结构的老屋也简陋失修，许多房子空荡无物。这份清静，与时下“红色”景点人群熙攘有着天壤之别。不过，这也增加了它的沧桑和真实。跨进黄家的大门，就仿佛跨进了历史。

虚怀若谷的革命者

黄兴故居门前，有一棵大桂花树，像一个硕大的华盖，茂盛丰满。有人曾出价几十万元想要得到它，黄伟民摇头：“没有它就找不到黄家的根，怎么可能卖！”黄伟民说，父亲黄一欧在弥留之际，还牵挂着“不知道老宅子什么样了，还在不在？”老人留下遗言，“看到树看不到房的就是黄家”。黄伟民凭借这个印象，四处走访，找回了祖宅。

1874 年 10 月 25 日，黄兴就出生在这个宅院中。黄兴的父亲黄炳昆是个秀才，故居中还保留着他的私塾，黄炳昆就在这里给学子授业解惑。黄兴 6 岁随父亲在私塾就读，父亲善于讲《论语》和唐宋诗词。1893 年，黄兴考入赫赫有名的长沙城南学院，1898 年进入武昌两湖书院学习。

黄兴的革命活动是从组织华兴会开始的。1904 年 2 月，黄兴与宋教仁等人共同成立了秘密革命团体华兴会，宗旨为“驱逐鞑虏，复兴中华”，黄兴被选为会长。他与同伴制造了 10 枚炸弹，准备在慈禧 70 岁生日时，埋设在万寿宫伺机引爆。然而计划最终泄露，清政府四处捉拿“乱党”，黄兴被迫流亡日本。

1905 年 7 月，黄兴在日本结识孙中山，并和孙中山共同组建了中国同盟会。8 月 20 日，中国同盟会在东京成立，由当时的革命组织兴中会、华兴会、光复会等组成，以华兴会代表最多。在选举同盟会总理时，有代表夸赞黄兴大智大勇。黄兴当即表示，孙文论年龄大我 8 岁，论革命先我 10

1913年，孙中山（右）和黄兴（左）在南京临时政府合影

年，且学贯中西，是最佳人选。他提议："公推孙中山先生为本会总理，不必经选举手续。"孙中山被推为总理，黄兴居第二，任同盟会庶务（相当于协理），负责发展革命分子，组织武装起义。

1906年，在讨论中华民国国旗时，孙中山主张青天白日旗，黄兴主张用井字旗，认为青天白日旗的形式不美，并与日本太阳旗相近，有日本并华之嫌。双方争执不下，黄兴力争不得，甚至大怒，誓言要脱离同盟会。这是辛亥革命以前孙、黄最大的一次分歧。

冲锋陷阵的斗士

同盟会成立以后，中国近代资产阶级革命进入了一个新的历史时期。从1906年到1910年，各地的武装起义风起云涌。1911年4月，黄兴在广州策划、指挥了黄花岗起义，亲率敢死队攻入两广总督府。他写下"誓身先士卒，努力杀贼，书以此当绝笔"，表明为革命拼死一搏的意愿。4月27日，黄花岗起义爆发，黄兴身先士卒，努力杀贼，被枪弹击中右手食指和中指，依然坚持战斗和指挥。这场战役最终失败，72位烈士遗骸被安葬于广州黄花岗，黄兴则潜往香港养伤。

"当时十路人马就剩下祖父这一路了，明知不可为而为之。祖父九死一生，还带着我的父亲，他最喜欢的儿子同上战场参加了起义。"黄伟民说。

1911年10月10日，武昌起义爆发。黄兴任中华民国军政府战时总司令，指挥部队同清军作战。之后，他又赶往南京指挥战事，一举攻下南京城。上海、苏州、杭州等地相继光复后，12 月 4 日，宋教仁、陈其美等同盟会元老召集留在上海的各省代表以投票方式，公推孙中山主持大政，推举黄兴为暂定大元帅。黄兴对大元帅一再推让，后改推黎元洪为大元帅、黄兴为副元帅。12 月 29 日，17 个省的代表聚首南京大元帅府，选举总统。代表以黄兴有功于国，公推其为总统候选人。黄兴再次婉拒，推举孙中山为总统，黄兴任陆军总长兼参谋总长。

黄伟民说："我觉得祖父这样做很符合他的性格。黄家人其实不想做官。祖父当年有那么高的文化，完全可以守着祖业，过舒坦日子。但他却去革命。父亲也继承了这一点，总对我说，不要去争什么名分、利益，没什么可争的。都是过眼云烟的东西，争它干吗！"

功过自在人心

黄兴的历史地位被降低，有学者认为，主要缘于 1913 年讨伐袁世凯的"二次革命"失败后，他与孙中山之间的激烈争论。

1913 年 3 月 20 日，国民党代理理事长宋教仁在上海被袁世凯指使的刺客暗杀。黄兴主张依靠法律解决"宋案"，孙中山则主张依靠武力，二人各不退让。不久，"二次革命"迅速失败，大部分骨干亡命日本。孙中山在总结失败原因时，强调了革命党人的主观因素：一是不服从，二是不统一，尤其是"不肯服从一个领袖的命令"，着重提到了黄兴。在日本，黄兴去见孙中山，遭到痛骂。两人关系出现裂痕。之后，他们又在建党问题上意见相反，争论激烈。据说，当时二人感情激昂，"时声高惊四壁"。晚餐后又激烈争论，"深夜未尽，不欢而散"。而在此过程中，同为孙中山左膀右臂的辛亥革命早期革命家陈其美，毫无保留地站在孙中山一边，黄兴被孤立。1914 年 6 月，黄兴致函孙中山，作最后"忠告"，孙中山则复函，劝其"静养两年"。

1914 年，黄兴离日旅居美国。袁世凯死后，他于 1916 年 7 月回到上海，同孙中山恢复了往日的亲密，但却于10月31日在上海病逝，享年42岁。

黄伟民说，很多人愿意拿孙中山和祖父的事情做文章，评论他们的分分合合。而黄家人却一直很尊敬孙先生。“中山先生是伟大的，这是肯定的，连毛主席都说他是一代伟人。而祖父跟他只是在某些问题上的认识不一样。孙中山在1914年让祖父离开，在日本的时候那样斥责他，但祖父一直很忍让，不愿意破坏这种关系。不仅因为他的个性，也因为他从大局考虑。既然如此，我们作为后人，为何还要破坏这种关系呢？祖父生前常说‘名不必自我成，功不必自我立，其次亦功成而不居（立了功也不把功劳归于自己身上）’。这就是黄家的处事态度。”

黄伟民记得，父亲生前一直嘱咐他，不要管社会上对祖父的各种论调。“父亲说：‘不要写黄家的事，也不要写我，不要写你的祖父，更不要谈这些（恩怨）。我们的千秋功罪，留予后人评说，不要干扰人家对你祖宗的研究，对我们黄家这些人的判断。你的声音会影响人家，影响历史。’”

父子同路

黄兴有五个儿子，分别为他们起名“一欧”“一中”“一美”“一球”“一寰”，意即革命要胸怀大志，放眼世界。

黄伟民的父亲黄一欧是长子，12岁就跟随黄兴参加革命。黄兴组建华兴会时，黄一欧在外望风报信。14岁时，黄一欧加入同盟会，成为年龄最小的会员。1910年至1911年间，他奉黄兴之命，在日本和中国香港之间来回奔走搞联络，为广州新军起义和黄花岗起义做准备。他参加了黄花岗起义，死里逃生，是少数幸存者之一。

黄伟民介绍，20世纪30年代初，蒋介石给了黄一欧一个位置不高但很赚钱的职位，在天津当特别一区区长。那个地方有歌厅、舞厅、妓院，税收很多，非常赚钱。“但父亲过去，第一件事就是把它们全给封了。他的思想太‘左’，认为这些都是乌七八糟的场所。”黄一欧还利用自己的权力，创办了一本叫《坦途》的杂志，用来反蒋。“他一不要钱，二不怕死，三是跟谁政见不同就反对谁。跟我祖父完全是一个模子刻出来的。”

抗日战争时，黄一欧由于不满蒋介石的不抵抗政策，以生病为由回到湖南老家。黄伟民说：“抗战胜利后，国民党派人劝他出山，父亲坚决不同意，说‘得人心者得天下，失人心者失天下。蒋政权败势已定。’蒋介石败退台湾前，三次派人到我家找父亲，想把他带到台湾去。父亲带着我妈妈躲起来，让我一个人在家，国民党的人进来时，我就说‘找不到父母。’”

黄一欧不要钱、不要官，反而在长沙研究起“煤球”。“当时长沙人都烧散煤，很脏，于是父亲用机器把散煤做成煤球。后来又进一步做蜂窝煤，但毕竟不是做生意的料，把老本都赔掉了。”之后，他秉承祖业，兴办学校，把辛亥烈士的祠堂改成小学。“同盟会元老程潜主政湖南时，曾跟父亲说‘一欧你怎么不出来做事？我来了你该出来了吧？’父亲还是以年事过高推辞。”

祖训耐人寻味

黄兴祖宅的客厅两侧，挂有“无我”“笃实”四个大字。黄伟民说：“这是我们的家训，祖祖辈辈都要按照这四个字做事。父亲在我懂事时，就向我传授要牺牲‘小我’，做到‘无我’。‘笃实’是做人要实在踏实，不要搞虚华的东西，不去追逐名利。祖父做到了，为了民族的复兴和国家的复兴，他把祖传的庄园、田产全都卖了，做了华兴会和同盟会的活动经费。”黄伟民说，从他上小学起，即便家里有用人，挑水等体力活儿也是他来做。“父亲说，不能让我成为手不能提、肩不能挑的人。不仅要念书好，还要能挑得起重担。家中对孩子要求非常严格。”

黄家的家训影响了几代人。黄伟民的二叔黄一中是苏州“民革主委”。三叔黄一美毕业于巴黎大学。四叔黄一球先后在德国与美国研究航空机械，岳父是程潜。五叔黄一寰留学日本学“马列”，后赴延安参加革命。他发明了盲文，被毛泽东称为“中国盲文之父”。

黄伟民 1937 年出生，退休前是位普通的人民教师。曾任第七至第九届全国政协委员，湖南省政协常委，“民革”中央委员，“民革”湖南省委副主任。他找到祖宅后，将其捐赠给国家，并将家中保留的国家一级文物紫檀家具，也捐了出来。“有人说我傻，但我认为这是历史，应该由国家管理。”

“无我，笃实”的家训，一直在黄家流传。黄一欧临终前交代儿子：“我死后不要麻烦政府，把我和你母亲埋在一起，墓碑上只写我和你母亲的名字，不要写墓志铭之类的文章。历史自有公断，黄家的事情，让外界评说去吧。”（撰文：刘畅）

黄兴的远见

黄兴（1874—1916）：原名轸，改名兴，字克强。近代民主革命家，中华民国的创建者之一。湖南省长沙府善化县高塘乡（今长沙市长沙县黄兴镇凉塘）人。与孙中山一起，以“孙黄”并称于世。

孙中山被称作现代中国的“国父”已近百年，基本上成为定论。仍有文章可做的，不过是对“国父”究竟为单数还是复数的讨论，以及复数中哪些人可称“国父”：黄兴、宋教仁、章太炎，有人甚至把袁世凯都拉进来……不管名单有多长，革命党人为主体却应是一个正见。而发掘现代中国“国父”们的人物性格、立国思想、彼此分歧……可能是更值得做的工作。

这其中，最无争议的“国父”黄兴却最为大家忽视。在近年来的社会纪念和学人论述中，黄兴的哀荣和寂寞是一个经常被提及的话题。即使人们做了一些还原的工作，但作为辛亥革命的元勋和现代中国的国父，他的面孔仍是模糊不清的，远比不上孙中山、宋教仁、章太炎等人那样鲜活。

历史眼光非常人所及

黄兴出生于湖南的名门望族，宗族中世代都有出仕为官者。满族人入主中原，给这个家族带来了变化，黄兴曾对李书城等朋友说：“我的远祖在清初曾写过遗书，要黄氏子孙永不出仕清朝。”按他自己的理解，读书不是为了求仕，而是为了求“真知识”。

黄兴的祖父、父亲都是当地的学者。黄兴本人中过秀才，在留学日本之前，即已“字习东坡，文宗韩柳”。这种家庭背景和文化背景之下，黄兴的历史使命意识几乎是注定的。他参加革命，在很大程度上是受到历史的召唤，“我革命的动机，是在少时阅读太平天国杂史而起……起初他们弟兄颇知共济，故能席卷湖广，开基金陵。不幸得很，后来因为有了私心，互争权势，自相残杀，以致功败垂成。我读史至此，不觉气愤腾胸，为之顿足三叹。”

这也可以解释他的执行力、威望一度凌驾于孙中山之上，却始终不愿取而代之。革命党人曾多次想推倒孙中山，黄兴都坚定地站在孙中山一边。一般人以为是谦让，其实这也是黄兴的见识高出众人之处。孙中山的人格魅力是一般犬儒难以理解的，一些人隔着百年回头看，以为孙中山是一个说空话放大炮没发挥作用的人，这完全是想当然。我相信黄兴是读懂孙中山了，因此他知道一个时代的到来，需要当之无愧的领袖。历史学者傅国涌先生再三感叹，黄兴甘当配角，成就了辛亥革命。

黄兴

黄兴的历史眼光非常人所及。还在日本主持同盟会工作时，黄兴就知道储备人才的重要，当时在日本留学的陆军士官生有近百人加入同盟会，包括李烈钧、程潜等后来民国的风云人物。李书城回忆说：“黄先生以为陆军学生须在回国后掌握兵权，不可暴露革命的真面目。因此，他嘱咐陆军学生中的‘同盟会’会员，不到‘同盟会’总部往来，陆军学生的入党证也由黄先生一人独自保管。并商议由陆军同学在‘同盟会’会员中选择一批坚贞可靠的同志另组一个团体，名曰‘丈夫团’，以孟子所说的‘富贵不能淫，贫贱不能移，威武不能屈’作为团员应具的品德。”武昌起义后，各地纷纷响应，做了都督、军、师、旅、团长的人中，“多属‘丈夫团’的同志，都是黄先生所熟知的人。因此革命军人与黄先生有特别深厚的感情，他在革命军人中具有极高的威信。”

黄兴的历史远见非止一端。当上总统后的袁世凯给他封官授爵，派人将陆军上将的委任状与勋章、授勋令一起送到上海，还送来了几件礼物和两匹英国好马。黄兴把东西都退回，唯独留下了马。儿子问他为什么？他说：“因为将来我还要打仗的。”

牺牲精神非后来者所能想象

黄兴虽然有新兴的国民主义、民族主义，但他没有我们后来者那样强烈的民族中心主义，作为一个伟大的爱国者，他有着我们难以理解的全人类情怀和世界眼光。他给五个儿子分别起名为：欧、中、美、球、寰，女儿的名字里都有一个“华”字。他还发起创办《世界报》，希望人们以“世界之眼光为眼光，世界之生活为生活”。

因此，黄兴的事功行迹确非我们当代人所能想象。

为了革命，他做到了毁家纾难。1903 年 11 月 4 日，是黄兴 29 岁生日。从日本回国不到半年的他，先后联系尚在武昌学习的宋教仁、同学周震麟，以及在长沙明德学堂教书时发展的进步学生胡瑛，利用做生日酒的名义，办了两桌酒席。在推杯换盏的掩护下，一个以推翻专制统治为目的的革命组织——华兴会宣告成立，黄兴被推举为会长。华兴会没有经费来源，黄兴劝说家人，卖掉了老家的“祖遗田产近 300 石”（1 石约为 62.5 千克）。黄兴长女黄振华曾经回忆，当时家里的田地一季稻米收成为 700~800 石，折合七八万斤。

这种牺牲精神，没有远见和情怀的人，是做不出来的。而黄兴不但将家产都用于事业，身家性命更是在所不惜。他被清政府通缉后扔下一家老小，四处流亡。黄振华回忆说，母亲隐姓埋名，拖儿带女，日子过得拮据艰难。黄兴的大儿子黄一欧最后辗转到了日本跟黄兴团聚。1906 年冬，在孙中山、章太炎的介绍下，14 岁的黄一欧加入同盟会，成为当时最小的会员。

革命成功后，黄兴仍在捐献家产。1912 年，中华民国成立，黄兴连写两封信给继母，劝说她和家人尽快搬离长沙的住宅，因为“现住之宅院，今已捐入国民党”，用作国民党湖南支部筹备选举，黄兴还郑重地说：“此事关系我之信用。”

革命非一时血气之勇

世人都说黄兴是“常败将军”，因为“蚂蚁撼大象”的革命在当时看来是无望的，一次次起义也是自杀性的，而且多以失败告终，但黄兴早已把生死置之脑后。他只是一介书生，军事并非他的专业，然而自华兴会计划在湖南起事，他即自任总指挥，武昌起义后做战时总司令，南京临时政府时为陆军总长，随后还做南京留守。革命党人人才结构单一，军事人才欠缺，黄兴勇于担当，脱颖而出，最终众望所归。每次起义，他都亲自策划，身临前线，冲锋陷阵，表现得异常勇敢。辛亥革命期间，正是他在汉口、汉阳苦战整整一个月，才为各地独立赢得了时间。

黄兴墓，其墓志铭为章太炎所题

汉阳兵败，他在引咎辞职后有着以死谢天下的心思。李书城等友人力劝，强拉着他退出汉阳，“当江轮渡至中流时，黄公目睹汉阳城，忽急走船舷，纵身投水，若非副官长曾昭文与刘揆一追随左右，合力抱持之”，后果不堪设想。

这样的轻身以酬革命绝非一时血气之勇，而是真正明了革命的意义。在黄兴身上，流淌着湖南人的担当，有着曾国藩、胡林翼、左宗棠等人的天命感，有着谭嗣同、唐才常等人的牺牲意识。他当然有他的是非，你可以说是他的局限、缺点，但你不能非议他对革命事业和对中国的忠诚。

遗憾的是，从当时到现在，人们对黄兴都有这样那样的私心。革命党内部说他好听恭维话；袁世凯为了打压他而莫须有地说他“胆小识短，易受小人欺”；蒋介石主政的国民政府遵从自己的“道统”，有意忽略黄兴等为主体的湖湘革命党人；今天，纸上谈兵的论者会把革命党、当权者、立宪派放在一起演兵布阵，以求结果最优，以结果去苛责阵营中人，或责其认知有问题，或斥其私心自用……这实在是戏论。

事实上，那个时期革命党人的历史感可能是今天的中国人都望尘莫及的。因此，在那样一个“数千年未有之奇变”的时代，辛亥革命党人的答卷基本及格，他们校正了历史的发展轨迹，并把中国带入了一个现代世界。较之清朝官吏、遗老遗少、社会的士绅阶层和新兴的商人、买办等，辛亥革命党人及其功业真正是梁启超等人呼唤的“少年中国”。而在这些人中，黄兴的历史意识尤为全面、开放，尤为雄健阔大。（撰文：余世存）

民国首任总理唐绍仪

生不逢时的干才

中华民族推翻帝制，首任总理是唐绍仪。考察他的一生，用旧官僚、政客等来形容他显然不够，因为他在清政府、北洋政府、国民政府都当过官，有的历史学家甚至直指他为“风派”，这更是误读他了。

1862年，唐绍仪生于广东珠海，自小跟随做生意的父亲在上海生活。1874年，12岁的唐绍仪因族叔唐廷枢（清末洋务运动代表人物之一）的保荐，通过中国首位留学生、同乡容闳的亲自选拔，被派到美国留学7年，从中学一直升入哥伦比亚大学。这不仅令他掌握了流利的英文，而且还熟练掌握了将政治作为走秀的美式政坛风格。

回国后不久，唐绍仪被派往朝鲜办理税务，结识了比自己大3岁的袁世凯。袁世凯粗鄙少文，对中外皆通的唐绍仪十分看重，唐绍仪也向袁介绍一些政经读物，如《孟德斯鸠法意》《欧洲新政史》等，并向袁介绍他在美国的见闻，使其大开眼界。两人因此建立起深厚的友谊。

甲午战争打响前，有情报显示日本人想刺杀袁世凯，为帮袁撤离，唐绍仪亲自带着两支枪、两把刀、两匹马，连夜护送袁到英国军舰上。之后，唐绍仪就被委任为中国驻朝鲜总领事。到1898年唐绍仪因父丧返回时，他的外交才能已经众所周知。当袁出任山东巡抚时，唐绍仪又协助他处理最为棘手的外交事务，为袁在义和团及八国联军之祸时渡过难关立下汗马功劳。

1903年，英国入侵西藏。清政府要求谈判，唐绍仪成为最佳人选。在谈判过程中，他以流畅的英语评点各国宪法大纲，英方代表费利夏起初并不在意，继而睁大双眼，转而正襟危坐，他没有料到清廷居然有这么精明的外交家。最终，在英方承认中国在西藏的主权的前提下，中英签订了《中英新订藏印条约》。此后，唐绍仪参与主持了中日、中俄关于东北问题的谈判。在积贫积弱的清末，他能够最大限度地为政府和国家争取利益。不用说，唐绍仪是一个干才，只是生不逢时。

武昌起义爆发后，清政府起用袁世凯为内阁总理大臣。袁世凯派出唐绍仪为南北议和北方总代表，赴上海与南方民军总代表伍廷芳谈判议和。孙中山归国抵沪，很快跟唐绍仪见面。自此，唐绍仪的思想有了新变化，对孙主张的西方议会制表示赞成，并规劝袁世凯："共和已成定局，乃人心所向，唯一之法，立与孙中山周旋。"

可以说，正是南北和谈，使唐绍仪的人生有了一次跃进。他的独立倾向，使停战、优待退位清室等几件关键事项迅速达成协议。1912年3月，唐绍仪出任民国首任内阁总理。他认为"孙中山的思想、袁世凯的实力"是中国统一的发展基础，他的内阁因此成为"同盟会中心内阁"，挑选宋教仁、蔡元培、陈其美等同盟会骨干成员入阁，他自己也加入了同盟会。

但他显然走得太快了，因此遭到了袁世凯的反击。袁世凯多次暗示他"有所为，有所不为"，他没能听进去。1912年6月初，直隶省议会选举王芝祥为直隶都督，袁世凯不予承认，并抛开总理附署权，公布另外的任命。唐绍仪见《中华民国临时约法》已遭到破坏，宣布辞职。袁世凯还假惺惺地说："才任职3个月，怎么就辞了呢！"唐绍仪回答："也不算短了。"两人的缘分到此结束。

有劝人退位的习惯

唐绍仪也曾年轻过，也曾有过正常人的欲望。清政府翰林院侍读马吉樟曾弹劾唐绍仪，说唐在担任邮传部左侍郎时“所用垂参，皆其同乡亲戚，以贿而行”。当时的报纸说，唐绍仪出任邮传部尚书后，生活奢靡，入不敷出，只好在部内减员减薪。时人记载，唐绍仪“善挥霍，每日四餐，每餐十金，犹云无可下箸”。

出身商家、长在上海、求学于美国的唐绍仪，不仅在日常生活上无所忌惮，他的洋派甚至表现在家事上——他亲自为女儿挑选夫婿顾维钧，自己也要迎娶第三位夫人，为不使两事冲突，他让女儿的婚事安排在他自己婚事两天后举行，这成为当时新闻界的焦点。

1916 年，袁世凯死去，段祺瑞组阁，任命唐绍仪为外交总长，但张勋等军阀联名通电，反对唐绍仪入京。可见，这个洋气十足、奢侈过度的人物缺少人格魅力。

但唐绍仪是有头脑的，他明白历史的方向，站在孙中山的革命党一边。1917 年，以孙中山为大元帅的中华民国军政府在广州宣告成立，唐绍仪被任命为财政总长。1919 年初，北洋政府与广州军政府谈判议和，唐绍仪担任南方总代表。“五四”运动时期，唐绍仪通电北洋政府表示支持爱国学生。他还去电巴黎，要求出席巴黎和会的女婿顾维钧拒绝在和约上签字。

唐绍仪

南方的广州军政府被桂系军阀包揽大权，唐绍仪跟孙中山一样被任意利用。他们共同反对桂系军阀，但之间的分歧却越来越大。唐绍仪对孙中山通过军阀战争恢复共和的尝试已失去信心。或者说，作为一名曾经留美 7 年的留学生，唐绍仪倡导“政党政治”和“责任内阁”。即使孙中山重建军政府，在他看来也只是一个军人政府，不符合西方民主政治的精神，而且他认为孙中山的理想太高，难以实现，因此拒绝再次出任军政府财政总长一职。

由于唐绍仪没有留下多少自己的文字，我们今天已经难以想象他的心理，但他的表现确实有着西方人对政治的豁达。他并不消极悲观，反而像一个智者一样敦劝他遇到的政客、军阀们适时退出政治舞台。辛亥革命后，他曾经劝清帝退位；袁世凯复辟后，他与蔡元培、汪精卫联名致电，警告袁世凯“取消帝制野心”，后来再次致电袁，“为国家计，为公计”，劝其辞职；袁死后，他劝新组阁的段祺瑞“退位”；现在，他又劝孙中山“退位”；后来，他还劝蒋介石“退位”。好在孙中山这样的政治家不以为意，对他一笑置之。但他一旦面对军阀一样的枭雄，或枭雄一样的政治人物，他的劝退就是不识时务了。在美国，退位是一种荣誉；在中国，让人退位就是要人的命。

跟唐绍仪关系密切的叶恭绰曾回忆说：唐绍仪“有劝人退位之习惯，以为政治家无身临绝境之理，退可复进……而不知除清室被逼外，余皆不听其言，蒋尤误会，以及干祸”。这种政治人格，不仅当时的人不理解，他的朋友不理解，就是今天的中国人也少有理解，历史学家甚至称他为魏延式人物，脑后有反骨。但实际上，把唐绍仪的政治人生放在现代社会的背景下，这些都是再正常不过的了。

晚节成谜，死于非命

从政治舞台中心退出后的唐绍仪，积极投身到社会公益和中国的基层建设中，甚至把自家建造的园林开放，命名“共乐园”。为恐日后子孙侵占，他还举办了赠送仪式，让妻室子女都在字据上签字：“共乐园为乡亲共有。”

1928 年，国民政府在南京成立，南京的闲置土地成了抢手货。有人找到担任中央赈灾委员的唐绍仪，请他挪用赈灾款合购地皮，以牟取暴利。

唐不为所动："连划分给我建房的地我都不要了，还有必要动用灾民救命钱去抢购地皮吗？"

1929年，67岁的唐绍仪任广东省中山县训政实施委员会主席，他表示要将中山县建成"全国各县的模范"。1931年，又出任中山县县长。此后不到4年的时间里，唐绍仪四处"化缘"，修路、建医院……至今中山这个地方还流传着他的逸事：据说当时修马路碰到土地庙，民工不敢动，他就用手杖敲土地公的头，然后让民工放开胆子挖；下水道的井盖老是被偷，唐绍仪就下令在井盖上铸上"盗买与盗卖，均罚50元；报信或引拿，均六成充赏"的字样，后来就没有人偷了。

从一国总理到一县县长，唐绍仪做得有声有色。在县长任上，他一扫旧时奢华习气，为政清廉，并微服察访，及时解决实际问题，因此有"布衣县长"之称。但他没想过时局在变，中国的官场也在恶化——1934年，粤系军阀陈济棠通过亲信，唆使中山县兵以索饷为名发动哗变，包围了唐绍仪的住所，逼其辞职。

抗日战争爆发后，唐绍仪寓居上海。他的政治声望使他被视作"以华制华"的最佳猎物。据说日本计划由唐绍仪出面组织伪政府，取代蒋介石。日本特务如谷正之、土肥原贤二和汉奸温宗尧等频繁往来于唐府，于是唐绍仪出任伪职之说通过各种渠道散播开来。当时，国民政府也派人去劝说唐绍仪离开上海这一是非之地，唐的态度却暧昧不明，因此终于被军统特务刺杀，断了日本人的妄想。

1938年9月30日，唐绍仪被刺客斧劈身亡。后来台湾地区杂志所载军统北平站站长的回忆录中说："因唐已定意做汉奸，故予处决。"而留在大陆的军统骨干沈醉先生则认为，唐绍仪之死应该说是"晚节未失，惨遭错杀"。

唐绍仪侄孙说唐绍仪

——民国首任总理辞职当县长

唐绍仪（1862—1938）：字少川，清末民初著名政治活动家、外交家，清政府总理总办，山东大学第一任校长，中华民国首任内阁总理，国民党政府官员。

珠海市唐家古镇有一处将近百年历史的房子，虽然老旧破落了，却依然透着典雅、古朴。这里是山房路99号，民国第一任内阁总理唐绍仪和他三个兄弟的故居。

如今还守着这处旧房子的老人唐鸿光今年92岁，他的祖父唐绍和是唐绍仪的三哥。唐鸿光退休前曾是珠海市第一中学的英文教师。在与故居紧紧相连的一间小房子里，笔者见到了他：穿着一件薄薄的白色衬衫，很瘦，皱纹很深，看上去有些像一个朴素的南方老农，人却很精神。

当笔者与唐鸿光漫步在山房路这条建于民国时期的青石板路上时，他喃喃地说，这条路是唐绍仪做中山县长时，让我爸爸修的……将近两个小时的采访，唐鸿光零散地回忆着唐家几代人的故事。从他的只言片语中，笔者感受着唐绍仪的人生浮沉和唐氏家族的荣辱兴衰。

与袁世凯共进退

1862年1月2日，唐绍仪出生在广东香山县。唐绍仪10岁那年，他的族叔，中国近代著名的买办、实业家唐廷枢力主送唐绍仪去美国留学，开明的唐母梁氏也支持儿子去国外念书，说服了丈夫唐永大。两年后，唐绍仪成为清政府第三批官费留美幼童，还考入了哥伦比亚大学。但由于清政府保守派的强烈反对，1881年，全部留学生中止学业提前回国。

回国后不久，唐绍仪作为德国人穆麟德的随员前往朝鲜襄助海关事务。1884年的朝鲜发生了一次流血政变，唐绍仪临危不惧，持枪坚守穆麟德宅。这一举动给当时同在朝鲜的袁世凯留下深刻印象，颇得袁世凯赏识。而两人都想不到的是，他们将会在官场上共进退二十余载。此次流血政变后，袁世凯被任命为中国驻朝鲜总理交涉通商事宜使臣，马上就召唐绍仪为西文翻译，兼随办洋务委员。深得“袁”心的唐绍仪后来还被袁世凯推荐代理其职。到了1900年，袁世凯擢升山东巡抚，又召唐绍仪为幕府，以道员身份任商务总局总办等职。一年后袁世凯升任直隶总督，唐绍仪被任命为天津海关道。

在屡屡得到袁世凯提携的同时，唐绍仪也在天津海关道任上初次展示了他的外交才能。当时，天津处在八国联军控制之下。而唐绍仪就任天津海关道后，秉承袁世凯旨意，一反李鸿章在外交上的立场和作风，多次率员与帝国主义组成的都统衙门交涉，并于1902年接收了天津。其后唐绍仪又与英国会商接收了秦皇岛口岸管理权。随后，唐绍仪与洋人开展租界、天津电车电灯、津镇铁路合同的谈判，尽其所能地维护国家利益。袁世凯非常赞赏唐绍仪的能力，他上奏朝廷时称唐绍仪“历办各事，多力持大体，补救于无形之中。”从此，唐绍仪的外交才能为朝廷所重视。

采访中，唐鸿光拍着桌子，和笔者说起唐绍仪外交生涯中浓墨重彩的一笔——西藏谈判。

1903年冬，英军入侵西藏地区，次年8月攻陷拉萨。西藏的达赖和班禅被英国人挟持。英国强迫西藏签订《拉萨条约》，试图将西藏从中国分割出去。当时，清朝驻藏大臣名叫有泰，他在英国人诱逼下，准备在条约上签字。

当消息传回京城时，朝野震惊，清政府立即采取行动。1904年农历八月，光绪帝“赏唐绍仪副都统衔，往西藏查办事件”。同时，在其他列强的压力下，英国为使其行为合法化，也同意派员谈判。农历九月，光绪皇帝又“敕唐绍仪为议约全权大臣”，并颁发了“钦差议约全权大臣”银牌，派唐绍仪前往印度谈判。在中英关于西藏问题的谈判中，唐绍仪反复论证中国对西藏拥有不容争辩的主权。几次谈判后，双方签订《中英续订印藏条约》，英方承认中国对西藏拥有主权。

怒辞民国总理一职

1911年，辛亥革命爆发，惊恐的清政府启用袁世凯为内阁总理大臣，希望尽快掌控局面。作为袁世凯的代表，唐绍仪于当年12月南下上海，参加“南北议和”。途中，唐绍仪曾表示，“清廷不足保全，而民主应当推进”。这反映出他的思想倾向于共和，但彼时的袁世凯本意并非如此。

在议和过程中，唐绍仪坚持“拥袁共和”的方针，对南方作出了很大的让步。在孙中山当选临时大总统后，恼羞成怒的袁世凯一度取消了唐绍仪的谈判资格。可这时全国一派共和形势，袁世凯被迫选择让步，南北都推举唐绍仪为第一任内阁总理。

唐绍仪出任总理之后，怀揣着宏大的政治抱负，精心组阁。宋教仁、蔡元培、陈其美等同盟会骨干成员相继入阁，分别担任农林、教育、工商总长。在这种安排下，同盟会会员就在政府中占据了多数，内阁也被称为“同盟会中心内阁”。此时的唐绍仪可谓勤于公务，还注重办事效率，新政府呈现出一派新气象。

唐绍仪（左）与孙中山合影（拍摄时间不详）

昔日频频提拔自己的伯乐袁世凯却和唐绍仪越走越远。袁世凯喜欢大权独揽，对唐绍仪推行责任内阁制、“事事咸恪遵约法”非常不满。在不长的时间里，两人在用人、财政、遵守《临时约法》规定的总理附署权等问题上分歧越来越大，裂痕越来越深。

而王芝祥“督直改委”事件最终导致了唐绍仪与袁世凯分道扬镳。1912年6月，直隶省议会选举王芝祥为直隶都督，袁世凯不承认，并抛开总理附署权，公布另任命令。唐绍仪见《临时约法》已遭到破坏，“彻悟袁之种种行为，存心欺骗民党”，6月15日愤而提出辞呈，时任总理不足3个月。

据说，袁世凯曾作挽留状问道：“才任职3个月，怎么就辞了呢？”唐绍仪回答说：“也不算短了。”

1931年，唐绍仪卸任总理19年后，出任了中山县县长。与内阁总理相比，县长职位要低很多，但他丝毫不计较官小，发誓要“将中山县建设成为全国各县的模范”。唐绍仪在县长任上为政清廉，革除官吏衙门陋习，并微服察访，及时解决一些实际问题，有布衣县长之称。但好景不长，唐绍仪遭到广东军阀陈济棠的排挤，最终被迫离开广东。

唐绍仪遇害疑云

1937年7月，抗日战争的爆发，8月，日军大举进攻上海。唐绍仪安排大部分家人回香港，自己与正在上海读书的三子及十一女住在大女婿诸昌年家。

1938年9月30日上午9时，被世人熟知的悲惨一幕上演：唐绍仪被刺杀身亡。当年在上海跟随唐绍仪生活的十一女唐宝瑢曾撰文写到，唐绍仪的故交谢志磐被军统特务收买，来到唐绍仪家中，用利斧劈死了唐绍仪。唐鸿光也曾提起父辈流传下来的一段回忆：那时，大门口停着手摇式汽车和身穿黑衣的军统特务，突突颤动的车身没有熄火。仆人被支去拿火柴，前后不过几分钟，斧头砍向了唐绍仪，唐绍仪随即倒在了血泊之中，斧头上殷红的鲜血却还冒着微微的热气……

唐绍仪被刺杀，这起血案震惊了全国。其后不久，谢志磐又被人在重庆暗杀，国民党当局对此的调查就此不了了之。有一种说法，唐绍仪因被日本人拉拢，才被政府刺杀。

在唐鸿光的回忆中，日本侵华也是改变家族命运的转折点。唐鸿光告诉笔者，小的时候，只要一到暑假，母亲就会带着他和姐姐去度假，去过青岛，还去过承德，而且不管到哪里都住带花园的小洋楼。“战争开始后，日常生活质量全下降了。”唐鸿光说，“即便唐家是大户人家，但在日占区，同样过着非常困难的生活。”

私家园林，气度仍存

唐绍仪这位从珠海唐家村走出来的中华民国第一任内阁总理，少年得志，留学美国；清朝任封疆大吏，政绩卓著；同谋护法，调和立国；能上能下，造福桑梓；晚节未失，惨遭杀害……一生跌宕起伏，彪炳千秋。唐氏家族也精英辈出。唐绍仪共有妻妾四人，育有六子十三女，后人中也不乏佼佼者。

唐绍仪长子唐榴毕业于复旦大学，后留学美国。1926年被派遣署驻南洋荷属巴东领事后，历任驻日本长崎、印度加尔各答领事，驻美国檀香山、英属新加坡总领事和驻沪办事处处长等职。

珠海唐家，92岁的唐鸿光在唐绍仪故居侧墙“福”字前（钟凡摄）

唐绍仪十三女唐宝珊是珠海市荣誉市民，对珠海市文化、教育事业做出过很大的贡献。她曾向珠海博物馆捐献了“钦差议约全权大臣银牌”和“军政府南北议和全权总代表印”。有珠海媒体报道，唐宝珊曾在自身经济条件不算富裕的情况下，为珠海的教育事业和文物保护捐款数十万元。

唐绍仪五女儿唐宝玥嫁给了外交家顾维钧。1919年和1921年，顾维钧作为中国代表团成员出席巴黎和会和华盛顿会议。在巴黎和会上，顾维钧为维护山东权益大义凛然，挺身而出，被传为佳话。

唐鸿光父辈也是民国精英。父亲是美国留学归来的铁路工程师，母亲在纽约长大，外祖父还是当年中华民国临时参议院议长，外祖母是德国人。唐鸿光自小在英文家庭中长大，他对笔者说：“我的母语是英语。”凭借这一语言优势，唐鸿光曾在合肥工业大学担任英语教员，后被打成右派，劳改7年，独居山林16年，孑然一身。如今，唐鸿光早已退休。这30多年，他一边看护唐绍仪故居，一边免费教授镇里几十个贫困孩童学英语。

时过境迁，唐鸿光这一代仍然在世的唐氏后人已经不超过5人，各支后代纷纷散落在中、美、澳等国。或许，只有离唐绍仪故居不远的共乐园，依旧向世人展示着这位民国总理的气度。这座唐绍仪的私家园林遍植300

多棵古树，每棵树龄都超过 100 年，入口处石牌坊上的楹联“百年树人十年树木，智者乐水仁者乐山”乃汪精卫手书。这里曾接待过孙中山、梅兰芳等军政及文化名流，孙中山馈赠的黑松，梅兰芳手植的柠檬桉树，如今仍巍然挺立。（撰文：苏力、胡运杰）

“东北王”张作霖

张作霖（1875—1928）：字雨亭，自小出身贫苦农家，后成为北洋军阀奉系首领。号称“东北王”。1928年6月4日，乘火车由北京返回东北时，在沈阳附近的皇姑屯被日本关东军炸成重伤，送回沈阳后，于当日死亡。

土匪头子的人生转变

张作霖是民国众多争议人物中的一个传奇。他做过“土匪”“马贼”；一生与俄国、日本合作又斗争；效忠过清政府、北洋政府，踩着无数人的尸骨向上；对革命党人、军阀能拉则拉、能打则打；最后贵为中华民国陆海军大元帅，因不愿向日本屈服，而终被炸死。这是一个可圈可点的历史人物。

但这样一个人物很难入历史学家的法眼，学者对其评价甚至显得困难，一些人陷入了两极，有人说他是“民族英雄”“爱国军阀”，也有的说他是“卖国求荣的军阀”。这里就显露出学者们喜欢盖棺定论的迂腐来，他们一定要从历史人物身上寻绎出大于人情人性的东西来。

无论如何，张作霖白手起家，能在清末民初中国环境最为险恶的东北地区如鱼得水，终成霸主，并把东北建设成为一时繁庶之地，总有需要后人总结的成功经验。

他不仅比一般军阀多一些东西，也比喝过洋墨水的、有现代感的成功人士们多一种东西。这种东西，在我看来，就是对中华文明揭示的人生之道的尊重。这种人生，表现在内心是敬畏，表现在言行上是江湖忠义，是规矩。即使张作霖的人生目标是权力之路，所谋者不远，但他那种尝试、冒险、挑战自我，也是中国人中极为少有的。

张作霖虽非君子，一生却正是易经首卦乾卦之象：“天行健，君子以自强不息”。他的各部分人生阶段，也几乎能为乾卦的六爻（音同“摇”,《易经》每卦都有六爻，每爻都有一个意思，表达这个意思的文辞叫作爻辞）爻辞所概括。

第一爻是“潜龙勿用”，隐喻着事物发展之初的微弱势头。张作霖 20 岁之前都是这个阶段。

1875 年，张作霖出生于奉天省海城县（今辽宁省海城市），家境赤贫。他十二三岁时，父亲就死了，这个没钱念书的穷孩子到私塾去偷听。老师杨景镇看到窗外有个小孩听他讲课，走过去问，小孩说：“我叫张作霖，想念书，但家穷上不起学，因此常在这里偷听。”杨先生就让他坐进教室，还赠给他纸笔。就这样，张作霖读了一段时间的私塾，打下了初步的文化基础。他知道感恩，后来当了民国陆军第二十七师师长，特地请杨景镇到沈阳来，在家里开设了私塾。张学良就曾跟他读书。

20 岁前，张作霖籍籍无名，甚至可以说是一个社会上的小混混。最初，他靠卖烧饼赚点钱，但因为赌博把钱输光了。母亲让他改学木匠，做了一段时间，他嫌拉锯太累，放弃了。贫困时，张作霖一度流浪乞讨，后来在旅馆里给人家打杂。他喜好马匹，碰到骡马生病，就弄点草药给治，还真的就治好了，一来二去，竟成了兽医，但依旧生计无着。1894 年，中日战争爆发，19 岁的张作霖投到清朝军队中，当了一名骑兵。他表现还不错，被擢升为哨长。不过，甲午战争中，清军惨败，死伤无数，张作霖保住一条命，逃回辽西。

第二爻："见龙在田，利见大人。"这句指的是人才已经显露，需要有人提携了。

21岁时，张作霖同地主赵占元的二女儿赵春桂结婚，开始遇到贵人帮助。当时辽西散兵成群，土匪横行，张作霖在岳父的帮助下，也组织了一支20多人的队伍，发迹起来。后来，张作霖接受《密勒氏评论报》（1917年在上海创刊的英文报纸，以报道、评论中国和远东的政治经济时事为主）的主编鲍威尔专访，当问到他曾在哪里读书过时，张作霖回答："绿林学校。"

张作霖势力渐长，贵人也渐渐出现。地方绅商的代表人物张紫云请他保卫一方，新民府（今辽宁省新民市）知府对张作霖印象也不错，同意了张紫云的举荐，让张作霖的队伍接受点编，"改邪归正"。1903年7月，张作霖所部和新民的巡捕队合并，张作霖当了个管带（相当于营长），从一个土匪头子摇身一变，成了地方政府倚重的军官。

当得了"诸侯"，坐不成天下

上篇说道，乾卦六爻中的前两爻，正可概括张作霖壮年之前的人生轨迹。

乾卦第三爻，"君子终日乾乾，夕惕若，厉，无咎"，就是说君子白天勤勉于所做之事，到了晚上，还要像随时会遇到危险一样警惕，才不会有过错。张作霖为人机敏，长于计谋。1904年，日俄战争爆发。在两大帝国主义战争夹缝中求生存的张作霖，充分显示了他处理复杂问题的能力，先为俄军、后为日军效力。战争结束后，他的部队不但没受损失，反而扩编为三个营。

1907年，在计擒被清政府列为"一号通缉犯"的悍匪杜立三后，张作霖的能力得到东三省总督徐世昌的赏识，升做奉天巡防营前路统领（旅长），成为东北举足轻重的武装力量之一。但在受命剿灭蒙匪时，因蒙人来去如风，经常打官兵一个措手不及，张作霖多次遇险，经年无功，遂被清政府夺了顶戴，命他戴罪立功。他总结经验，摸索出一套可行的规律，更加身先士卒。他还结交了绿林豪杰安遇吾，委托他打入蒙匪内部，终获成功，解除了危害东北边疆多年的蒙患。

第四爻，“或跃在渊，无咎”，就是站稳脚跟后不能坐等别人给机会，要主动出击，才能无灾难。这是张作霖的拿手好戏。1911年，辛亥革命爆发，东北革命党人也准备起事。总督赵尔巽（音同“讯”）束手无策，在部下劝说下，才想密调后路巡防营统领吴俊升率部来奉天护驾。命令还未发出，消息被有心的张作霖察知，他率部马不停蹄直奔奉天，路过吴俊升的防地时也丝毫不吐口风。到达后，张作霖向赵尔巽主动请罪，说“唯恐总督陷于危境”，所以擅自行动，“甘愿接受惩处”。结果，张作霖反而得到夸奖，并经赵尔巽保奏，他被清廷任命为关外练兵大臣。在这件事中，充分显示出张作霖的不同常人之处——抓住时机，闻风而动。

与他人相比，张作霖的进取之心跟不择手段相得益彰。清政府岌岌可危，张作霖联合冯德麟等33名将领联名致电袁世凯，表示“决议勤王”。然而，在袁世凯的点拨下，他很快又放弃了保皇论，摇身一变，成为共和制的积极拥护者，随后又支持袁世凯称帝。由此带来的好处是，袁世凯任命张作霖为师长，授陆军中将衔。

张作霖稳稳握住了东北的兵权，但他仍不满足，跟中央或明或暗地要权。袁世凯派张锡銮来主政，被张作霖排挤走；再派心腹段芝贵，又被张作霖驱逐。最终，袁世凯只能任命张作霖为奉天盛武将军，督理奉天军务兼代奉天巡按使，成为一方“诸侯”。

1928年发行的张作霖像大元帅纪念币正（左）、反面

第五爻，“飞龙在天，利见大人”。掌握了地方最高权

力的张作霖一飞冲天，开始成为名副其实的“东北王”。他跟实力人物结盟，曹锟是他的“三哥”，孙中山是他的“老友”，张勋是他的“儿女亲家”……他开始翻云覆雨，其后，宣布东三省独立。

张作霖在治理东北方面的成就是可观的，他主政的东北财政力量雄厚，军力强盛，空军在全国首屈一指，海军在国内更是占有绝对优势。张作霖所办的东北大学成为当时全国最好的大学之一，国内著名学者和名流，如梁漱溟、章士钊、梁思成、林徽因等都曾到东北大学任教。

第六爻，“亢龙有悔”。意为居高位的人要戒骄，否则会失败而后悔。缺少诤友和师长的耳提面命，“东北王”野心膨胀，竟想问鼎中原。1924年，他进关帮着皖系军阀打直系，获胜后，推皖系首领段祺瑞为“中华民国临时执政”；1926年，张作霖被15省推为总司令；1927年，就任陆海军大元帅，代表中华民国行使统治权，成为北洋军政权最后一位统治者。

这个登上最高位置的人失去了方向，他不知道自己治理不了变动中的中国，更何况，他的军阀政府缺少治国理念，缺少人才。张学良就说过：“我们争什么天下？奉军南下河北、河南，占了不少地方，可连一个县长也派不出。”1928年4月，在蒋介石、冯玉祥、阎锡山、李宗仁四大集团军的攻击下，张作霖的奉军全线崩溃。

与此同时，日本人趁火打劫向他索取“满蒙权益”。日本人警告：“如不听劝告，失败后连关外都回不去了。”张作霖回答说：“关外是我的家，我爱什么时候回就什么时候回，有什么不行！”6月2日，张作霖声言退出北京，要回到他发迹的东北去。两天后，专车行至奉天皇姑屯车站时，他被日本人炸死。

可以做土匪，不能当汉奸

张作霖善于施展政治权谋，是个典型的“机会主义者”。他自己常说：“智深须有忍，将勇贵能谋。”他的儿子张学良则说他“有雄才而无大略”，跟“有大略而无雄才”的蒋介石相反；日本人认为他处事精明、圆滑世故；孙中山之子孙科称其处理公务果断迅速；张作霖自己的一些结拜兄弟和老部下则说他“够哥们儿，讲义气”。

人们津津乐道于张作霖的成功之道。今天梳理张作霖的言论仍能让人感叹他的聪明绝顶。他敢于直明心曲，因此十二三岁时能得私塾老师帮助。后来更是放胆直言，多次对上司说自己只不过“为了升官发财”。

张作霖没有多少文化，却一点儿也不糊涂。奉系崛起之初，他常以李渊自况，一心为“张家王朝”创基业。随着他势力的扩大，舆论盛传张作霖有野心，要建“大辽帝国”。对此，张作霖说：“世界的潮流也不能不看一看，现在世界政治的趋势，还允许由共和变为君主吗？说我要复辟，那是报纸放屁。”

张作霖起自草莽，说粗话习以为常，但他对重用并有所依赖的杨宇霆、王永江等人却从不粗蛮。有一次，张作霖和杨宇霆为一件事争论起来，张生气了，说了“妈的”两个字。杨站起来说：“你骂谁？”张马上作揖赔罪道：“这是咱的口头话，一个不留心溜出来了，敢是骂谁！”以至于后来胡适听说后感慨：“这个故事很美。”

张作霖就任陆海军大元帅后，曾对北洋政府官员有过一次讲话。他开口第一句话：“我叫张作霖。”接着说：“跟我来的人都知道我张作霖是怎样一个人。我张作霖也是个人，并没有什么特别出奇的地方。我也常想和你们大家见个面，谈一谈，不过我一出门，这些捧臭屁的（指卫兵、秘书等人）就净了街，让我谁也见不着。人家都说我张作霖有钱，其实我哪里有多少钱呢？你们大家打听去，哪个外国银行有我张作霖存的钱？哪个外国租界里有我张作霖盖的楼房？便宜也要便宜中国人，我不能便宜外国人……过年三十那天晚上，你们大家可能都睡觉了，我张作霖并未睡觉。我拿着整股香，跪在院子里祷告。我说，天啊！要叫我张作霖平定中国，统一天下，老天爷，你就助我张作霖一臂之力吧……我早早地统一中国，叫百姓好好地过个日子……你们大家记着，我张作霖绝不做伤天害理、对不起国家、对不起百姓的事。”

张作霖多次说，不要想着糊弄老百姓，“你糊弄老百姓，老百姓就糊弄你，到头来，老百姓反了，咱也就下台了”。晚年张学良做口述史时，明确说：“我和我父亲从来不刮地皮。”帅府的大青楼建成后，张作霖亲自在楼前假山石壁上写了“天理人心”四个大字，以使自己每天进院抬头就能看见这四个字。边业银行（奉系控制之下的商业银行）开业，张作霖在发行的钞票上印了“天良”二字，表示不能坑害老百姓，办事要对得起良心。

他也曾卖友求荣，挑拨是非，但一旦不妨碍他的权力，张作霖的为人就深得中国传统的忠义之道。一个旅长做大豆生意，亏空了 24 万元军饷。这个旅长正打算要么逃跑要么自杀，被张作霖知道了，骂他说：“你这小子太没出息。一个人的生命，岂止值 24 万？你跟咱们做事，还怕没有钱用吗？你好好把军队带好，这笔钱我拨给你好了。”夫人阻止他把女儿嫁给失势者，张作霖不肯：“人家红火时，咱把女儿许了去，人家不行了，咱又悔婚，这事传出去，还怎么做人？”这样的例子还有不少。

张作霖对做人也有一番见解：“做马贼、土匪都无关紧要，成则为王败则贼，混出了名堂就一切好说，但千万不能做汉奸，那是死后留骂名的。”他的敬畏之心可以说是已深入中国传统文化的要义。孔子诞辰时，他会换上长袍马褂，跑到各个学校，向老师们打躬作揖，说我们是大老粗，什么都不懂，教育下一代，全亏诸位老师偏劳，特地跑来感谢。

这位备受争议的“大元帅”，在世时平定了北方的匪患，稳定了纷乱的东北，遏制了苏俄和日本的野心……尽管有这样那样的不足，张作霖确实有着不同一般军阀、暴发户们的性情和人格。（撰文：余世存）

“张家财富去向是个谜”

在天津市和平区赤峰道78号，有一座红顶白墙的三层洋楼，人称“少帅府”。1925年至1931年，张学良曾在这里居住，并与赵四小姐（赵一荻）结下了一世恋情。在经过多次转卖后，“少帅府”被划归国有，现在经营湘菜。

2010年，这里迎来了一位特殊的客人：张作霖之孙、张学良六弟张学浚之子张闾实。张闾实在台湾与张学良相处了25年，此次来天津，就任历史文化顾问，将张氏的生活情况带回到“少帅府”。

2011年一个清爽的夏日，笔者来到天津“少帅府”，和张闾实促膝而谈。一件浅蓝色衬衣，休闲牛仔裤，笑起来嘴角挂着两个浅浅的酒窝，张闾实给人的印象儒雅而随性。谈起张氏后人，他显得很自豪：“我们张家六房，没有用过张学良的名字谋利，全都靠自己努力。”接下来的几个小时，张闾实面对记者，追溯了爷爷张作霖和大伯张学良尘封多年的往事。

从“土匪”到“东北王”

“念书的时候，人家就说我是大土匪、大军阀的孙子。上历史课讲到祖父时，老师就叫我到外面去不要听，怕我受刺激……”张闾实说，小时候父亲张学浚从没告诉过他，爷爷就是张作霖。“上小学懂事后，从学校的课外读物中，我才知道，原来客厅挂的老相片中的爷爷就是张作霖，每年过年时见的大伯便是张学良。”

张作霖作为北洋军阀奉系首领，“北洋政府”最后一个掌权者，是中国近代史上争议最大的人物之一。他 1875 年出生于辽宁海城县一个贫苦农民家庭，从小聪明好学。但迫于家境，他卖过包子，做过货郎，还曾跟着养父学习兽医，医术远近闻名。谈起他的出身，方家野史却几乎众口一词——“土匪”。对此，张作霖自己当然不承认：“都说我张作霖当过‘胡子’，我要是拿过谁一个扫帚疙瘩，死后也要入十八层地狱，变驴变马去还人家。”可以想见，他是非常委屈和气愤的。然而他没有想到，自己此后的人生，跌宕起伏、扑朔迷离，留给后人无数的谜，也让后代“长期生活在历史的阴影下”。

1895 年，20 岁的张作霖有了第一次婚姻，妻子赵氏比较端庄，但眼睛斜视，性格刚烈。1901 年，她生下一个男婴，就是张学良。张闾实告诉笔者：“《马关条约》签订后，东北社会秩序混乱，爷爷成立了保险队，自己当头，负责周围七八个村子的治安，深受百姓称赞。后来，他的队伍发展到三四百人，成了辽西一代最强悍的武装之一，这就是日后奉系军阀的最初班底，也是爷爷后来发迹的资本。”

张作霖一生共娶了六位夫人，生有十四个子女。张闾实的奶奶张寿懿（音同“易”）是张作霖的五夫人，她聪颖贤惠，人们称她“寿夫人”、大帅府的“二把手”。1916 年，袁世凯去世后，张作霖被任命为奉天（今辽宁省沈阳市）督军兼省长。那年夏天，他应邀参加奉天省立女子中学的毕业典礼。寿懿代表全体毕业生致谢词，她娇柔的声音，曼妙的身姿，一下就吸引住了张作霖。后来，张作霖派人调查发现，这位女子身世不凡，是满族人，其父亲寿山将军是黑龙江一位民族英雄，其爷爷也是清军的一名悍将，曾在一次作战中身中 12 处刀伤仍不下战场。张作霖肃然起敬。不久，寿懿便嫁给了大她近 20 岁的张作霖。

1917 年，张作霖扳倒政敌冯德麟，完全控制了奉天省的军事大权。之后，“机警过人”“长于权谋数术”的他，在角逐东北的过程中，用一系列

1927年，张作霖的八个儿子在张氏帅府的合影。从右至左依次为：张学良、张学铭、张学曾、张学思、张学森、张学浚、张学英、张学铨

政治手腕，完成了统一东三省的霸业，成为名副其实的“东北王”。人们曾形容他当年的状态是“稳坐奉天，抽着烟，喝着茶，手里操控着几根线，上连段祺瑞，下连许兰洲、孟恩远。他说‘动’，就有人动；说‘停’，就有人停。”

突如其来的变故

在位于辽宁沈阳的张氏帅府东院，有一栋中西合璧的小青楼，位于帅府花园的中心，呈“凹”字形，分上下两层，一楼东、西两个房间分别是寿夫人的卧室和会客厅。因楼上曾是张作霖几个女儿的住所，小青楼也一直有个别号叫“小姐楼”。但其实，这座楼最初就是张作霖专门为心爱的五夫人而建的。张作霖的几位妻子曾异口同声地感叹：“嫁给他就嫁给了眼泪”，因为张作霖之后虽然还娶了六夫人，但10多年中，只有寿夫人一直深得宠爱，无人能及。张闾实告诉笔者：“奶奶之所以受宠，和她的精明能干、智慧周到有关。她很善于协调和其他人的关系，和各位夫人相处融洽，口碑很好。”

1928年6月4日凌晨5点30分，张作霖乘专车通过京奉与南满铁路交叉处时被炸，后被证实是日本关东军所为，这就是著名的“皇姑屯事件”。张闾实说：“日本多年前就想在东北实现侵占计划，但始终没能得逞，爷爷是主要障碍。在对待日本人的问题上，爷爷曾说，‘我不能出卖东北，不能让后代骂我张作霖是卖国贼。我什么也不怕，这个臭皮囊早就不打算要了。’”

当日，张作霖遇险后立即被送回小青楼一层的西屋内，当时在车上已因被弹片割断喉咙气绝身亡。张闾实说：“爷爷被炸后，送回帅府时已死亡，寿夫人下令不得对外公布并立即私拟了遗嘱，其中几句话是‘此系日本人阴谋无疑，我的生命已难救。唯宜严守秘密，不使外人得知，一面力持镇静，维持秩序。召小六子（张学良）回奉主持政事，希望诸人辅助。’”

面对突如其来的变故，寿夫人强忍悲痛，沉着应对。“当时我奶奶主持家政，每天照样浓妆艳抹，有说有笑地接待各方来客。”张闾实说。一天，日本总领事太太以访问寿夫人为名，来探听张作霖的死活。当时，张学良尚未赶回沈阳。事态紧急，寿夫人急中生智，忙到里屋梳洗打扮，身着艳丽的服装，从容不迫地走进客厅，招待日本总领事太太。言谈之中，寿夫人一面让副官开启香槟，与日本总领事太太庆祝张作霖逃此大难；一面连连致歉，称“大帅遇险受伤并受惊吓，刚刚安置睡下”，搪塞过去。寿夫人毫无悲戚之相，最终骗得日本总领事太太深信，张作霖还活着。

寿夫人一生，为张作霖生下张学森、张学浚、张学英、张学铨四子。张作霖去世时，她只有35岁。之后为夫守节，终生未再嫁。1931年“九一八”事变后，她移居天津，1948年底，转迁台湾。1974年在台北病逝，终年81岁。

“张家男人不需要扶”

张作霖去世后不久，1928年6月18日，张学良乔装乘车秘密返回沈阳。第二天，他正式任职军务督办，并成立东北临时保安委员会，任委员长。从此，张学良开始统治东北，“少帅”的美名远扬。“但让人遗憾的是，爷爷的去世和大伯的生日竟是同一天，爷爷死后，大伯便从来都不在6月4日这一天过生日。”张闾实说。

张闾实说，“九一八”事变后，因为备感沮丧，大伯变得抑郁起来，开始抽鸦片，身体状况急转直下。1933年4月11日，张学良前往意大利戒毒，在欧洲待了8个多月后回到上海。

1936年12月12日凌晨，震惊中外的“西安事变”爆发，蒋介石被活捉，张学良和杨虎城联名向全国发出通电，即著名的“八大纲领”，最终促成了第二次国共合作。而在接下来的日子里，张学良由于精神过度紧张，已近崩溃。12月25日下午，他找到杨虎城，说打算送蒋介石回南京。“大伯的命运由此发生了剧变——送蒋介石回到南京后，他被军事法庭判了10年徒刑，从此失去了自由。”

这一软禁，就是近30年。1949年，国民政府撤往台湾，蒋介石将张学良转至台北居所，继续软禁。直到1961年9月，张学良的生活才有了变化，“当局”准他自己出钱在台北附近的北投建一栋房子。那是一栋两层楼，位于北投路70号。新居落成时，蒋经国送了一套客房用的家具，张学良自己买了一辆二手的福特汽车。他也终于可以和张家人见面了。

“我第一次见到大伯是在1967年。”张闾实回忆，“当时，我们从天津搬到香港又搬到了台湾。刚到没几天，就有两辆漂亮的外国大车停在家门口，说接我们去看大伯。大伯的房子好大，进门后有个大花园，有树林、假山、水池……屋里摆设也很豪华。突然，我听到爸爸喊了一声‘大哥！’一转头，看见一个胖胖的老人，戴个眼镜，旁边站着一位像校长的女性，就是大伯和赵一荻。”

后来，张闾实每年都能至少见到大伯三四次。“开始每次见面，都是赵一荻下厨，她会做好多西式菜点，像英国烤肉、蔬菜沙拉、奶油蘑菇汤，饭后还会拿水果蛋糕和冰激凌给我们吃。后来她身体不好了，便请五星级饭店的厨师来做饭。小孩子们根本不知道大伯被‘软禁’的事。但我能明显感觉到，他已经不了解社会的变化了——他对钱的贬值升值一点概念也没有，过年的红包20年都没变，一直都是200元。”

1988年蒋经国去世后，张学良的生活自由了许多，“在台北的超市及百货公司都可以遇到他，每次都有两三人陪同。但大伯明显老了，走路、行动都比以前慢。一次，我看到大伯要到二楼去上洗手间，爬楼梯非常吃力，想上前扶他，他却对我说：‘我们张家的男人是从来不需要人扶的，一定要靠自己的本事往前走。你要记住了，因为你是张家的男人。’这句话对我影响很大。”

1994年，张学良定居夏威夷。起初，他住在夏威夷希尔顿饭店，后来因费用太高及身体不适改租老人公寓疗养中心。亲戚们对张学良不回沈阳，一直很奇怪。张闾实说，“后来我才知道，这与大伯在夏威夷的经历有关。他当初计划先去美国看望一下亲属就回东北，但当时台湾和大陆的关系紧张，不能前往；后来，大陆有领导人来夏威夷看望大伯，大伯穿戴整齐，在轮椅上等了一天，但最终没能见到；还有些大陆群众，在他的寓所及基督教教堂内等着见他，甚至与保安大打出手，头破血流也不被允许靠近。最后大伯再也不去教堂了……”

2000年6月22日，赵一荻去世，享年88岁。她的过世对张学良打击很大。一年后的2001年10月14日，张学良去世。张闾实说：“当时，我们后代都聚集到了夏威夷。按照他老人家的遗愿，告别仪式采用基督教的方式进行，葬礼庄严而简单，只邀请家人参加，谢绝一切外宾。我有时候想，大伯的离去其实也是一种解脱，他终于可以不再为历史、政治所烦恼，也不必为亲人、朋友的离去而忧伤。”

后代谋生很不易

张闾实说，自从爷爷张作霖被日本人炸死，张家的后代就不再受到庇护。张学良那一辈，8个兄弟都独立地走自己的路。

对于外界猜测甚多的张家财富，笔者在《走近张作霖》一书中，看到一组数据：“据1926年10月10日成都《民视日报》所列财产表显示，北

2011年5月17日，笔者在天津“少帅府”采访张闾实（左）

洋时期，71个官僚军阀要人私产总额高达6.3亿元，而张作霖个人独占5000万元，高居榜首。他有20万垧土地（1垧为1公顷）、遍布东三省的商号、上百家厂矿，还有奉军的飞机大炮坦克……此后26年，财富更是快速增加。”

此外民间还有种说法，称日本侵占沈阳之后，曾公开说希望张家的人能够回到东北接收张家产业。最终是胆大心细的寿夫人，从日军手中拿回了财产。但张闾实说，这完全是杜撰。“‘九一八’事变当晚，奶奶在天津度假，根据大伯张学良晚年口述，与他私交甚好的日本关东军司令本庄繁，自掏腰包，将帅府里的珍宝财物装满三列火车开到了北京。但是大伯拒收，还告诉本庄繁，‘要还的话，你应该把东北还给中国。’本庄繁只好命令火车返回沈阳。”据说，火车一出山海关，就被日本兵洗劫一空。所以，当时在天津的寿夫人，手上只有所带的极少盘缠，甚至一度要靠天津的亲戚接济度日。

张闾实还提到了“张三义堂”，那是掌管张家在东北的财富与产业账目的机构。离开沈阳前，寿夫人曾委托张学良的大姐张首芳代为掌管张三义堂。“九一八”事变后，张首芳和张家人一起逃到了天津。直到抗战胜利后，张家人才返回沈阳查找张三义堂与张家产业的去向，才知基本已被日本人搜刮殆尽。

张闾实生在澳门，长在台北，后到沈阳。特殊的家庭背景，让他们的生活十分曲折。回忆起早年服兵役的经历，张闾实苦不堪言。“进空军服役第一天，就被辅导长叫进办公室，告诫我言行要小心。每周我都要做思想报告，经常半夜被叫起来出操，有时还会无缘无故招来一顿打……”他感叹，那段时间连谈恋爱也受到了影响，“我本来认识一个航空公司的女孩，结果她母亲听说我是张家的小孩，坚决不准了。”

张闾实的父亲最初找工作时也受到白眼，常有人说：“你不是张学良的六弟吗，还用工作？”张闾实回忆说：“我们家过得一直比较辛苦，父亲来台湾后拒绝替台湾当局做事，就到‘台北大陆工程公司’工作了七八年，后来自己开了贸易公司，做建材买卖，也开过餐馆。我念书的时候也是半工半读过来的，并不像人们想象中那样过得舒服。后来在外面我们从不说自己是谁，因为一旦让人家知道，对方就会很反感。”

张闾实是张氏家族的后人中，第一个返乡定居的。他说：“张家人其实一直都想回大陆。我是张家最小的男孩子，我把路探好了，再把堂哥堂姐带回来，这里才是他们的根。”（撰文：刘畅、刘娜）

张静江家族：南浔张家出了位“革命圣人”

江南古镇南浔，现位于浙江省湖州市东北部，自古便是中国民间最富庶的地区之一。100多年前，这里出了个张氏家族，在清朝末期和民国初期，势力遍布政、商、文化各界，权倾一时。如今，张氏家族也是堪称人丁兴旺，六代人中，记录在家族谱系表上的后代达310多人。可惜，由于张家后人多数散居海外且行事低调，张氏一门的故事流传并不广泛。现在南浔张家常常为人所称道的，是被孙中山称之为“革命圣人”的张家第三代、国民党元老张静江，以及同辈的、名噪一时的藏书家张石铭。

南浔张家，富甲天下

对于南浔张家的源头，一个普遍的说法是：祖先是安徽休宁人，明朝末年为了躲避战乱举家从安徽迁居到浙江，另有一支到了江西。清康熙年间，在浙江的一支落户到了南浔。当然，现在的张家后人有着不同说法。张石铭的孙子、现年87岁的张南琛认为，张家是从福州迁入江浙的。

但不论来自哪里，张家的富庶在清朝末年是出了名的。清光绪年间，人们把发了财的富户依家财多少，分别叫作“大象”“牛”和“小黄狗”。家财达几十万两白银，在别处可谓富甲一方，但在南浔不过是只“小黄狗”。

小小南浔镇，当时竟有“四象八牛七十二条小黄狗”，张家就是“四象”之一，资产高达千万两白银。1000万两是个什么概念？清光绪十五年（1889年），大清帝国全年的税收也只有8000万两白银。

张家人世代做生意，但真把生意做得风生水起的，是张静江和张石铭的爷爷张颂贤。张颂贤生于1817年。他的曾祖父张振先、祖父张秀升只是以弹棉花为生的小手工业者，父亲张维岳也只是开个小糕团店、小酱盐店。1843年，上海开埠通商给张颂贤带来了一个千载难逢的机会。26岁的张颂贤抓住机遇，做起了丝绸生意，他在上海设立丝行，全力经营南浔特产——辑里丝，创建了一条从南浔到上海的生意线。生丝从南浔一船一船地运出去，银子从同样的航道运回来。

张颂贤30多岁时，张家开始经营盐业。太平天国运动爆发后，浙江盐官望风而逃，一时间私盐泛滥，各大盐商急于将手中的“盐票”（经营盐数量的凭证）出手。当时，路人皆视“盐票”为废纸，以为大清王朝气数已尽。张颂贤却“独具慧眼”，乘机吃进了10万盐票，并拥有了“张恒源盐号”。几年后，太平天国运动失败，盐票又吃香了，张家的财富一夜间暴涨10倍。鼎盛时期，半个江南都吃张家的盐。

张颂贤有两个儿子。长子张宝庆长年患病，先父亲而亡，未能继承掌管家业，仅留下一个儿子张石铭。次子张宝善，也就是张静江的父亲，协助父亲打理家族产业。1892年，张颂贤去世，张家也分了家。张石铭一支被称为“南号”，张宝善一支为“东号”。

豪爽二公子的革命情缘

张家“东号”这支，代表人物是张静江。张静江生于1877年，是张宝善的次子，同乡人大多叫他“二先生”。祖父张颂贤在世时很喜欢这个孙子，认为他日后必成大器。但也看他命中缺水，便给他取名“增澄”，字“静江”。

张静江生性豪侠。他18岁那年，有一次乘船去上海，中途船触到石墩下沉，不少人落到水里。张静江因为是张家二少爷，先被船主救了上来。张静江获救后，朝岸上的人大喊：“谁能救出一个人，我赏他 100 两银子！”很多人都知道这位二少爷向来说话算数，于是争相下水救人，数十人因此获救。救人者果然立即得到了 100 两银子。而对于救了自己的船主，张静江更是每年派人送去 200 两银元谢礼，直到他后来去了法国。

19 世纪末，张静江在南浔老家

21 岁时，张静江的父亲张宝善用白银 10 万两给他捐了个二品候补道。1902 年，张静江以随员身份，跟着清朝驻法公使去了法国。一年后，他依靠父亲资助的 30 万银元，开办了通运公司，最初只是运销生丝和茶叶，后来发展到古董、字画、玉器、青铜器，生意大旺。一次，他在山西用 10 块银元收了一只宋代瓷钵，到法国就卖了 1 万美元。

张静江与“革命”发生联系，源自一次巧遇。1906 年春天，孙中山乘船绕道前往日本，在这艘海轮上遇到了张静江。孙中山的得力助手胡汉民回忆说：“彼时，他（张静江）要求和国父谈话，国父有戒心，回避他。不意静江先生在甲板上拦住国父，说‘你不要瞒我，我知道你是孙文，你不要以为我是反对你的，我却是最赞成你的人！’……最后静江先生与孙中山先生约定，将来如果革命起事需要钱的话，可拍电报给他，并约定暗号，如拍“A”字即是 1 万元；如拍“B”字即 2 万元；“C”字则 3 万元，以此类推即是。孙中山先生将他的地址记在了小本子上，当时并未在意。”

1907 年，孙中山计划发动反清的镇南关起义，没有经费。忽然想起了张静江，就对胡汉民说：“我上次在船上碰到一个怪人，约定三个字，第一字即 1 万元，第二字为 2 万元，我怕此人是清廷的侦探。”胡汉民听了则说：“反正横竖不亏本，拍个电报试试又有何妨？”于是按张留下的地址拍了个“A”字的电报，不多时，果真 1 万元汇到了。过了一些时日，又拍出第二字、第三字，钱均如数收到。不仅如此，此后只要孙中山有电报来，张静江从不回绝。根据现在的不完全统计，张静江在辛亥革命前后对革命的捐款达到了 110 万两白银，难怪孙中山会称其为“革命圣人”。

但事实上，张静江并非永远是富翁。1908 年，他在法国通运公司的同事因为对他漫无节制的革命捐款不满，与他分道扬镳。张静江的二女婿周君梅曾讲过一个故事：孙中山发动讨伐袁世凯的二次革命时，急需钱来购买军火。张家人中独自继承了一半财产的张石铭最有钱，但他已经捐了多次，不想捐了。一天，张静江又来索要，张石铭当场拒绝，两个人大吵起来。最后，张静江不耐烦了，拔出装了子弹的手枪，命令张石铭立即答应。张石铭只好同意。

与蒋介石的恩恩怨怨

张静江与蒋介石相识于民国初年（1912 年）。辛亥革命后，张静江最初住在上海南京路的大庆里。这一时期，蒋介石也常来向他私人借钱，每次二三百元不等。每逢年终，蒋介石总要张静江的账房抄一张账单给他，煞有介事地像要准备还钱的样子，可从来没还过。

1922 年夏天，张静江推荐蒋介石到广州中山舰上侍奉孙中山 40 多天，从而使他取得孙中山的信任。之后，蒋撰写《孙大总统广州蒙难记》一书，该书由孙中山题名、张静江作序并资助出版，大大提高了蒋介石在国民党内的声望。黄埔军校成立后，张静江再次向孙中山力荐蒋介石。蒋介石被任命为黄埔军校校长后，开始在国民党内培植自己的势力，为未来发展奠定了坚实的基础。

蒋介石与第三位夫人陈洁如的婚事也与张静江大有关系。张静江的续弦朱逸民与陈洁如是要好的同学。朱逸民嫁到张家后，陈洁如经常到张家玩。1919 年暑假的一天，陈洁如正在张家聊天，孙中山带着蒋介石来看张静江。不料，32 岁的蒋介石对 14 岁的陈洁如一见钟情，几次三番找上门要与之交朋友。陈洁如母亲坚决不同意，蒋介石只得通过张静江，请其夫人朱逸民为之说媒。最后，还是张静江亲自登门，百般劝说才将婚事说成了。

谁想到，六年后，蒋介石如痴如醉地爱上了宋美龄。而且，这次婚姻与上次不同，“蒋宋联姻”有着深厚的政治背景。此时的陈洁如已经变成了蒋介石爱情和事业道路上的绊脚石。谁来帮他搬开呢？还是张静江。张静江造访陈宅，说服陈家母女，还派出他的两个女儿陪同陈洁如一同去美国。后来，陈洁如再也不曾被蒋介石提起过，倒是张家人一直与陈洁如保持着联系。

张静江在北伐前后与蒋介石一直情同兄弟，但在国民党建都南京后，在国民建设的问题上与蒋介石反目。张静江一心按孙中山遗嘱大搞经济建设，而蒋介石则忙于“剿共”。此时的蒋介石已经搭上了孔祥熙、宋子文家族和江浙财阀，羽翼丰满，张静江已经没什么用了。很快，张静江主持的建设委员会被蒋介石架空，手无实权。

抗战爆发后，张静江先避居武汉，后经香港赴瑞士、美国，寓居纽约。离开香港之前，弟弟张澹如问他：“二哥此去有无电报给蒋介石？”张静江本半躺在沙发上，听到这里忽然从沙发上坐直了，愤怒地说：“为什么要通知他？我又不吃他的饭！他管不着！”张静江曾说：“我一生被人利用，今后将不再给人利用了。像蒋介石这种人，只可以共患难，不可共安乐，他只知为己，不知为人，并且毫无信义！”

张家后代多才子

张静江的后半生，一直在吃斋念佛中打发时日，于 1950 年 9 月 3 日

张静江（前排左三）
全家福，年代不详

病逝于纽约。他共有 12 个孩子，10 个是女儿，被称为“十朵金花”。其中，前妻姚蕙生了 5 个女儿，即蕊英、芷英、芸英、荔英、菁英。张芸英精于钢琴，曾做过中国国际广播电台的翻译和编辑，并把她的儿子和孙子都培养成了钢琴艺术家；张荔英是位画家，嫁给了孙中山的外事顾问、国民政府的外交部长陈友仁；张菁英是位服装设计师，抗战胜利后，嫁给了我国现代生理学奠基人、新加坡华侨林可胜。她们均出生在法国，个个都是“中西结合”的大家闺秀。

而续弦朱逸民的五朵金花分别是乃琪、乃恒、乃理、乃琛和乃珣，两个儿子名为张乃昌和张乃荣。后来全部生活在美国。

与积极入世的张静江相比，“南号”张石铭一直过着闲云野鹤般的生活。他以雄厚的资财和珍贵的藏书闻名于世。他的珍贵藏书，仅目录《适园藏书志》就达 16 卷，其中宋版书 45 部，元刊本 57 部，还有数百部名人抄稿本。这些珍贵古籍，如果放到现在，任何一部都足以在拍卖市场上掀起波澜。1928 年初，张石铭去世。

张石铭这支出了三代收藏家。长子张芹伯也是著名的藏书家，七子张叔驯是赫赫有名的中国古钱大王，收藏了中国最珍贵的古钱币和古玉，在钱币收藏界无人不知。

第三代收藏家要数张葱玉，他是张石铭的四子张乃骅的儿子。张乃骅年轻时，是上海滩十里洋场上著名的“四公子”，挥金如土，不仅喜欢收藏还精于鉴赏。张葱玉继承了父亲的艺术细胞和家藏书画，从小就在深宅大院里研究字画，二十几岁就被北京故宫博物院聘为学术鉴定顾问，成为举世公认的中国第一流的书画鉴定大师。

张氏家族谱系庞杂、人口众多，到现在，很多故事都遗失在了岁月的长河里。上海大学社会学系教授邓伟志说：“与很多传统大宅门不同的是，南浔张家没有在一个地方盘桓，他们或读书，或考察，或游历，或经商，或避难，先后有大批人出国，大大加速了这个家族的‘国际化’进程。”（撰文：刘心印）

阎锡山:“ 山西王 ”的起伏跌宕

“山西王”成了中原大战的主角

1928 年，中国政治舞台上的三巨头蒋介石、冯玉祥、阎锡山并排坐在一起，留下了现代史上一张重要的合影。

三人均正襟危坐，蒋居中，冯在左，阎在右。蒋一身戎装，笔挺而讲究，人比冯、阎瘦弱，坐在两人之间显得略带拘谨；冯身躯魁梧，但衣着随意，粗布简装衬出满脸的憨厚与朴实；阎与蒋一样，也是一身戎装，但看上去持重而老道。颇具代表性的一幕场景。三种形态，三种风格，在北洋军阀时代与国民党时代交替之际，碰撞交叉，书写历史。

1928 年蒋介石（中）、冯玉祥（左）、阎锡山（右）合影

《时代》封面上的阎锡山

然而，所谓盟友，转眼间即剑拔弩张。1930 年 4 月 29 日，阎锡山、冯玉祥分别向晋军和西北军下达了向蒋介石的中央政府军开始总攻击的命令。1928 年坐在一起的三巨头蒋、冯、阎，在经过两年的讨价还价、不和、摩擦之后，终于爆发了中原大战。据史书称，此次大战历时 7 个月，双方投入兵力 110 多万，战争波及 20 余省，死伤官兵 30 余万。

"山西王"阎锡山顿时成了 1930 年中国政治舞台上的一位主角。1930 年 5 月 19 日出版的《时代》，遂选择阎锡山作为封面人物。

有意思的是，这一期的《时代》以《重新开战》为题报道这场大战时，没有分析引发战争的政治和军事原因，而是以美国北方的佛蒙特人和南方的弗吉尼亚人之间的区别，来比喻中国的南方人与北方人，从彼此不同的性格来描述和解释战争的起因。这一视角虽然别致，活泼的笔调也使报道别具一格，但总让人感到有些牵强和肤浅，似乎这样一场规模巨大的战争，仅仅是因为南北双方彼此性格的差异而发生：

佛蒙特人和弗吉尼亚人彼此不会友好。在中国，高个子、魁梧、慢条斯理但却固执的北方人，看不起矮个子、瘦小而精明的南方人，反过来，南方人也看不起他们。上周，中国又一场大规模内战在南北之间爆发。从 1911 年的革命推翻皇帝以来，类似规模的大战以不同形式持续爆发。（《时代》1930 年 5 月 19 日）

为了证实所谓南、北方人性格之别与此次大战的关系，《时代》特地把出生于山西的阎锡山和出生于浙江的蒋介石的经历进行了比较：

阎和蒋两人都在日本学习军事。他们两人都是东京帝国陆军士官学校的学生。两人均出自殷实家庭。两人都在1911年革命期间开始政治生涯……阎是一个中国的佛蒙特人，蒋则是一个中国的弗吉尼亚人。（《时代》1930年5月19日）

军阀间斗智斗勇

冯玉祥、阎锡山两人在酝酿、策划和发起中原大战之前关系的演变，堪称现代传奇。

《时代》这样谈到盟友冯玉祥与阎锡山之间的关系：

阎不是一个基督徒，但他的许多方式是基督教式的。他乐于将儒学作为他的指导，但他对基督徒的态度很友善。他从不迟疑地与“基督元帅”冯结为同盟，在最近组成的由阎出任主席的北京政府中，冯出任军事长官。（《时代》1930年5月19日）

虽是“盟友”，但如果要说阎锡山是“从不迟疑”地与冯玉祥结盟则不准确。这也事出有因。他们之间的传奇大都是在幕后演绎，情节与细节的痕迹要到全部过程结束之后才会渐渐显现出来。

这是一对关系奇特的盟友。貌似亲密，实则心存芥蒂、钩心斗角、各取所需。冯行伍出身，靠自己的滚爬摔打，从一名底层士兵成长为一棵“大树”，拥有被海外媒体视为中国乃至世界上最大的“私人军队”。阎留学日本，在辛亥革命中一跃成为山西督军，苦心经营山西，俨然是实力雄厚的“山西王”。前者有着敦厚、朴实、爽朗的外表，被人诋毁的善变，却也反映出捕捉时机的敏捷与聪颖，以及对新事物的嗜好和热诚；后者不张扬，不夸张，信奉“中庸之道”，实际上却是锋芒内敛，老谋深算，其精明与狡黠，非冯可比。

现代传奇便是在这样一对盟友之间起承转合，演绎得无比生动。

1929年5月，蒋介石与李宗仁之间的战争刚刚结束，冯玉祥即宣布反蒋。但战事未起，冯手下的几员大将转而支持蒋介石，冯玉祥在阎锡山的劝说下，不得不于5月28日匆匆通电下野。一直驻守山西静观事态的阎锡山，此时盛情邀请下野后的冯玉祥访问山西。6月21日，危难之中急需寻找盟友的冯玉祥，接受这一邀请，开始了山西之行。

无疑，阎锡山是在打冯玉祥这张牌，以在蒋介石面前提高自己的分量；冯玉祥则意在借阎锡山之力来实现反蒋之目的。两人在8月商定共同讨蒋，冯军粮饷由阎供应，并约定一俟冯军抵达洛阳后，阎即通电表示态度，实行西北军和晋军的携手合作。

分明是一步险棋。冯玉祥走进了阎锡山的掌心。你中有我，我中有你，合中有分，分中有合。性格与计谋的较量，权力与金钱的诱惑，冯、阎之间情节曲折的一场大戏，拉开了序幕。

出太原往北，过阳曲，穿忻州，即到阎锡山的家乡河边村。

河边村过去属五台县，现在划归定襄县。将近200公里的路程，如今走高速公路，两个多小时即可抵达。遥想一个世纪前，一条坎坷不平的小路，把阎锡山送走又迎回。1900年，18岁的阎锡山第一次离开家乡，是和父亲一起因躲债而落荒出走。他们走小路，搭一辆去太原拉废纸的铁轱辘车偷偷前往忻州，然后再经忻州前往太原。尔后，成为"山西王"的阎锡山，每当政局危难之时，总是喜欢回到河边村，以静制动，以柔克刚，以不变应万变，使自己从袁世凯称帝一直到直皖战争和两次直奉大战，都确保自己的"独立王国"处乱世而不倒。

1929年9月30日，阎锡山又一次回到家乡河边村。这一次，他带来的"贵客"是冯玉祥。阎锡山把冯玉祥安排在邻村建安村，精心安排了欢迎场面，刻意在冯玉祥面前表现出友好与诚意。

按照商定，寄寓阎锡山家乡的冯玉祥向他的西北军再次发出了伐蒋命令。1929年10月10日，蒋冯战争正式爆发。

然而，阎锡山却止步不前了。他又一次表现出自己的老谋深算。冯玉祥不知道，阎锡山在向他表现友好的同时，一直还在与蒋介石暗地交涉。阎历来善于伪装自己，迷惑对方，这一次依然如此。在冯玉祥到山西后，阎一方面与冯周旋，共商反蒋大计；另一方面为了迷惑蒋介石，还假意做出准备下野出国的样子，专程到北平检查身体，购置服装和用具，外人完全看不出一场大战正在密谋酝酿中。

蒋介石其实未必不清楚阎与冯之间的真实心思，但他仍想分化他们。蒋暗地派人去太原，欲说服阎出兵反冯。蒋还亲赴北平与阎会晤，委任阎为全国海陆空军副总司令。在冯玉祥翘首以盼阎锡山出兵配合之时，11月5日，阎锡山却宣布就任海陆空军副总司令，同时还在北平、太原等地召开“讨逆大会”，表示服从蒋介石；10日，太原各界又召开庆祝阎就任副总司令大会。阎锡山完全抛弃了冯玉祥。

座上客顿时成了阶下囚。冯玉祥被软禁在建安村窄小的天地里。冯为了表示抗议，甚至从10月23日起开始绝食。他曾率随从执意前往太原，但阎的士兵将其团团围住，不予放行。士兵们在他的车前长跪不起，苦苦劝阻。冯觉无奈，只得重回软禁之地。与一个多月前初到河边村的热烈欢迎场面相比，真是不可同日而语。

独立反蒋的败局无法挽回。1929年12月1日，蒋军攻占陕州，冯军全部退回潼关以西。蒋冯战争以冯军失败而结束。

然而，一切又在变化中。仅仅过了不到两个月，1930年2月27日，阎锡山又通电讨蒋，与冯玉祥站在了同一战线。在通电反蒋的这一天，阎锡山专程来到建安村，向冯玉祥道歉。翌日，两人分别乘车回太原。为表示与阎锡山结盟的诚意，冯玉祥把夫人李德全和女儿留在太原，自己则在3月8日由阎派宪兵开道离开太原，9日从风陵渡过黄河，10日进潼关城。14日，冯、阎联合反蒋才由秘密筹划转为正式公开。

硝烟弥漫之中充满戏剧性的内幕，外人如何知晓？唯为后人留下传奇。

老谋深算者最终失算

蒋、冯、阎中原大战，最终以冯、阎失败而结束。决定这场战争胜败的关键人物，是“张之后的张”——张学良。1930年9月18日，被蒋介石任命为陆海空军副总司令的张学良通电拥蒋，派东北军入关，10天内占领了平津和华北地区。11月4日，阎、冯联名致电张学良，声明即日下野，释权归田。中原大战失败后，晋军、西北军分别由张学良、蒋介石改编。桂系、冯、阎相继告败，中国已没有别的军阀可以向蒋挑战。蒋介石到此时成了真正的大赢家。

冯玉祥创建的西北军，曾经叱咤风云20多年，如今全部瓦解。失去实力的冯，在中国的影响力从此日趋式微，不再是政治舞台上举足轻重的人物。

老谋深算的阎锡山，这一次彻底失算了。他精心经营近20年的"独立王国"，第一次遭到毁灭性打击，从不容许外省势力进入的山西，此时也无力拒绝其他军队的开进。此结局恐怕是阎锡山最难接受的。一直被视为谨慎、狡黠的"山西王"，在20世纪20年代北洋军阀时期的历次战争中，总是奉行"中立"政策，此次怎么会孤注一掷与冯玉祥联手，发起一场针对强大的蒋介石的战争？

在选择阎锡山为封面人物时，《时代》所重视的正是他多年来统治山西的政绩和长期保持中立的策略：

他是一位真正的"和平军阀"，这是他多年来的第一次战争，因此，上周公众的兴趣和同情，都集中在这位伟大的、长满胸毛的、操着浑厚嗓音的阎元帅身上。

作为山西省的"模范督军"，阎实际上耸立在一个独立王国之中（在中国各军阀包围之中）。目前，尽管晋西南地区还存在粮食短缺，但阎为1100万人带来了繁荣，在中国，他们最为富裕，因而，这使他显得出类拔萃。他的嗜好不是女人、酒、鸦片，甚至也不是金钱，而是优质的道路、纺织、防御部队、维持秩序的警察，发展优良的牛、马、耕具、家禽、肥料——所有能为他的乡亲直接带来好处的事物。(《时代》,1930年5月19日）

这一报道并非虚言。在民国最初的20年间，阎锡山对山西的统治和奉行的中立策略，的确为山西带来了稳定与繁荣。正是这一与众不同的政策与努力，使山西令世人刮目相看，阎锡山从而也具备了发动中原大战的实力。问题是，到底是什么原因改变了阎锡山的一贯作风和策略。当读到下面这段叙述时，我开始有些明白：

8 月，正处中原大战进行当中，6 日，反蒋各派在北平召开了“国民党中央党部扩大会议”，以汪精卫的改组派为主，同时有西山会议派和阎、冯的代表参加，组成了以汪精卫为首的 7 人常务委员会，决定组织中央政府，筹备召开国民会议，起草约法，并按照汪主党、阎主政、冯主军的分工，推举阎锡山为中央政府主席。9 月 9 日上午 9 时 9 分，阎在北平就职。(《冯玉祥年谱》)

值得注意的是，阎锡山所选定的就职时间——9 月 9 日 9 时 9 分。在中国封建时代，帝王均以“九”为至尊，阎锡山此刻难道不是在以一种新的方式，满足成为全国中央政府之尊的欲望？与蒋介石的势力划分引发的矛盾冲突也好，与冯玉祥的分中有合、合中有分也好，能够靠自己的实力一夜之间走出山西“独立王国”，成为一国的政府首脑，恐怕是使阎锡山改变自己的一贯作风、贸然走出一步险棋的内在原因。

对“九”的选择，并没有让阎锡山美梦延续。巧合的是，在他就职典礼 9 天之后，9 月 18 日，张学良通电支持蒋介石，把阎锡山和冯玉祥逼进了死胡同。这一与数字“九”有关的巧合，对于阎锡山无疑是一最大的嘲弄，且将之看作是他的盛衰史中的一段富有含义的插曲。

时间的巧合，不只发生在阎锡山个人身上。

张学良是在 1930 年 9 月 18 日通电支持蒋介石的，一年过后，1931 年，还是 9 月 18 日，震惊中外的“九一八”事变爆发，拉开了日本侵略中国的序幕。

“九一八”事变后，蒋介石在 1932 年任命阎锡山为太原绥靖公署主任。2 月 29 日，阎由河边村前往太原，宣誓就职，再度开始对山西的统治。失败过的阎锡山不会忘记教训，他回到了从前的自己，把活动范围主要集中在山西，暂时失去了与他人争天下的雄心。如今在河边村阎锡山故居的一对廊柱上，可以看到镌刻的一副阎锡山亲撰对联：“业宏根于识足，国健凭于计周。”其中的自省颇值得细细体味，不知是否为他在失败后撰就。

蒋、冯、阎三人重新站到了一起。握手—交恶—对阵—再握手……“山西王”的命运，就在这一特殊的历史过程中起伏跌宕。（撰文：李辉）

实力派阎锡山

阎锡山（1883—1960年）：字百川，号龙池，山西省五台县河边村人。民国时期，历任山西省都督、督军、省长、第二战区司令长官、山西省政府主席、国民政府行政院院长、国防部部长，等等。新中国成立前夕去台湾，避居阳明山著述直至去世。

阎锡山与山西现代化转型

一个世纪前的1905年，阎锡山才22岁，就加入了同盟会。28岁时，辛亥革命爆发，他组织和领导太原起义，作用巨大，用孙中山的话说："不惟山西人当感戴阎君，即十八行省亦当致谢。"阎锡山因此被军民推为山西都督。

当时，山西处于北洋军阀势力的觊觎之中，阎锡山周旋于袁世凯、黎元洪、曹锟、吴佩孚、段祺瑞、张作霖等人之间，"备受风云险恶之苦"，但他能够因势得保，不断扩张实力，一度统治晋、察、绥及平津地区多年，终为中国地方实力派之强人，能够跟冯玉祥、李宗仁、蒋介石等后起豪杰争雄，甚至一度问鼎中原。

阎锡山执掌山西军政大权38年，被称作"山西王"当之无愧，至今有论者称其为山西现代转型以来最好的地方长官之一，连蒋介石都曾向他致意。蒋介石有一次在国民党的高级干部会议上说：“过去，我们学苏联、学美国、学德国，都失败了，还不如阎锡山在山西有办法，我们今后要学阎锡山。”

1930年，美国《时代》杂志也发现了阎锡山的价值：“作为山西省的‘模范督军’，阎锡山处在军阀的包围之中。尽管目前晋西南地区还存在粮食短缺，但阎为1100万人带来了繁荣……”

这个年轻的实力派虽然是同盟会的老会员，也是国民党人，但在中国北方那样一个强人林立的地方，他也曾拥护袁世凯称帝，解散省内的革命团体……但他很快吸取教训，奉行“三不二要主义”，即“不入党、不问外省事、不为个人权利用兵，要服从中央命令、要保卫地方治安”。至1924年，他多次拒绝参加军阀混战，使山西维持了数年的和平与安定。河南、河北等邻省的灾民大量拥入山西，寻求安居乐业之所。1919年胡适陪同杜威到太原，1934年潘光旦走在正太铁路（石家庄至太原）上，都曾留下赞美之词。

阎锡山在山西推行国民义务教育，他说：国民学校的功课，就是学打算盘、写信、记账的本事，有4年功夫就毕业；稍有钱的，再上高等学校；实在穷的，也可自谋生活。这就是求知识的第一要事。1916年，山西每万人中有小学生290名，居各省之首。从1924年起，山西适龄儿童入学率每年都在80%以上。到1937年，山西有55所中学、17所师范学校、6所大学。教育家黄炎培在《读中华民国最近教育统计》中说：民国初年山西学校、学生数量的增长“速而最稳”。

更有创意的是阎锡山的农村政策。从1917年起，他在山西搞起了“编村”“村治”等基层民主制度。在他看来，实行民主和人民的素质没有必然联系，因为是非曲直在人心中是几近本能的东西。

20世纪20年代，阎锡山又提出“田由公授”的主张，因为他深知土地问题是农业国家的命脉。战乱与动荡使农民大多破产，土地越来越集中在大地主手里，如此趋势，“必然激起土地所有者不劳而获，坐享其成；土地使用者终岁劳动，不得一饱”。他的对策是将土地收归村有，而不是“国有”，希望在实行土地分配时同村人相互理解，手续也简便易行。可以说，他的基层治理和土地集体所有的政策影响到后来的中国。对改良的乡村建设派来说，阎锡山都堪称中国农村现代化的先驱之一。

儒家传统影响了他的一生

阎锡山，这个现代中国的政要留下了大量的日记，但他的日记特点是多记理少记事。这本身也说明他的思考精进勇猛。“不慎于初，必悔于终”“跳出陷阱，始可以入坦途”“柄不在手，转不由己”“物质过乏则朽志，物质过量则放志”……

有人嘲笑他的做法是“用不同的语言来重复前人智慧”，却很少有人认可他“誓为人类抱不平”的情怀。他的爱国、爱省、爱乡，绝非出于权宜，而是有一种至诚在里面。他为乡村学校捐钱不遗余力；抗战爆发，他又以继母陈秀卿的名义，将父亲的遗产 87 万元捐给前线；他还摒除党派之见起用共产党人，放手让薄一波发展壮大山西牺牲救国同盟会，使当时的山西成为陕北之外的又一个抗日中心……

跟民国初年的政界明星相比，阎锡山显然是一个小字辈，根基不厚。故有史料说他在袁世凯面前紧张得要命，他也确实一度对强权派俯首听命。但他风云际会，抓住了时势，也成全了时势。他的同学程潜说，阎锡山“在日本留学时成绩平常，土气十足。谁知回国后，瞬间驰名全国，是日本留学生回国后在政坛上表现最为辉煌的人物”。

不仅如此，后来，阎锡山以一省之力敢跟蒋介石平起平坐。乃至在一些后世的论者看来，蒋介石能统一全国，阎锡山的“功劳”最大，因为他的互不得罪，使蒋赢得了各个击破的空间。事实上，阎锡山跟张学良一样明白，兵力再强，无政治理论也是不能成功的，蒋毕竟有孙中山传下来的“三民主义”，有现代革命精神。

阎锡山近照

因此，阎锡山不惧强人，反而有着难得的雅量。1934年，他给蒋介石写信，帮蒋出主意，说了很多个人感悟。对当时的“异端邪说”，如共产主义，阎锡山也能够吸收其长。他组织的理论研究会可以谈共产主义，成员可以看马列主义书籍，有的人甚至在家里翻译《资本论》。当时有两个研究者被指为“托派理论”代言人，对此，他则说得很干脆：“托派的说法，咱也听听。”

对不劳而获或少劳多获的现代庸俗哲学，阎锡山的应对是平实的。他同意按劳分配的原则，在日记中，他一直歌颂劳动，认为劳动创造收入。

阎锡山受的是旧式教育，儒家传统影响了他的一生，这是一个局限，也未尝不是一笔财富。在列强环伺里能够自立自强，绝非昏庸浅陋的遗老遗少可以胜任。阎锡山确实有中国的根，他的讲话中随处可见“四书五经”的句子，他反复强调，“井田的经济制度，传贤的政治制度，是中国文化的精髓。”他因此表达出一个中国本位的、进取的现代人格。

“发于仁，归于中”

已经有大量的文字在谈论阎锡山的不足。比如说他的迷信、封建意识、算计等。如果我们设身处地，或许会对阎锡山报以同情。

在阎锡山的精神世界里，最值得注意的是他的谨慎和忧患意识。阎锡山少年时经历过世态炎凉。十几岁时，父亲阎书堂开的钱铺倒闭，欠下一屁股债，父子二人只好外出躲债。那时的阎锡山还叫万喜子，曾提着盒子走街串巷，遇人小声问：“买饼子吗？”后来家境发达后，还有人编派了俏皮话:“万喜子卖饼子——不敢吆喝。”

忧患伴随了阎锡山一生，他始终在强人和强势政治面前讨生活。从袁世凯、蒋介石，到日本人，他都应付过来，而且化压力为修身财富。这种忧患也许让他显得迷信，比如他的内室设有香堂，常找算命的来问祸福。抗战前有一次，蒋介石要来山西，为在哪里迎接，阎锡山可是费了一番心思：在运城，就是“运成”；最后选在了介休——让蒋介石“休”了才好呢。

他的忧患和谨慎曾让他一度失去理智。在国共决战之际，阎锡山特地招待美国驻太原的新闻记者。桌上摆着500颗毒药，门外停着一口棺材，对记者说:“咱阎某决心死守太原，如果失败，咱就和咱的干部们饮此毒药，同归于尽。”还令侍从给他物色一个日本人，随身带枪，事到临头将他打死——“这个任务非日本人不能完成，你们是无勇气下手的。”

不过，大体说来，阎锡山仍是理性的。他的忧患使他在革命年代里活得踏实，活得精彩。在其部下和同僚眼中，他是一位儒雅之将。曾任国民党党内要职的刘健群回忆:“阎先生绝不会有狂笑的时候，他像一位道学老夫子，炉火纯青，无一丝一毫浮躁的火气……”

在经过一个世纪的革命思潮冲撞之后，中国人大多认同了改良的方式，认同了“中道”。可以说，阎锡山是一个先知先行者。

考察阎锡山的一生，他是有根底之人。史学家曾概括19世纪末以来的中国文化关键词，有“心碎”“嫉羡”等，因为中西文明的融汇如此不平等，在西方的强势冲击下，中国从道德、器物到文章都相形见绌……连孙中山都曾激愤地说:“我中国近代文明事事皆落人之后，唯饮食一道之进步，至今尚为文明各国所不及。”

但阎锡山作为一省大员，却没有这种“时代病灶”。他知道中国社会落后的情形，也独特地理解着中国文化。1924年，到太原访问的印度诗人泰戈尔问阎锡山:“东方文化是什么？”阎锡山回答:“是中。”泰戈尔又问:“什么是‘中’”？阎锡山说:“有‘种子’的鸡蛋，那‘种子’即是‘中’；宇宙、造化都把握了这个‘中’。”泰戈尔问：“我们此行经过上海、天津、北京，为什么见不到一点中道文化的痕迹？”阎锡山说：“就是太原也找不到了，你们想要找，去乡间还可以找到一点。”

1960年，阎锡山病逝。他生前就挑选了墓地，墓前有个巨大的“中”字，象征着其人生哲学——“发于仁，归于中”。（撰文：余世存）

阎锡山家族百年风雨

从清朝末年到新中国成立前夕，各路军阀、政客在中国大地上“你方唱罢我登场”。在众多短命军阀中，就有这么一位实力派，执掌山西38年，始终屹立不倒，他就是阎锡山。

出身贫寒，少年老成

据说，阎家祖上在明末清初定居山西五台县河边村（今山西定襄县河边镇）。阎家人几代在这里种地、打工，日日不得闲，却难以摆脱贫穷的命运，甚至连各代人的姓名都没有留下来。一直到阎锡山发迹后，他父亲阎书堂才从五台山请来一位举人，给阎家修了族谱。

在新续写的阎家族谱中，第一代：阎存诚。第二、第三代：名不详。第四代：阎合义。第五代：阎锦绣、阎锦芳、阎锦美三兄弟。第六代：阎锦绣这一支为阎安泰、阎兴泰。第七代：阎兴泰这一支为阎腾云、阎青云。第八代：阎青云这一支为阎书堂、阎书典。阎锡山是第九代。

阎家从第六代阎兴泰开始兴旺。阎兴泰十分聪明，上过私塾，18岁到了山阴县广武镇，进了家粮店，因为勤快和通文识字，只用了4个月就参与了文案事务，后来又提升为掌柜。38岁时，阎兴泰病重回到河边村，

1948 年，阎锡山在太原

41 岁病逝。到阎锡山祖父阎青云，阎家已有土地五六十亩，一头骡子，与人伙用一家佃户种地，还兼做小买卖和放高利贷。第八代阎书堂（阎锡山之父）也很聪明，喜欢算命，善观时变，还在县城开了家“吉庆长”钱庄。

1883 年 10 月 8 日，阎书堂长子阎锡山出生，取名“万喜”。万喜 5 岁时，生母病逝，继母进门后，就把他送到外婆家寄养。万喜 9 岁进学堂，可他就喜欢做生意，不爱读书，16 岁决定投笔从商，到父亲的钱庄当学徒。

万喜学生意，干得津津有味，可惜好景不长，1900 年，八国联军打进北京城，老阎家的钱庄垮了。阎书堂带儿子逃到太原躲债。1902 年，山西武备学堂招生，万喜跟父亲一合计，决定弃商从军。阎书堂找算命先生算了一卦。算命先生说万喜五行缺金，就改名“锡山”——有了“锡山”，万喜再也不担心缺金了。

1904 年，阎锡山到日本留学，进了日本陆军士官学校第六期学习。他接受了革命思想，1905 年 10 月加入同盟会。那时候，他就显示出老于世故的一面。1909 年，阎锡山从陆军士官学校毕业回国，很快当上山西新军的标统（相当于上校团长）。他常挂在嘴边的话是：“事到危难宜放胆，人非知己莫谈心。”

1911 年 10 月 10 日，辛亥革命爆发。10 月 28 日，阎锡山发动太原起义，杀死山西巡抚陆钟琦，成立了山西军政府，自己当了都督。阎锡山的同学程潜说，阎“在日本留学时成绩平常，土气十足，谁知回国后，瞬间驰名全国，是日本留学生回国后在政坛上表现最为辉煌的人物”。

气死袁世凯，耍弄蒋介石

阎锡山识时务，也擅长耍手段，连一代枭雄袁世凯也被他耍得团团转。

1912年，袁世凯当了大总统，对手握重兵的山西都督阎锡山非常顾忌，就设了一计，致电阎锡山说："绥西有个土匪王英，老是没能消灭。请督军您亲自率部队去清剿。"同时，老袁派人赶到石家庄，一旦阎锡山违令，马上发兵直捣太原。阎锡山接到电报后，征求下属意见，大家都说让堂堂督军去剿匪，实在欺人太甚，不应理睬。阎锡山想了半天，判断袁世凯是在找碴儿，如果违命，凶多吉少。他马上回电："即日率部清剿。"袁世凯收到回电，喜形于色地说："就算我的亲儿子，也不过就这么听话吧。"袁世凯判断阎锡山懦弱无能，把他视为亲信。

后来，袁世凯称帝，阎锡山表示坚决拥戴，还送了两万大洋。不过，他一方面对袁世凯唯命是从，另一方面又与南方反袁的革命党人互通声气。等袁世凯大势已去，阎锡山就翻脸了，命令大军向北开进，随后给袁世凯发电报："我军北驶，已抵保定。"袁世凯接到电报，大吃一惊：阎锡山这不是要杀向北京吗？此时才明白过来的袁世凯，一病不起。所以后来人们说，阎锡山一封电报，气死了袁世凯。

阎锡山和蒋介石的交往，也耍了很多心眼。1929年，湖南军阀唐生智发动反对蒋介石的战争，派阎锡山的老同学袁士权去拉阎入伙。两人见面一谈，阎锡山一口答应。而此时，蒋介石也派阎的老同学何成浚到山西游说。阎锡山却故意冷淡，言谈间频频表示对蒋介石的不满，以增加谈判筹码。讨价还价后，双方商定，蒋介石把冀察两省和平津两市交给阎锡山，再拨军费300万元。1930年1月3日，阎锡山亲赴郑州，指挥讨伐唐生智。老同学袁士权如梦方醒，此后终生不问政治。而蒋介石听了何成浚汇报的谈判经过后，冷冷地说："打完唐生智，再打阎锡山！"

1930年4月，以蒋介石为一方，阎锡山和冯玉祥为另一方的中原大战爆发，阎锡山兵败下野。只是后来蒋介石出于稳定山西政局的需要，重新任用了阎锡山。但两人还是貌合神离。传说有一年，蒋介石要到太原视察，阎锡山与幕僚讨论在哪里接待，有人说在运城，阎心想：“运城和‘运成’谐音，让你蒋介石‘运成’，我不是要倒霉吗？”他就改在一个叫“介休”的地方接待——让你“介石”在此“休矣”。1934 年 11 月，蒋介石到太原，得知阎锡山的父亲阎书堂生病了，蒋介石为了笼络阎锡山，特意去阎家探望阎老太爷。没想到蒋介石这一探望，阎老太爷的病日益沉重，过了一个月就去世了。据说，阎老太爷是怕蒋介石来抓他儿子，被活活吓死了。

1935 年后，红军、蒋介石的中央军和日军都到了山西。阎锡山说：“我要在三个‘鸡蛋’（蒋介石、共产党、日本人）上跳舞，踩破哪个都不行。”他盘算：蒋介石是自己的头号政敌，不能让蒋插手山西；日本要灭亡中国，不能不抵抗；中共和红军暂时威胁不了自己，可以利用。因此他产生了“联共抗日”的想法。但阎锡山也说：“我们和共产党合作，等于玩老虎，玩好了它可为我所用，玩不好它会吃掉我们。”到 1940 年，在日军压力下，阎锡山开始转向“联日反共”。在解放战争中，阎锡山反共非常积极。

蒋介石号召向他学习

1930 年 5 月 19 日，阎锡山出现在美国《时代》周刊的封面上。《时代》周刊称他是一位“和平军阀”。文章夸赞说，这位“长满胸毛的、操着浑厚嗓音的阎元帅”，为山西带来了繁荣，“在中国，山西人最为富裕”。“他的嗜好不是女人、酒、鸦片，甚至也不是金钱，而是优质的道路、纺织业、军队、警察、牛、马、耕具、家禽、肥料——所有能为他的乡亲直接带来好处的事物。”阎锡山治理山西，确实也有些功劳。他说：“做事是人生的结果。做的事多，就是此生的结果大。做的事少，就是此生的结果小。”他在山西搞水利，推广蚕桑，还建起太原兵工厂和山西火药厂，并从 1925 年开始从法国引进技术，组装飞机。到 1930 年底，他已经有了 20 多架飞机。

1949年4月，阎锡山（前右）与蒋介石（前左）在奉化溪口

阎锡山的精明，连蒋介石都很佩服。蒋介石有一次在国民党的高级干部会议上说："过去，我们学苏联、学美国、学德国，都失败了，还不如阎锡山在山西有办法，我们今后要学阎锡山。"

在台湾怀念窑洞

阎锡山的原配夫人徐竹青，是离他家10里路的五台县大逢村人。这门亲事是阎锡山父亲定下的。徐竹青没读过书，也没生孩子。她跟着阎锡山一起去台湾，88岁高龄时去世。

阎锡山对徐家亲戚十分照顾。徐竹青的叔叔徐一清，当了山西财政司司长兼大汉银行经理，掌握山西财权。还有个远亲靠阎锡山进了粮食局。有人说此人什么也不会做。阎哼了一声说："那他会吃不？会吃就行。"众人听了目瞪口呆。当时有一句话："会说五台话，就把洋刀挎。"这是阎锡山建立家族统治的手法。

阎锡山还有个偏房徐兰森，山西大同人，为他生了多个孩子。1946年，徐兰森病逝于太原，终年48岁。

阎锡山的生活中，还有个为他料理生活的"五妹子"阎慧卿。她是阎锡山叔父阎书典的女儿，论辈分是阎锡山的堂妹，但比阎锡山小27岁。

阎慧卿善于察言观色，伺候阎锡山很周到，还常常给阎锡山讲些家乡的风土人情。她管着阎锡山的伙食，经常让厨房做些家乡风味。阎锡山睡觉时，她负责掖被、捶背，阎锡山睡着她才熄灯，与侍卫长一起退出卧室。

“五妹子”很得阎锡山的喜爱。但到了1949年3月29日，太原即将解放，阎锡山借口要去南京开会，离开太原。临走时，阎对“五妹子”说，自己很快就会回来，“你就不要去了”。4月24日，解放军攻克太原。“五妹子”给阎锡山发电报：“一别永诀，来生再见。妹发电之日尚在人间，大哥阅电之时已成隔世。”随后，她和山西省代主席梁化之等人在太原绥靖公署钟楼下的居室里服毒自杀。

阎锡山随蒋介石败退台湾，起先还担任“行政院院长”。1950年3月1日，蒋介石踢开李宗仁，在台北重新当了“总统”。深知蒋介石为人的阎锡山，一看形势不对，主动辞职，临行前还说了一大套：“人不污辱你，你不和人争，不是不争，是无争；人污辱你，你不和人争，才是不争。”随后带着一大批随员，去了台北市郊阳明山边的菁山隐居了。他带了不少黄金到台湾，倒也“不差钱”。他的住所备有长短枪50多支，屋顶、外墙都留了机枪射击口，窗户内侧还加装了钢板，谁要动他也不容易。

阎锡山曾想移居美、日，蒋介石不同意。于是，阎锡山在菁山一住就是10年。他怀念故乡山西，将屋子的门窗都砌成窑洞的形状。

晚年的阎锡山不轻易进城，生活很有规律，早晨7点起床，然后写作。午饭后休息两小时，下午会见客人，或者思考问题，晚上10点准时入睡。

1960年5月23日，阎锡山病逝，终年77岁。他生前就挑选了墓地，墓前有个巨大的“中”字，象征着其人生哲学——“发于仁，归于中”。

教儿子不要脱离“平民精神”

阎锡山的后代都没有从政。他的五个儿子都是二夫人徐兰森所生，长子阎志恭、三子阎志信都在幼年夭折。次子阎志宽20来岁夭亡，阎志宽的妻子携儿子阎树楹、女儿阎树榕移民美国。阎树楹10多岁夭折，阎树榕后来在纽约柯达公司工作。

阎锡山的四子阎志敏、五子阎志惠也在国民党败退台湾前去了美国。临行前，阎锡山说："我负山西责任时，你祖父说我，要知道你要负这么大的责任，我一定教你背儿回炭，掏儿回厕所，你才知道生活的困难和工作的艰苦，处理民事才有标准。你们生长在衙门里，不知道生活的困难、工作的艰苦，没碰过钉子，没挨过骂，完全同一般平民的精神环境脱离了，这可以说是你们做事进步上的一大障碍，也是你们前途上的一大损失。"他送给两个儿子16个字："轻财重义，讷言敏行，俭己厚人，恭己恕人"。

阎志敏、阎志惠在美国，确实遵从了父亲的教诲，虽然没有了父亲一般的大富大贵，名声显赫，倒也平安一生。阎志敏娶了太原人裴彬为妻，生了个儿子阎大有。大有读书很用功，获得了法学博士学位。阎志惠娶美国女子为妻，生了一个女儿，名莉莉。

阎氏以军阀起家，戎马一生，历尽风雨而平安无事，其家族后人也保得太平。阎锡山的"人生智慧"，也确有独到之处。（撰文：刘心印）

陶希圣外孙写下家族悲喜沉浮

2008 年 8 月 14 日，这一天对我来说很特别——母亲离开我已整整 30 载了。

千禧年后的一个夏天，我回到了北京，在八宝山革命公墓，把精心制作的一张照片，贴在母亲的墓碑上。那张照片是我刚在台湾出版的一部书的封面，书名叫作《唢呐烟尘》，在内地出版时改为《刀口上的家族》，是以母亲家族五十年经历为故事线索创作的长篇小说。

赫赫有名的陶家

中国历史悠久，许多家族都有上百代的记录。在我理解中，只有一个有名望的父亲，或者一个有名望的母亲，恐怕都很难说是“名门”。

当年湖北黄冈有三个大家族，夏家、万家、陶家。夏家出过一个夏寿康，正直清廉，做过袁世凯的肃政史，就是监察院院长，揭发贪污行为，枪决北京市长。万家出过一个万耀煌，蒋介石对井冈山红军发起过五次围剿，最后致使红军走上长征之路的一仗，就是万耀煌指挥的；“西安事变”中，起了决定性作用，促成最终和平解决的，也是万耀煌。而夏、万、陶三大姓，自古联姻。我的外婆姓万，夏姓是她的娘家，万耀煌就是她的叔

陶希圣

伯二哥。

至于陶家，不说陶渊明后人从江西搬到湖北定居黄冈的古事，就近而言，我回故乡苍埠镇，看到文物局安在墙上的铜牌：陶炯照先生旧居——陶炯照就是我的曾外祖父。在1903年，清政府第一次举行"经济"特科考试时，陶炯照榜上有名。然而现在，在中国近代史上赫赫有名的陶家，60岁以下的中国人，真正了解的已经很少了。

我的外公是兄弟两个，长兄陶述曾先生，我们称为"公公"。他16岁偷跑离家，到武汉当兵，参加辛亥革命。后来学习建筑，与中国著名的水利工程专家茅以升是同学。抗日战争期间，美国飞虎队战机每天从他建造的机场起飞，他指导建造的机场，布满前线后方。黄河花园口决堤之后，众多欧美专家望而止步，是他领导成功堵口。1954年长江泛洪，是他领导保住武汉三镇。建造武汉长江大桥，他是副总指挥。新中国成立后，曾任湖北省副省长。

但是他的弟弟，我的外公陶希圣先生，在中国历史上比他名气更大许多。中国近代几乎所有的重大事件，都曾留有他不可磨灭的痕迹。

一步一步进入决策核心

我的外公陶希圣出生于1899年，16岁跟随父亲到北京，考入北京大学预科。其间参加"五四"运动，初尝民主革命的壮烈。北大毕业之后，到上海商务印书馆做编辑，与恽代英、郑振铎、沈雁冰、胡愈之成为好友。"五卅"运动爆发，外公愤而著文，声讨英国军警滥杀无辜，被英国领馆点名告上法庭，幸亏王云五先生等援救，方得解脱。

但是上海不能再待下去。当时正赶上北伐开始，外公冒死冲破军阀重围，赶到当时的北伐中心武汉。他接受校长蒋介石亲笔委任状，任黄埔军校武汉分校政治教官。恽代英当时主持该校工作，郭沫若是外公的直接上司。

武汉军校一度与湖北农民运动讲习所合编独立师，由叶挺将军指挥，西进抵抗四川军阀杨森的进攻。外公也在其中，任军法处长。由于对一些具体做法有不同意见，在汪精卫发动“马日事变”之后，外公选择脱离共产党阵营，做了一位自由派学者。

外公深入研究中国社会和历史。1931 年他应聘到北京大学法学院做教授，并任系主任，与胡适先生成为莫逆之交。他们一起编辑《独立评论》，经常纵论天下大事。“一二·九”运动之后，外公与胡适先生连夜商量，经北大校长蒋梦麟支持，亲自跑到时任北平市长秦德纯处说情，安排宋哲元与北平学界面谈和解，把学生和教授们救出牢房。

“七七事变”改写了中国历史。外公与千万学者一起，丢笔弃教，投身抗战队伍。他到庐山参加茶话会，商讨抗战方略。在那里，他受到汪精卫赏识，并第一次接受蒋介石召见。也是在那里，他见到了共产党代表周恩来、林祖涵、秦邦宪。从此之后，外公置身政坛，再未能脱离，而且一步一步进入了决策核心。

在杜月笙帮助下，逃离汪伪集团

外公在抗战期间，最惊险的经历，也最为震撼中国历史的一幕，就是“高陶事件”。汪精卫脱离重庆，私去上海，与日军谈判。他当时的助手包括陈公博、周佛海、梅思平，还有外公。在谈判过程中，外公发现了日寇灭亡中国的狼子野心，决定脱离汪伪集团，回归抗战阵营。他秘密联系当时在上海的杜月笙，偷梁换柱，逃出上海，到达香港。“日汪集团”发觉外公潜逃，扣住还在读中学的母亲和两个舅舅，作为人质，逼迫外公回上海。

外公逃出上海时，与高宗武两人，偷出了几份最机密的“日汪密约”，准备公布于众。杜月笙便携带这些文件，飞赴重庆，请示蒋介石。当蒋介石获知外公的三个孩子被扣在上海，便命令杜月笙一定救出孩子们，才准予公布“日汪密约”。这件事在最近公布的蒋介石日记里也有记载。去年我到台北开会，碰上陈水扁拆除中正纪念堂，我急忙赶到，对母亲的救命恩人最后行礼。

杜月笙指派潜伏上海的万墨林先生，组织了数十名枪手，四处埋伏，轮番换车，把我母亲和两个舅舅从“日汪”特警的眼皮底下偷运出海，安全抵达香港，一家人终于团聚。而后，外公将“日汪密约”公布在香港《大公报》上，扫除了世人对日寇所存的最后一线幻想，坚定抗战意志。同时这些密约也震惊世界。

之后，外公返回重庆，官拜少将，成为委员长侍从室组长、国民党中宣部副部长，兼“中央日报”总主笔。蒋介石唯一署名的著作《中国之命运》便是外公执笔完成的。那是1942年10月，蒋介石的文稿最初是《告全国国民书》，不过三万字，经多次修改与增订，最后扩至十多万字。外公嫡侄陶鼎来对此曾说过他个人的看法：“蒋要他来写这本书，显然不仅仅是因为他会写文章，蒋下面会写文章的人很多。蒋要求伯父写，正是看中他在中国政治思想史和中国社会史上的研究成就，希望以此来补充蒋自己在理论上的不足。”多年后，母亲给我们讲述当时写作此书的情况，仿佛仍能感到外公如履薄冰、战战兢兢的心态。替“天子”立言，可不是件容易的事。

抗战胜利，陈布雷去世，外公成为蒋介石的“文胆”，所有蒋介石文稿全部由外公撰写，包括著名的“元旦公告”，宣布蒋介石下野。

听母亲说，那些年家里经常高朋满座，陈立夫、蒋纬国、万耀煌都是常客。母亲讲，他们每次在我家谈天，聊得晚了，外婆只是煮一锅汤面，或者炒两个鸡蛋而已。我的三舅曾偷开蒋纬国的车子，被宪兵队捉到，遣送回家。

1948年12月25日，新华社发布了43名国民党战犯的名单，陶希圣名列第41位。蒋介石战败以后，外公随之去了台湾，任“国民党中央常务委员”。1968 年，以“中央日报”董事长身份退休，1988 年在台北逝世。

在相当长一段时间里，外公一生的所作所为，包括他为中华民族做出的贡献，都被世人淡忘。

孤独而自尊的少年

许多人羡慕名门出身，却很少有人会知道，名门的光环经常给子弟带来不幸。

我的母亲陶琴薰 20 世纪 40 年代毕业于西南联大，父亲沈苏儒从事翻译工作。在外公离开大陆时，父母亲拒绝和他一同赴台。母亲曾陪外婆抵达香港，但最终毅然返回大陆。

1947 年，我出生于南京。童年是在上海度过的，听母亲说，那时衣食无忧，很快乐，有许多照片为证。但在我自己的记忆里，从懂事开始，就很孤独。

7 岁那年，我随父母从上海搬家到北京。小学时候，虽然我不是很清楚自己生于怎样一个家族，但总能隐约感觉到自家跟别人家的不同。

在我的家里，父母亲常常拉紧窗帘，播放着施特劳斯的唱片，翩翩起舞。家中书架上摆放的是《莎士比亚全集》《基督山伯爵》《呼啸山庄》和《简·爱》。母亲爱讲她的大学毕业论文《苔丝姑娘》，还会背诵英文原作给我们听。父亲在家要我们背《唐诗三百首》。每次出游，全家都要换穿出客衣服。父亲要我们学习文化，也学习做人。

到了初中，我知道了自己头顶压着家族的大山，永远无法改变。我的外公陶希圣是蒋介石的“文胆”，毛泽东钦点的国民党大战犯；我的母亲是 1957 年划定的“右派分子”。我开始明白，为什么我永远无法与周围的人群相融合。于是我接受了事实，我忍受着孤独，度过冷淡的青春。

我难过吗？当然，十几岁的青年，渴望朋友，向往爱情，我却终日孑然一身，怎么会不难过。但有的时候，在自己的内心深处，又滋生着自尊，或者说是希望。

我的孤独，来自家族的阴影，我的自尊，也来自家族的声誉。我的母亲曾得到周恩来总理亲自批准，在政治形势最残酷的时候，继续同台湾的外公通信。母亲常带我到前门邮局发信或寄包裹，那是当时北京唯一能对外发信之处；也因为周总理照应，大型歌舞音乐史诗《东方红》公演第一场，我们都进了人民大会堂；全运会开幕式，我们也能到场。

母亲的伯父陶述曾先生，我们称“公公”，曾任湖北省副省长兼水利厅厅长，经常到北京出差，每次都带我们到处玩，讲他和外公读北京大学时的趣闻，讲早年北京的故事。也因此，我小时候进过豪华饭店，吃过北京几乎所有的老字号，坐过当时北京所有型号的小轿车。

每年，我们全家都要到北京东总布胡同去几次，拜望二伯父沈钧儒先生。我小学六年级时，二伯父曾派他的吉姆大轿车，接奶奶去聊天，奶奶带了我去。那次，我饱览了二伯伯收集的石头，听他讲了许多好玩的事。1964年二伯伯逝世，在中山公园公祭，朱德、周恩来、董必武、彭真、陈毅、贺龙都来了。我是站在棺木前守灵的孩子之一。

所有这些都是非常难忘的经历，能够让一个十岁男孩记忆一生。

未能继承北大出身的家族传统

到了“文革”，我这样的家庭，命运自然更惨。妹妹年幼，跟邻居小孩发生争吵，有些家长会站在院里，挥舞拳头高呼：打倒国民党！我们一定要解放台湾！几次抄家，家里的东西被席卷一空。最后片纸无存，连毛选四卷英文版也被当作外国书，撕了擦鞋底。

我到陕北插队，开始仗着身高体壮，卖力干活，和老乡们相处融洽。后来有一天，村党支书从公社开会回来，说看了北京学生档案。我一听，头就轰一下木了。老乡不知道陶希圣是谁，支书自己也不知道，想了半天，说：就是跟胡宗南一伙的。陕北老乡都知道胡宗南，于是我就成了胡宗南

1974年，沈宁（后中）全家福照片

匪帮。老乡对我另眼看待了，北京学生也都挪屁股，离我远着点。

1977年恢复高考，母亲说，她不能容忍自己的儿女不读大学，我和弟弟便都报了名。外公20世纪20年代毕业于北京大学，30年代任北大法学院教授。40年代初，母亲也在西南联大读书，所以我们兄弟都报了北大。

发榜一看，我所有的成绩都比北京大学录取线高出很多，弟弟的成绩更好。母亲高兴极了，以为我们兄弟会成北大校友，写信给外公，报告喜讯。可是，我们都落选了。还是因为家庭原因。母亲急得吐血。我们终究未能继承北大出身的家族传统。

1978年，母亲因患类风湿已至晚期，在北京逝世，年仅57岁。在海峡对岸听闻此消息的外公，潸然泪下。母亲的去世，成了外公晚年最不堪的痛。

1979年，父亲获得平反，从牢房里获释，任《今日中国》副总编辑。

名门不是豪门

1982年，我大学毕业，在陕西电视台工作一年半之后，自费到美国留学。在美国衣阿华大学研究院做助教，读东亚文化和大众传播两系。之后，我来到加利福尼亚旧金山任教，举家搬到美国西岸。教书3年，我拿到绿卡，开始学习美国商业管理，改行开公司。

外公知道我到了美国，因为他非常想念家人，亲自找蒋经国特批许可，让我去台湾看他。我没有去。20世纪80年代，老人家将近九十，还到美国来看我。他是想在我的身上追寻自己女儿的身影，安慰他无尽的思念。外公听我讲一口地道的北京话，非常喜欢。外公对北京很有感情，特别钟情这块土地。那一个月，我跟外公朝夕相处，听外公讲故事，学外公读书，看外公写字，陪外公走路，再次重温传统书香之家的生活情趣，可以说是我生命中最幸福的一段光阴。

名门不是豪门，豪门崇拜的是富贵或者权力，现在有人喜欢自称贵族，说来说去，不过是比比谁阔而已。名门家族注重的是文化修养，从外公陶希圣身上，我更深地体会了这种文化修养的绵厚深远。不论在政坛涉足多深，外公首先是个成功的学者，一个传统的文人。他精通京剧，常得意扬扬对后辈们夸口：他听过谭鑫培的“击鼓骂曹”，请余叔岩吃过饭，跟程砚秋说过戏。外公也是书法的好手，他说那是苦练出来的，他读北京大学预科的时候，每天写一百个小楷。至于外公读书之多，范围之广，学问之深，集文史法政经于一身，那更是学界公认。

出身名门，可能会是一种压力，要继承名门家族的传统，更非易事，但这也会成为一种动力，推动后辈们努力，不辱没家族的名望。（撰文：沈宁）

杜月笙，不让后人走黑道

1931年6月9日，是旧上海的一个大日子。这一天，上海滩名人杜月笙的杜家祠堂举办落成典礼，轰动了整个上海滩。据当时报纸记载：上午9时，6支仪仗队从“杜公馆”出发，长达数里。仪仗队过江时，甚至把十几个观看的市民挤落江中。典礼上不但有蒋介石亲送的“孝思不匮”大匾额，南京、上海各界要人也悉数到场。何等的风光！何等的排场！

80年后，杜家祠堂经历了时代变迁，已然风光不再。这片已经成为军事禁区的地方，常人已经很难进入。只有祠堂里郁郁葱葱的罗汉松还依稀记得，杜月笙家族在上海呼风唤雨的日子。

会做人的黑帮老大

当年杜家祠堂的落成典礼上，宣读的是国学大师、古文大家章太炎的《高桥杜氏祠堂记》。文章一开头便说：“杜之先生帝尧，夏时有列累，及周封于杜，为杜伯……”章太炎妙笔生花，把杜月笙的祖宗追溯到了尧，不知杜月笙当时作何感想。其实，老上海人都知道，杜月笙出身贫苦，家在浦东高桥镇南的杜家宅。其祖父辈早已不可考，父亲杜文庆，多年在高桥

青帮头子杜月笙（1888—1951）

镇的一家茶馆当堂倌。1888年，生下了这个宝贝儿子。因为是旧历七月十五（俗称中元节，是鬼节）生的，取名月生。后改名为镛，号月笙。

杜月笙4岁丧母，6岁时，父亲也去世了。杜月笙只上过半年私塾就辍学了，14岁时，他背着一个小包袱来到了十六里铺闯天下。在那里，他先在水果店当店员，练就了一手削梨的好功夫，还得了个外号“莱阳梨”。不过，杜月笙可不是个老实的店伙计，他整日与流氓混混为伍，且嗜赌成性。后来拜了青帮的陈世昌为“老头子”，正式入了青帮。

陈世昌在青帮中辈分很低，杜月笙其实并未从他那里得到什么。但杜月笙懂得报恩，发达后把陈世昌养了起来。陈世昌有个很不成器的儿子，有一次和人家办钱庄亏得一塌糊涂，债主追得急，陈世昌只好请杜月笙解困，杜月笙二话不说，把25000大洋送到陈世昌手里。结果没多久，这25000大洋就败光了。杜月笙又给两万，这些钱不久又被花个精光。陈世昌再也没有脸面登杜家门了。

杜月笙在青帮中迅速崛起依靠的是黄金荣。投靠黄公馆那年，杜月笙19岁，而长他20多岁的黄金荣，却已是上海滩赫赫有名的人物。黄金荣时任法租界的华探督察长，其势力不但遍布全上海，还达到了江苏、浙江的许多地方。杜月笙靠着社会上学到的察言观色、灵活应变，获得了黄金荣的赏识，成为其亲信，很快便负责经营法租界三大赌场之一的“公兴俱乐部”。到1925年，杜月笙与黄金荣等合伙开设三鑫公司，垄断了上海滩的全部鸦片买卖，与黄金荣、张啸林并称“上海三大亨”。

上海滩素有“黄金荣贪财，张啸林善打，杜月笙会做人”的说法。关于杜月笙的“会做人”流传着很多“杜氏名言”：不要怕被别人利用，人家利用你说明你还有用；钱财用得完，交情吃不光。所以别人存钱，我存交情；锦上添花的事情让别人去做，我只做雪中送炭的事情……也正因此，杜月笙可谓朋友遍天下，从政界要人、文人墨客到帮会骨干，无所不有。

与蒋氏王朝的恩怨

杜月笙最重要的朋友要算蒋介石。1927 年 4 月，杜月笙与黄金荣、张啸林组织中华共进会，为蒋介石镇压革命运动充当打手。4 月 11 日晚，他设计活埋了上海工人运动领袖汪寿华，随后又指使流氓镇压工人纠察队。他因此深得蒋介石信任。而在蒋介石的支持下，到 1928 年，40 岁的杜月笙名下就有了一堆显赫的头衔：法租界公董局华人董事、上海总商会监委委员、上海中汇银行和东汇银行董事长、中国通商银行董事长、华丰造纸公司董事长，等等。

“会做人”首先要会“看人”。杜月笙和戴笠的关系就很能说明杜月笙的识人之能。1921 年左右，戴笠在上海还只是一个赌场里的小混混。有一次在杜月笙的赌场里掷骰子，技艺超群，让赌场出血不少，看场子的人要收拾他一顿，结果，戴笠指名道姓要见杜月笙。杜月笙见了戴笠，让他表演一下。一看之后，对戴笠的绝技赞不绝口，认为此人心思手腕这么灵活，非常人可比。于是当场结拜，以兄弟相称。后来成为军统特务头子的戴笠是蒋介石最信任的心腹。杜月笙发展壮大，很大程度上得益于他和戴笠的这种特殊关系。

不过，杜月笙本人也是“有胆有识”。1931 年 7 月 23 日的《纽约时报》刊出了一则新闻《枪弹未击中宋子文》。报纸引用时任国民政府财政部部长宋子文本人的自述说：“我从车站上走出来，离出口处大约 15 英尺远的地方（1 英尺为 0.3048 米），突然有人从两侧同时向我开枪……我身边的秘书的腹部、臀部和胳膊都中了枪弹……奇怪的是，我竟未伤毫毛。”很显然，这是为了吓唬宋子文，而这场枪击的幕后主使人就是杜月笙。原因是在不久前，杜月笙与财政部有一笔交易，他为此支付了600万元。后来，他想讨回这笔钱，但宋子文却还给他600万元公债券。于是就有了枪击这一幕。宋子文弄清真相后，迅速把公债券换成了现金。

做的好事，也要肯定

但另一方面，杜月笙也是一个坚定的民族主义者和一个慷慨的慈善家。淞沪抗战时，杜月笙收容、安置了大量难民，将一批批学生和市民通过自己的门徒送往大后方。上海沦陷后，蒋介石为了阻止日本海军过江，提出了封锁长江的计划。杜月笙率先指令自己的大达轮船公司开出几艘轮船行驶至江面凿沉。其他轮船公司也纷起响应，凿船沉江，阻塞航道，迟滞日军进攻。

1937年，上海沦陷后，杜月笙曾不惜巨资买了不少中共党组织设法出版的《西行漫记》《鲁迅全集》等进步书籍，烫上“杜月笙赠”的金字送给租界内的各大图书馆。同时，他拒绝日本人的拉拢，迁居香港。在香港，他利用帮会的关系，从事情报、策划暗杀汉奸等活动。其中最著名的，是他在上海的门徒协助军统特务刀劈了大汉奸、伪上海市长傅筱庵。他的结义兄弟张啸林有意投敌，被护卫枪杀，据说也与杜月笙有关。

1937年10月，时任上海市各界抗敌后援会主席的杜月笙应八路军驻沪主任潘汉年的要求，向晋北前线的八路军将士捐赠荷兰进口的防毒面具1000套，对共产党表示了合作的态度。1946年，苏北爆发洪灾，蒋介石下令“行政院”设法救济苏北难民，以此来稳定国统区。杜月笙毫不犹豫地接下了20亿元赈灾款的任务。然后，杜月笙和他的弟子策划了一场轰动一时的“上海小姐”选举，参选的佳丽多为上海滩当红歌星、舞女。结果，大获成功，共获得捐款4亿法币。

1949年5月，上海解放前夕，杜月笙避往香港。因为他既不想去台湾，也不想留在大陆。不过，据杜月笙的长女杜美如回忆，杜月笙病情渐重时，周恩来总理曾托人捎话，请他回来。杜美如记得，家中有一天来了“共产党方面的两个人”，有意归乡的杜月笙就托香港《新闻报》一位姓钱的总编给内地那边回了信。结果，那位钱先生当天喝了一瓶半威士忌，同时给大陆和蒋介石两边写信，并醉醺醺地装错了信封。结果可想而知，蒋介石看后很生气，杜月笙变得“两头不是人了”。

谈及对杜月笙的评价，中国社科院民国史研究室主任汪朝光说：“杜月笙是个复杂的历史人物，他起家于帮会，有‘黑’或‘邪’的一面，但他又支持过抗日，也就有了‘白’或‘正’的一面。而历史评价应该实事求是，该否定就否定，该肯定就肯定。对杜月笙来说，虽有‘正’的一面，但总体而言，‘邪’的一面更突出，不是个值得特别肯定的人物。”

家教家风

杜月笙在家中是个严厉的家长。他有五房太太，十个子女。大太太沈月英没有生育。领养一子，名杜维藩。二太太陈帼英共生育三个儿子，杜维桓、杜维翰、杜维宁。三太太孙佩豪生育两个儿子，杜维屏和杜维亲。四太太姚玉兰是著名京剧演员，为杜月笙生养了二子和二女，杜维善、杜维嵩和杜美如、杜美霞。五太太孟小冬，是一代京剧名伶。电影《梅兰芳》上映之时，章子怡扮演的孟小冬一时间引起各方评论。

杜月笙长女杜美如

杜月笙喜欢人们称呼他为“杜先生”。杜美如曾见过在《建国大业》中扮演杜月笙的冯小刚。杜美如评价他：

“样子像，演得也像，只有一点不像，我父亲是从不戴墨镜的。”

在杜美如的记忆中，杜月笙对子女的教育极为重视，严格要求他们的学业，严禁其沾染烟赌娼。他喜欢有才华的孩子，常常跟儿女们说他小时候穷得很，没有机会念书，要儿女们珍惜现在的读书机会。儿子杜维藩一次大考逃考，被他狠甩了两个耳光。杜美如一次外语考试成绩不佳，被他用鞭子责打 10 下。阿姨心疼杜美如，让她多穿两条裤子去挨打，结果杜月笙下手更重，还不许叫，叫一声就重打。“父亲很严厉，我们见他也要预约批准。见了面主要问读书，然后给 50 块老法币。”杜美如回忆说。

1951 年夏，杜月笙病入膏肓。处置遗产时，身边仅有 11 万美元。遗产分配大致如下：每个太太拿 1 万美元，儿子拿 1 万美元，没出嫁的女儿拿 6000 美元，出嫁的拿 4000 美元。在此前，杜月笙销毁了别人写给他的所有借据。他对子女说：“我不希望我死后你们到处要债。”

1951 年 8 月 16 日下午，63 岁的杜月笙咽下了最后一口气。杜美如回忆说：“父亲回光返照时，对身边人说的最后一句话就是，我没有希望了，可你们大家有希望，中国还有希望。”

杜月笙去世之后，杜维藩和四房姚玉兰母子、孟小冬等人都去了台湾，但除了姚玉兰和孟小冬仍经常走动，其余各房之间往来不多。近年来，杜家只有杜美如和杜维善偶尔在公众面前露面。不过，杜家后代的共同之处是都不走黑道，并且都受到良好教育，多数定居海外。

杜美如目前住在约旦，性格开朗的她至今最喜欢说的还是上海话，父亲的口头禅“闲话一句”也被她继承了下来。约旦国王侯赛因家族对中国文化情有独钟，杜美如夫妇和侯赛因家交上了朋友。1979 年，杜美如夫妇在安曼（约旦首都）开办了第一家“中华菜馆”，如今还在阿联酋开了分店。杜美如有两子一女，其中一个儿子目前定居上海。近几年，杜美如也经常回国，多次表示有回国定居的打算。而杜美如的胞弟杜维善，目前定居加拿大，也曾多次回国。他是一位知名收藏家和古钱币研究专家，曾两次向上海博物馆捐赠古钱币共计 1800 余枚。

杜月笙和他的时代已成为过去。作为旧上海传奇中的传奇，他在某种程度上代表了当时一部分闯荡上海滩的年轻人的梦想。不过，梦想总是和虚幻连在一起。也许，就连杜月笙的家人、后代，也从未真正走进过他。而杜月笙留在许多现代人心目中的，不过是《上海滩》之类的影视剧所刺激起来的想象罢了。（撰文：刘心印）

马步芳最后的日子

中国近现代史上，有一支较为特殊的武装力量。他们起于草莽，兴于乱世，先后依附清政府、北洋军阀、蒋介石等势力，称霸西北百余年。这支武装，就是显赫一时的西北“马家军”。

“马家军”的代表人物为马步青、马步芳、马鸿宾、马鸿逵，人称“西北四马”。其中，尤以大军阀马步芳最为人熟知。马步芳嗜血好杀，经过几番争斗，使青海最终成为马家天下。然而，历史是无情的，在解放战争的隆隆炮声中，“马家军”最终灰飞烟灭。而西北诸马，也因不同的历史选择，造就了各自不同的命运。

从叛逆起家

“马家军”发迹于清末河湟回民起义。鸦片战争后，太平天国运动在东南兴起，西北回族反清斗争也风起云涌。当时，有人曾写过一副对联，把这一局势描述为：东南万里红巾扰，西北千群白帽来。正是在这一背景下，马步青和马步芳的祖父马海宴，开始投身反清斗争。

马海宴生于1837年，祖籍甘肃河州（今甘肃临夏回族自治州）莫泥沟前川。马家世代以农耕为生，兼营商业。到了马海宴这一代，主要做药

位于青海西宁的马步芳公馆“馨庐”，摄于2008年

材、木材的贩运生意。马海宴是当地驮帮（以马匹、骆驼等驮运货物为生的组织）的领头人。他善骑术，会拳击，枪法好，弹无虚发。

1863年，河州莫尼沟大阿訇马占鳌起兵反清，26岁的马海宴投身军中，成为马占鳌的得力干将。1871年，清军将领左宗棠率兵镇压，一路势如破竹，直压河州城下。双方大战太子寺，马海宴临阵不惧，沉着应战，逼清军全线溃退。马海宴的勇敢和沉着，不仅令河州百姓称赞不已，就连左宗棠也暗中嘉许。

然而，马占鳌等人接下来的一步却出人意料：乘胜乞降。也许马占鳌认为自己最终打不过清军，他带着马海宴，脚穿草鞋，自戴枷锁，亲赴左氏大营乞降。此时的左宗棠正为战事焦虑不堪，见对方来降，喜出望外，认为他们“深明大义，才堪选用”。于是，当面许二人不死，并赐以六品军功顶戴，令其戴罪立功。就这样，马占鳌、马海宴从朝廷叛逆摇身一变成为清军部将。

反清发迹后，河州马姓群雄并起，逐渐形成了以马占鳌一支（其子马安良）为首，辖制马海宴一支（其子马麒）和马千龄一支（其子马福禄、马福祥）的格局。他们同为马姓一族，同居西乡一地。民国后，马占鳌一支被进驻甘青地区的国民革命军冯玉祥部消灭，逐渐淡出历史。马海宴一支和马千龄一支分据青海（“青马”）和宁夏（“宁马”），投靠国民政府，称霸一方。

到“西北四马”主政时，“马家军”对西北的统治已经步入“辉煌时代”。“四马”中，马步青、马步芳为兄弟，是马麒之子；马鸿宾、马鸿逵为堂兄弟，其父分别为马福禄、马福祥。蒋介石对“四马”颇为重视，马步青官至国民革命军骑兵第五军军长，马步芳为国民政府西北军政长官公署长官、青海省政府主席，马鸿宾为国民党中央监察委员，马鸿逵为国民政府西北军政长官公署副长官、宁夏省政府主席，个个大权在握，声威显赫。

马步芳其人

西北当地民歌唱道：“上山的老虎下山的狼，凶不过青海的马步芳。”就这么一个凶残人物，统治青海达 40 年。

马步芳，字子香，生于 1903 年。他 7 岁进入老家乩（音同“憨”）藏大寺当满拉（中国伊斯兰教清真寺经堂学校学生），11 岁随父来到西宁。马步芳从小喜好练武，每天腿绑沙袋长跑，能打一套出色的六路徒手拳。15 岁时，马步芳加入了宁海军官训练团，每天黎明即起，到 10 多里外的乐家湾军营操练，风雨无阻。

马步芳确实有股子狠劲儿。西宁刚有摩托车时，马步芳拿到新摩托车就敢骑，一踩油门，摩托车一跃而出，根本停不住，从东关大本营一直跑到乐家湾，连马都追不上。靠着这股狠劲儿，马步芳 18 岁就当上了宁海边防第十五营营长，后又随父投奔了西北军，最终权倾西北。

坊间有传言称，马步芳为人荒淫无度，糟蹋的女性从部属妻女到学校学生，难以计数。据说，为了霸占一对姐妹，他曾杀死了她们的 3 名家人。

马步芳的滥杀是出了名的。1937年，在兰州行医的河南人高金城被告发曾为红军伤员医治，马步芳立刻命人将其活埋。1940年春，西宁警察队长马某移植了两株柳树，遭马步芳鞭打致死。1940年9月，马步芳认为新编第二军副官处长马友侠“行为不端”，不经审讯，将其用汽油烧死……

传言归传言，在著名记者范长江笔下，马步芳也还算文明。范长江在1935年采访马步芳时写道：“马步芳给记者之第一印象，为他聪明的外表和热烈的情绪，并非记者平日所想象的青面獠牙……第二个印象为马氏头脑相当精明……俨如受过新式军事教育。”

但马步芳也对中国革命犯下了不可饶恕的罪行。1936年，由五军、九军、三十军组成的红军西路军渡过黄河，踏上了西征的道路。初期，西路军进展较为顺利，在干柴洼第一仗，就击溃了“马家军”的精锐骑五师和马步芳的起家部队第一百师。但在攻克古浪后，九军遭到绝对优势的“马家军”的拼命反击。由于作战任务几经变迁，西路军时驻时走，不但没有完成战略任务，反而给了马步芳等人集中兵力的时间。他们先后调集17万大军，对西路军进行了疯狂的进攻，并在屡次吃亏后采取了新的战术：在进攻时驱赶民团冲在前面，精锐部队在后面积蓄力量；攻击时每人仅带两三排子弹，打完了乘马回去取；西路军一驻就打，不让其发动群众、安置伤员、整补力量；作战时采用人海战术、波浪战术，决不给西路军喘息时间。最终，西路军在河西大败，死伤数万之众。

1948年前后，解放战争在全国范围高奏凯歌，马步芳家族在青海的统治面临着灭顶之灾。但西北诸马自认是无敌之师，决心与解放军对抗到底。西安解放后，马步芳甚至致电蒋介石，扬言要马鸿逵、胡宗南协同自己，共同收复西安。于是，青海、宁夏“二马”兵团在平凉集结，誓言保卫西北。但蒋家王朝大势已去，“马家军”节节败退。先是咸阳溃败，接着固关防线失守，最后兰州决战，马家军几乎全军覆灭，马家在西北的军阀统治，以失败而告终。

出逃生活

马步芳对兵败兰州悲愤交加。怀着这种心情，他率一家老小出逃中东，先到了埃及开罗，后寓居沙特阿拉伯，过着苦闷彷徨的生活。1957 年，台湾当局任命他为“驻沙特阿拉伯大使”。

旅居国外，马步芳并没有表现出多少沮丧。儿子马继援不久也从国内逃了出来，父子一见面，马步芳就面带笑容地说：“你来了，来了就好，把军队都交给他们了吗？”马继援答：“都交给他们了。”马步芳说：“这就对了。”他常对身边人说：“打天下，坐江山，谁胜谁坐，还不是那么一台戏！”

马步芳刚到沙特时，常带着一群姨太太去麦加朝觐。阿訇见了十分诧异，认为一个男人不可能有这么多的妻妾，必定是拐了别人的老婆。就当面骂道：“你这人带别人的太太来朝觐天房（穆斯林做礼拜时的正向和朝觐中心），把天房亵渎了。我要打你的耳光，赶你出去，还要报告政府，驱逐你出境！”吓得马步芳赶快把太太们就近送人，别人说养不起，他又贴上一点钱。等到朝觐结束后，又去硬讨回来，被当地人传为笑料。

中年马步芳，摄于 20 世纪初

1961 年春，马步芳为台湾当局的“外交事业”制造了一起大丑闻，起因是五姨太马月兰。马月兰是马步芳的堂弟马步隆的女儿，马步芳出逃时，她和家人随行。马步芳见侄女漂亮，强行纳她为妾。婚后，马月兰被关在吉达海滨的住宅里，不准与任何男人接触，还常遭到马步芳的殴打。这时，“台湾当局”又给驻沙特“大使馆”派来一个“参赞”宋选铨。宋看马月兰可怜，想帮她逃出虎口，但被马步芳发现。马步芳亲自带领数人去砸宋家门，准备活埋宋。后来，台湾“外交部”派官员来调查此事，最终，这件事以马步芳的“自动请辞”了事。

据传，1975年，一位到麦加朝觐的青海老人曾暗访马步芳。弥留的马步芳已说不出话，两人在袖中用西部独有的方式手谈。说到对家乡的感情时，马步芳颤抖着用手指指天，指指地，又指指自己的心，老泪纵横。1975年7月31日，马步芳在无限的乡愁中死在了沙特，终年72岁。他的儿子马继援因与蒋经国私交不错，留任于“国民党国防部”。

其余“三马”的归宿

除马步芳，其余“三马”中下场最惨的要数马鸿逵。西北解放前，马鸿逵及其妻妾儿子逃到了台湾，随即受到“国民党监察院”一些“委员”的联名指控，要他对西北败局负责，将他“撤职查办”。马鸿逵没想到会落到这般田地，便决定学一回马步芳，三十六计走为上。

主意既定，马鸿逵先以治病为名，把四姨太刘慕侠打发去香港。而后，让她拍来急电，谎称病危。马鸿逵手拿电报，亲自去找“副总统”陈诚，谈及夫妻情分，老泪纵横。陈诚还算开通，特批假期一月。马鸿逵偕六姨太赵兰香等火速离台去港，再也没回来“销假”。

后来，马鸿逵觉得香港有台湾军统特务活动，也不安全，便于1950年去了美国。抵美后，马鸿逵办起一家“普马拿”牧场，以养马为业。想到还有亲人在台湾，马鸿逵不敢在公开场合对蒋介石有所抱怨。然而，对故乡的思念，始终藏在马鸿逵心中。美国移民局劝他加入美国国籍时，他对身边家属说：“你们入不入美国国籍由你们，我生为中国人，死为中国鬼，死了要埋在祖国土地上。”随着年岁的增大，这种感情愈加笃厚，他甚至在私下里对人掩面而泣，哽咽道：“恐怕此生回不了大陆了！”

1970年1月14日夜，马鸿逵自感“归真”时限已到，挣扎起床，让家人帮他端坐室中，等候真主的召唤。临终前，马鸿逵反复吐着含混不清的话语："我死也要回去……"是夜，马鸿逵病逝，终年 78 岁。

再来看看马步青。1949 年 8 月，在解放军进军宁夏时，马步青就与家眷一起逃往西宁。西宁解放前又逃往重庆，后经香港到台湾定居。马步青在台湾历任"国防部"中将参议、"总统府"国策顾问、国民党中央评议委员等职。1977 年 2 月 9 日，因病在台北病逝，终年 79 岁。

在马家军阀生死存亡的关头，只有马鸿宾认清形势，顺应历史发展的潮流，选择了与其堂弟马鸿逵完全不同的道路，率由其儿子马惇靖、马惇信担任正副军长的国民党陆军第八十一军和平起义，回归到人民的怀抱。1950 年 1 月 8 日甘肃省人民政府成立后，马鸿宾先后被任命为甘肃省副省长兼民族事务委员会主任、西北军政委员会副主席、中央人民政府国防委员会委员、甘肃省政协副主席。1960 年 10 月 21 日下午，马鸿宾因患胃癌在兰州逝世，终年 77 岁。

"三马"的后人和马继援一样，多数去了台湾，也有部分子侄流落在中东和美国，走上了各自谋生的道路。如今，马家留在青海西宁唯一的公馆"馨庐"，每天都有数百名旅游者前来参观。虽然曾经叱咤风云的"马家军"退出了历史舞台，但"西北四马"作为西北的政治军事人物，他们的荣光与耻辱，却永远成为近代中国西北历史上不可或缺的一部分。（撰文：杨效平、何立波）

刘氏家族，称霸四川二十年

民国时期，四川大邑刘氏家族在20多年间迅速崛起又很快衰败。如今，在千年古镇安仁的老街上，随便走进一户人家，主人都能摆一摆刘家的龙门阵。遇到热心人，还会把你带到刘家老宅，指指点点说起显赫一时的刘湘、刘文辉和刘文彩。大邑当地有“三军九旅十八团，营长连长数不清”之说，说的就是刘家鼎盛时期的那十几位军长、师长、团长。史料记载，民国时，刘家县团级以上军政官员有近50人。刘氏家族史，堪称半部四川军阀兴亡史。

刘朝怀开创了一代豪门

刘家祖籍原在安徽徽州。明朝末年，刘家先祖刘觉忠到四川雅安任同知。农民军首领张献忠打进四川时，杀人如麻，刘觉忠一家惨遭灭门，只有一个儿子侥幸逃脱。血流成河的那个夜晚，令他不寒而栗。此人后半辈子隐姓埋名，在四川名山县生活了几十年。

到了刘氏入川后第五代（约在乾隆年间），刘家才重振门庭。刘氏后裔刘应良单枪匹马来到大邑安仁，期盼创一番基业。他的独子刘朝怀到了婚配年龄，媒婆上门提亲。女方父亲胡荣贵是当地乡绅，很体面的一个人物。娶这家的小姐，外乡人刘朝怀有点高攀。不过，刘朝怀是“入赘”，也就是“倒插门”，这在封建时代是很没有面子的。刘朝怀没想那么多，收拾了行李，骑着毛驴来到胡家。

不久，刘朝怀有了儿子刘芳伯。刘家的族谱排行是“应朝伯汉绪，仕宗公文元；世德承光玉，守家祝国繁”。从伯字辈往后，刘家逐渐兴旺。刘芳伯的孙子刘智，曾孙刘仕识，都是安仁响当当的人物。再下一辈的“宗”字辈，老二刘宗英、老六刘宗贤都考中了秀才，刘宗贤更被推举为族长。他公正无私，每遇争端，往往一言而决，人称“生佛”。

刘宗贤有三子，老二刘公敬自幼爱舞枪弄棒，在清末考中了武秀才。刘公敬的四个儿子中，贩卖稻谷的长子刘文刚一支最兴旺，有水田40余亩。刘文刚又生了三子，老大元勋，老二元树，老三元聪。刘元勋后来改名刘湘，就是民国年间的“四川王”。

而刘宗贤的三子刘公赞有自耕地40多亩，创办的酒坊在方圆数十里闻名遐迩。刘公赞有六个儿子，最小的两个就是后来闻名全国的大地主刘文彩和大军阀刘文辉。

叔侄争霸，殃及全川

民国初年，四川军阀混战，刘家也成了气候。1927年，川军形成以大邑刘家叔侄为首的两个派系：侄子刘湘为首的速成系，主要骨干有杨森、唐式遵等；以叔叔刘文辉为首的保定系，主要骨干有邓锡侯、田颂尧等。

刘湘（1890—1938），原名刘元勋，字甫澄。1906年，17岁的刘湘瞒着家人报考四川武备学堂陆军弁目队被录取，毕业后分配到刚组建不久的新军当见习官。四川武备学堂是四川创办的第一所军事学堂，毕业生控制了川军的各级领导权，形成了武备系。1912年，武备学堂出身的刘湘接替杨森，担任第二营营长，驻守四川泸州，此后步步升迁，由旅长、师长、军长到总司令。到1932年“二刘”大战前，刘湘已掌控10万兵马。

刘文辉（1895—1976），字自乾。论辈分是刘湘的叔叔，年龄却比刘湘小5岁。13岁时，刘文辉到成都读陆军小学堂，后来读过陆军中学、保定军官学校。毕业后，靠侄子刘湘提携当了下级军官，以后逐步当上川军师长、24军军长、四川省政府主席等职。不过，一等羽翼丰满，他便开始自立门户，与刘湘由合作转为对抗。“二刘”大战前，他掌控兵力11万，比刘湘还多。

1932年，刘氏叔侄为争霸四川，矛盾不可调和，“二刘”大战爆发。这是四川军阀400多次战争中规模最大、时间最长的一次混战。战火烧了近一年，遍及川西、川北以及川南数十县，参战官兵20余万。仅开战头3个月，双方死伤人数就达6万，战区每天“断粮饥饿，投尸战火，哭声震天，惨不忍闻。”

“二刘”大战以刘湘大胜而告终，他当上了四川省主席，登上“四川王”的宝座。刘文辉败退到四川雅安，面对一望无际的荒原，心中凄凉。于是夫人杨蕴光出马，去成都找刘湘说情。见了刘湘第一句话是：“到底要把你幺爸（四川方言，即叔叔）赶到什么地方去？”刘湘赔起笑脸，嘴上支支吾吾。在杨蕴光一再追问下，才说了真话：“幺爸腰杆不能硬，一硬就要出事。我不是要搞垮他，只想压一压他的气焰。既然婶婶出面说话，那就让幺爸在雅安待着吧。”

后来，刘文辉请求国民党，将宁属（今四川凉山州）、雅属（今四川雅安地区）两地划归西康。蒋介石让刘湘定夺，刘湘坚决反对。直到刘湘死后，刘文辉再次提出西康建省。此时蒋介石考虑全盘局势，为取得刘文辉支持，把原属四川省的雅安、西昌两个专区划归西康。1939年元旦，西康建省，刘文辉是首任省主席。这年他正好40岁。他写了个条幅“生命始于四十”，挂在办公室里。在当地，他励精图治，锐意经营，开办矿山，兴建学校，倒也使西康呈现新气象。

“三刘”三条路，结局各不同

蒋介石上台后，刘湘一度被蒋利用，参与反共。但刘、蒋之间也在激烈争夺对四川的控制权。红军刚开始长征，蒋介石就命令刘湘赴南京商讨“追剿”。刘湘顾虑重重，对心腹说：“红军西来，假如目的在于四川，当然我们吃不消，但未尝不可一拼。如果红军只是假道，那就更不成问题。但蒋介石如果借这个机会派军队入川，则我们同红军作战，胜利是替蒋造机会，失败就更不必说了。”果然，蒋介石在1935年1月派出参谋团2000余人进驻重庆，名义上是督导“剿匪”，实际上却在干预四川军政。

此时，中央红军正准备在泸州与宜宾之间渡过长江，到川北或川西与红四方面军会合。刘湘吩咐手下：“黔北的红军只要不危及我们的政治生命，我们就虚与周旋，保存实力，决不对抗。”红军飞夺泸定桥后，迅速北上川西北懋功地区，刘湘松了口气。当年5月，蒋介石到重庆，一纸手令剥夺了刘湘的军事指挥权。很快，蒋介石的嫡系部队控制了四川，刘湘与蒋介石的矛盾尖锐起来。当时川军大部分部队都集中在成都附近，以防被各个击破。蒋介石命令川军去打红军，川军各部拖延观望，保存实力。川军对蒋介石的阳奉阴违，客观上有利于红军北上。

在与蒋介石的对抗中，刘湘也逐渐改变了自己的立场，由反共拥蒋的地方军阀，转变为愿意参加抗日的地方实力派。1937年，卢沟桥事变爆发。刘湘电呈蒋介石，请缨抗日。8月7日，刘湘乘飞机到南京参加国防会议。他在会上说：“四川可出兵30万抗战，供给壮丁500万，供给粮食若干万石。”国民政府任命刘湘为第七战区司令长官，长官部设郑州。刘湘匆匆踏上征程。

上任之际，刘湘胃病已很严重，经常咯血不止，部下劝他休息一段时间。他坚持说：“打了那么多年内战，脸面上不甚光彩，今天为国效命，如何能在后方苟安？”川军出川抗战，是抗日史上浓墨重彩的篇章。据史料记载，抗战 8 年，四川提供了近 300 万人的兵源，阵亡川军 26.4 万人，负伤 35.6 万人，失踪 2.6 万人，为全国之首。

1937 年 11 月中旬，日寇打到南京城外。刘湘闻讯，提出调川军两个集团军保卫南京，由他亲自担任总指挥。他在给蒋介石的电报中说："我以带病之身，如能与首都共存亡，也是心安理得、含笑九泉。"但此刻刘湘胃溃疡复发，被紧急送往汉口医院救治。1938 年新年刚过，刘湘病情急剧恶化，至 1 月 17 日他的血管收缩，连血都输不进去了。1 月 20 日晚 8 时，48 岁的刘湘去世。

再说刘文辉，他早就和中共打过交道。1935 年，蒋介石命令刘文辉在大渡河上修筑碉堡，坚守阵地。但当时的刘文辉被刘湘打败，元气大伤，无心攻击红军，所以采取了只守不攻的方针，也没严厉督促部下修工事，直到红军即将抵达泸定桥时，刘文辉的守桥部队才到桥边"动手撤除桥板，构筑工事"。这客观上为红军飞夺泸定桥创造了条件。

在抗战中，刘文辉与中共高层周恩来、董必武、林伯渠等多有交往，并最终走上了起义的道路。不过，当初他也只是想给自己留条后路。总结前半生时他说："因时势推移，由假成真而导致了起义。"1949 年 9 月，刘文辉接到周恩来电报，大意是，中共大军行将西进，希望刘文辉积极准备，相机配合。刘文辉仔细盘算，决定投诚。起义后，蒋介石抄了他的家。新中国成立后，刘文辉曾任林业部部长。他晚年很少回忆过去，曾说过："搞政治没意思。"1976 年 6 月 24 日，刘文辉病逝，时年 82 岁。

刘家还有个"名人"刘文彩（1888—1949）。他是刘文辉的五哥，全靠刘文辉发迹。1922 年，刘文辉请他出山帮助理财，刘文彩果真是把铁算盘，10 年间先后兼职 10 余种，军权财权一把抓，不仅解决了刘文辉的军需，自己也成了暴发户。

刘文彩被人们所熟悉，是新中国成立后的大型泥塑展览《收租院》。在 20 世纪五六十年代的特殊政治环境下，刘文彩的形象被政治化，《收租院》的一些细节如水牢、吃人奶等，确实是根据当时的政治需要而虚构的。后来有人认为，刘文彩是"被冤屈的好人"，说他对农民并没有那么苛刻。

不过，刘文彩倒真是个“土皇帝”。刘文辉败退西康后，刘文彩退隐大邑老家。他组建了一个袍哥组织“公益协进社”，成员分布十余个州县，各县乡镇设立分社支社360多个，由刘文彩亲选各地社长。倚仗这个江湖势力，刘文彩横行乡里。相传，大邑每个新县长上任，都要到刘府拜“菩萨”，恭恭敬敬送上红包。刘文彩妻妾成群，除了早年亡故的原配吕氏和继室杨仲华，还娶了三姨太凌君如、四姨太梁慧灵，并和无数个女人纠缠不清。直到晚年，还娶了五姨太王玉清。1949年10月，刘文彩在四川双流县病死。

刘门之后，难以光宗耀祖

尽管当时民国政府实行一夫一妻制，四川军阀们却多是三妻四妾。不过，“四川王”刘湘私生活却比较检点，为四川军阀中少有。刘湘夫人叫周玉书，大刘湘3岁，是大邑农村一裁缝的女儿。她文化不高，却很有个性，办事风风火火，敢作敢当。刘湘发迹，有她一半功劳。刘湘字甫澄，人称“甫公”，周玉书则成了“甫婆”，真名反倒没人叫了。

刘湘有三子一女。长子刘世英、次子刘世哲分别死于战乱中，只留下了小儿子刘济殷和女儿刘蔚文。1949年秋，刘甫婆携子女去了香港，后又移居文莱。1971年，刘甫婆在文莱去世。其子刘济殷，毕业于四川大学政治系，后在南洋及美国经商，曾供职于美国洛杉矶一家跨国公司，有一女名秀慧。刘湘的女儿刘蔚文，毕业于成都华西大学哲学系，夫婿何永林，生两子一女。

刘文辉的原配夫人高氏，婚后神经轻微错乱，刘文辉又娶了李氏。刘文辉对李氏说：“娘子心灵手巧，应学识字读书，交际场中，可以出面应酬。”后来还给她取了个名字：李助乾。刘、李结婚七年，生了一女刘元恺。后来刘文辉又娶了杨蕴光，生有三子一女，其中长子刘元彦，毕业于四川华西协和大学，长期从事编辑工作。刘元彦有子女四人：世昭、世定、世旭、世宽。其中次子刘世定为北京大学社会学系教授，著有《寻常往事——回忆祖父刘文辉》。

刘文彩则妻妾成群，原配吕氏生下一男一女，均早年夭折。刘文彩后来的七个子女皆为继室杨仲华所生。儿子是元龙、元华、元富、元贵，女儿是忆云、婉兰、婉蕙。刘文彩的长子刘元龙曾被父亲寄予厚望，他却迷上了赌博和鸦片。1950 年，他组织武装暴动被抓获，幸好六叔刘文辉援手相助，保释就医，1952 年患肺结核病故。次子刘元华曾考入黄埔军校成都分校读书，后跟随刘文辉从军，新中国成立后沦落社会底层，和民工们一起干活，直到 20 世纪 70 年代末，才被四川隆昌一家地方企业转为正式工。三子刘元富，9 岁患脑膜炎用药不当造成耳聋。传言其年轻时曾迷恋一名川剧女演员，而该女却是父亲刘文彩的情妇，父子发生冲突，差点动枪。此后刘元富多年未娶。四子刘元贵，年轻时在六叔刘文辉手下当兵，后被分到铁路部门，在一个偏僻小站工作。有一年，两列火车相撞，当场死 11 人，其中就有他。

大邑刘家除了“三刘”外，还出过不少人。刘文辉的大哥刘文渊，民国时曾任四川省咨议局议员、四川省高等审判庭厅长等职。但随着时间的推移，刘氏豪门辉煌逐渐消散，唯有大邑的刘氏庄园改成的民俗博物馆，作为历史的见证，依旧留在现实之中。（撰文：张永久）

外国卷

温莎家族建立了“日不落帝国”

英国温莎王室是当今世界上最重要、最有名、最富有和最传统的皇室家族，“除罗马教皇外，温莎家族位于人类社会最古老的君主制统治的权力之巅”。

公元9世纪，英格兰进入王权统治时代。此后相继经历了9个王朝。1837年，没有子嗣的汉诺威王朝第五任国王，从近亲中挑选了年轻的侄女维多利亚继位。当时，所有人都不会想到，在这个小姑娘手中，英国将到达全盛。从维多利亚女王开始，王室的直系血缘关系再没中断过。1917年，维多利亚女王的嫡孙乔治五世，下令王室改姓“温莎”。自此，英国王室被约定俗成地称为温莎王朝。

维多利亚女王：最勤政的君主

1837年6月28日，18岁的维多利亚坐在一辆金光闪闪的马车里，赶往威斯敏斯特大教堂。一场国王的加冕仪式在那里等着她。从未在皇宫中生活过的她，充满惶恐，用哀求的口吻向老首相墨尔本求助：“请你告诉我，我该怎么做？”

“这个乳臭未干的孩子是从哪里冒出来的？她毫无治国经验，会把国家带到哪里去？”在威斯敏斯特大教堂里等候的重臣，议论纷纷。就在此时，一群黑天鹅飞过伦敦上空，群臣大惊：这是不祥之兆，维多利亚的王位坐不长！

会议室的门打开了。一个身着丧服、体形纤瘦、容貌迷人的小姑娘走了进来，大声朗读一份声明，宣布此刻就接见各位大臣——这是首相刚刚为她起草的。这让所有人都惊呆了。“女王居然独来独往！她独自一人走到我们中间，每个人都向她单膝下跪，亲吻她的手背。她只是矜持地欠一下身子，然后独自离去。她的镇定和威严，完全超乎大家的想象！”

维多利亚的出现，强烈冲击了死气沉沉的伦敦政坛。她年轻、谦逊、勤奋。时年 58 岁的首相墨尔本勋爵，刚刚失去唯一的女儿，便把维多利亚当作女儿一样栽培。

就这样，18 岁的维多利亚，逐渐成为英国历史上最勤政、最锐意改革的君主。她一生批阅文件和书信时写下的字，有 6000 万之多，平均每天 2500 字；呈送给她的机要文件，都放在红色公文箱里，她每天要处理 10 只“红箱子”；她对君主立宪政体进行了彻底的改革，减少国王对国事的干预，除了参加每年一次的议会开幕式之外，基本只在后宫处理政务；她出面调停辉格党和托利党之争，鼓励两党联合执政，使英国近代的两党制慢慢成熟。由于维多利亚长期“隐身治国”，1864 年，有好事者在王宫白金汉宫的墙上，贴了一张搞笑的漫画：“因本店店主懒于继续开展业务，此处房产对外招租或转卖。”

身为女王，爱情和婚姻总要向国家利益屈服。1839 年，21 岁的俄国皇太子、未来的亚历山大二世来到伦敦，庆祝维多利亚女王的 20 岁生日。女王对皇太子一见钟情。在宫廷舞会上，她把自己的第一支舞和最后一支舞，都留给了皇太子。这段恋情引起英国政界和贵族们的强烈不安。首相墨尔本数次向维多利亚进谏道：“俄罗斯的野心是英国最大的威胁，女王必须与俄罗斯保持距离。”于是，维多利亚痛苦地放弃了这段“初恋”。第二年，她选择了一个符合国家利益的伴侣——她的表兄，来自德意志一个公国的阿尔伯特·萨克森·哥达亲王。

阿尔伯特是一个有治国才干的人。“入赘”英国后，他把注意力放在工业革命新成果和底层人民生活上。1851 年，他力排众议，为伦敦世博会修建了著名的“水晶宫”，并在世博会上展示英国的新科技成果，结果大获成功。英国的前后几任首相都敦促女王：“让亲王殿下参与朝政。”女王后来采纳这一建议，开始在国事上倚重丈夫。夫妇二人也因此被称为“梦幻组合”。

这对“梦幻组合”，生育了九个孩子。他们长大成人后，分别和欧洲各国的王室联姻。多年以后，维多利亚女王因此成了“欧洲的祖母”。遗憾的是，1861 年，阿尔伯特英年早逝。女王从此只穿黑色丧服，不再出席任何娱乐活动。在勉强参加完登基 60 年庆典后，她于 1901 年孤独地离世。在她身后，留下了一个本土面积扩张两倍、殖民地遍布全球的“日不落帝国”。

乔治五世：与表兄弟的战争

维多利亚女王死后，她的长子爱德华七世即位。靠着维多利亚时代积累的鼎盛国力和巨大财富，爱德华七世开创了奢华、浮躁、享乐的统治风格，史称“爱德华十年”。1910 年，爱德华七世去世。其子乔治五世即位。在爱德华七世的葬礼上，乔治五世见到了两个表兄弟：德国皇帝威廉二世和俄国沙皇尼古拉二世，他们都是维多利亚的孙辈。乔治五世不会想到，仅仅四年后，他们就成为战场上你死我活的敌人。

乔治五世 1865 年生于伦敦，排行第二。他即位时，维多利亚时代的辉煌已到强弩之末，上下两院的纷争导致了严重的宪法危机。严峻的形势，逼迫他开始全面恢复祖母的勤政和改革作风。1910 年 11 月 17 日，他签署命令，增补贵族封号，以此削减上院（贵族院）的权力，保证下院（平民院）对法案的主导权。这被称为“20 世纪最重要的宪法修正案”，英国的君主立宪制，通过王权的自我削弱，渡过了一场危机。

1908年，爱德华七世（右一）和儿孙的合影，左一为他的儿子、未来的乔治五世，右二为他的长孙、未来的爱德华八世，右三为他的次孙，未来的乔治六世

1914年，“一战”爆发，英德交战，英军节节败退。英国人对德国的仇恨一发不可收拾——英国人不再养德国小猎犬；一见到德国姓氏的人就拳脚相加；有德国血统的官员被罢免；宫廷里唯一来自德国的侍女被遣送回国……乔治五世目睹这一切，于1917年7月17日做出一个重要决定：为表明和同姓的德皇血战到底的决心，王室不再采用祖父阿尔伯特的德国姓氏“哥达”，改姓“温莎”，这是一个典型的英国姓氏。

随后，乔治五世封存了王宫的酒窖，停止了宫廷宴会，频繁视察军队，慰问伤员，走访兵工厂。1918年11月11日，“一战”以英国所在的协约国的胜利而告终。因此，当欧洲大陆的王室在战后纷纷告别历史舞台时，温莎王室却赢得了英国人的热烈拥戴。

战争让英国经济一蹶不振。1929年，“大萧条”席卷资本主义各国。英国首相麦克唐纳对此束手无策。1931年8月22日，乔治五世接见了惊恐万状的首相，断然拒绝他辞职的请求。他鼓励麦克唐纳不要轻言放弃，并亲自出面，让英国三大党派的领导人坐到一起，组建了联合政府。这一举措，打破了英国资产阶级革命以来“国王不得主导国家权力”的悠久传统。但奇迹出现了，没有人指责乔治五世，大家都为国王在危急时刻果断出手而深感庆幸。1932年圣诞节，乔治五世对着英国广播公司的麦克风，向分布在世界各个角落的臣民发表圣诞讲话，鼓励大家战胜经济危机：“我现在坐在家里，向大家发表我内心由衷的祝福。”无数平民第一次听到国王的声音。这极大地鼓舞了英国低迷的士气，乔治五世的威望由此达到了巅峰。

乔治六世：“二战”中坚守伦敦

1936 年 1 月 20 日，乔治五世去世。他的长子爱德华八世即位。因执意迎娶一个离异的美国女子，他和臣民发生了尖锐的矛盾。仅仅 325 天后，他签署退位公告，留下了一段“爱美人不爱江山”的历史谜案。英国遭遇了历史上最严重的一次王室危机。

爱德华八世的弟弟，就这样毫无准备地被推上王位。1936 年 12 月 11 日，他面色苍白地出现在群臣面前，语气迟缓地宣读即位演说：“今天，我是在一个特定的情况下与在座诸位会面的，这在我们这个国家是史无前例的。事已至此……我决心倾尽全力，我的妻子将与我共渡难关，希望所有的国民也能支持我。”他选择父亲的名号作为自己的名号，成为乔治六世。日后的事实证明，他配得上这个名号。

1939 年 9 月 3 日，英国向法西斯德国宣战。同一天，乔治六世拒绝了内阁提出的王室撤离伦敦的请求。他宣布，他和全家都会留守伦敦，直到战争结束。1940 年 5 月，英国军队被希特勒的大军逼入绝境。危急的形势，使乔治六世决心放弃绥靖政策。他召见主战派大臣温斯顿·丘吉尔，令其出任首相并组阁，带领英国度过危机。

乔治六世羞涩、木讷，丘吉尔脾气火暴。这对儿在性格上格格不入的君臣，自此开始了默契的合作——乔治六世包容丘吉尔的独断专行，丘吉尔则乐意让国王成为英国人的精神支柱。

1940 年 7 月，德国军队开始空袭伦敦。9 月 10 日，一枚炸弹在白金汉宫爆炸。王室一家在第一时间站到媒体面前：“他们连我们也一起轰炸，这倒让我们感到高兴，因为我们亲自体会到了老百姓所遭受的战争之苦。”随后，国王夫妇分头到伦敦和遭到空袭的重灾区慰问。就连两个年幼的小公主，也没有离开英国半步。很快，王后一句安慰老百姓的话迅速传开：“小公主们会始终和我待在一起，我会一直陪伴在国王的身边，国王永远不会离开这个国家！”从此，《国王还在伦敦呢！》成了战时广为流传的民谣。

“二战”中，白金汉宫一共遭遇9次空袭，供暖系统被炸毁，所有房间都是伤痕累累。但乔治六世一直坚守王宫，和伦敦市民一样，过着缺吃少穿的日子。就连当时的美国驻英国大使约瑟夫·肯尼迪到白金汉宫时，国王也只有两道菜让他选择：兔子或者山鸡。

1940年的圣诞节，在尖锐、刺耳的防空警报声中，乔治六世克服了他严重的口吃障碍，通过收音机发表著名的圣诞祈祷：“我对站在岁月之门的那人说，给我光，让我的国民平安走向难卜的未来。”这个声音感动了无数躲在防空洞里的伦敦市民。1943年，英军攻占了欧洲战略要塞马耳他岛。乔治六世不顾丘吉尔和军方的反对，来到马耳他战场，慰问军队。

1945年5月8日，“欧洲胜利日”来临。乔治六世一家四口出现在白金汉宫的阳台上。但他们把正中间的位置，留给了民族英雄丘吉尔。狂欢的人们注意到，谦逊的国王比以前更瘦弱、苍白。战争彻底拖垮了他的身体。1952年2月6日，乔治六世病逝。丘吉尔亲笔写下拉丁文悼词：勇者无敌。

伊丽莎白二世：从树上下来已是女王

父亲乔治六世去世时，25岁的伊丽莎白公主，正在出访肯尼亚。在一处人迹罕至的荒漠里，她和丈夫菲利普爬上了一棵无花果树，等着看日出。几个随行记者通过短波收音机，听到了国王去世的消息，并告诉了菲利普。菲利普不动声色，默默地陪同公主爬下树后，才告诉她这个噩耗：“她爬上树的时候还是个公主，从树上下来时已是英国女王了。”

第二天，年轻美貌，身穿黑色丧服，面色沉静哀伤的伊丽莎白回到伦敦。丘吉尔等人在机场静静地迎候。

1953 年 6 月 2 日，伊丽莎白加冕，从此被称为伊丽莎白二世女王。她开始了 50 年不变的作息表：每天早上 8 点，贴身侍女叫醒她，并端来一杯刚刚泡好的格雷伯爵茶，然后沐浴——水温 22 摄氏度；9 点，到餐厅用早餐，麦片粥、一片吐司面包和柠檬果酱，有时菲利普会陪着一起吃；10 点，开始处理公文；下午 1 点，喝茶、吃午饭，之后带柯基犬散步，然后继续处理公文；下午 5 点，喝下午茶；下午 6 点，会见客人；晚上 8 点 15 分，与家人用晚餐，或宴请宾客……

这样的日子周而复始。尽管需要她处理的文件堆满了“红箱子”，需要她接见的大臣排成长队，但实际上，需要她做的国事，比之前任何一个国王都少。在谈到自己的工作时，女王曾感慨地说：“我只需整天微笑。”她的时代，是殖民地纷纷独立、“日不落帝国”土崩瓦解、英国沦为二流国家的时代，也是科技飞速发展、媒体无孔不入、王室备受窥视的时代。这 50 年来，真正需要她处理的，只有没完没了的王室花边新闻。

在这样的状态中，伊丽莎白二世女王慢慢地变老了。

温莎家族的生命力

传记作家汤姆·利文曾这样描述英国王室：“英国的君主立宪制，已经成为一种国家政体形式，并且充分适应了社会发展的需要。这一体制可谓老而弥坚、腐而不朽，虽源远流长，却与时代相背离。然而，它却具有超强的生命力。”

温莎家族的生命力从何而来？

它来自英国独有的历史传统。在历史上，英国历经过罗马帝国、北欧海盗、纳粹德国的入侵，每一次都是由国王率领民众渡过危难。因此，英国人乐意看到一个睿智、坚定，能拯救英国的国王。正是因为这一点，尽管多年来，英国出现了不少废黜王室的呼声，但支持保留王室的人数始终占多数。

它来自英国独有的民族文化。在所有欧洲国家里，英国似乎最为保守。欧洲大陆经历了反反复复的革命、流血、斗争，才确立了现代资本主义政治制度。但隔海相望的英国，却对自己一次性搭建好的君主立宪政体感到很满足，不屑于法国式的激动和斗争。这深深地体现了英国的贵族精神和绅士风度。

它来自温莎家族独有的教育方式。自维多利亚女王到现在，温莎家族传承了七代，早已有了一套培养继承人的方法：让继承人接受私人教师的培训、送入寄宿学校、考入牛津大学或者剑桥大学、进入海军或空军服役。这就像一条“流水线”，从中培养出来的王子，基本都具备广博的知识、严格的纪律性和高度的忠诚性。这些聪明的国王，懂得随着时代的变化，不断调整王室的行为和权限。没有人比他们更谙熟“适者生存”的道理，温莎家族因此而延续下去。（撰文：柳棣、秦阳）

戴高乐家族：传承民族主义800年

在法国历史上，戴高乐这个姓氏几乎与路易十四及拿破仑齐名。早在1210年，当时的法国国王将一块领地赐予理查尔·戴高乐。自那以来，这个家族人才不断出现，有的恪尽职守、为国效命，有的在文化、军事、科学、政治等方面创下不凡的成就。

家族中最广为人知的是"二战"期间领导自由法国运动，之后出任法兰西第五共和国第一任总统的夏尔·戴高乐（下文简称"戴高乐"）。戴高乐被法国人称为"戴高乐将军"。更多人认为，他是法兰西贡献给世界的一位伟人。

几个世纪的贵族

虽然在法国贵族历史中没有记载，但戴高乐将军的祖父称，戴高乐家族源于一个古老的中世纪贵族家庭。到了15世纪，一位名叫梅西尔·戴高乐的家族成员曾带领人马在诺曼底地区抵抗英国军队，他麾下的部队被称为"戴高乐连"。16世纪时，法国国王查理九世授予家族成员加斯帕尔·戴高乐骑士勋章，这枚荣誉勋章用来奖励在战争中立下功勋的法国公民。法国大革命爆发时，家族另一位祖先让·巴普蒂斯特·菲利普·戴高乐担任巴黎法院律师。其后，他到拿破仑大军的邮政部门任职，并升任高官，成为法国新贵族。他的儿子便是戴高乐将军的祖父朱利安·戴高乐。

夏尔·戴高乐（1890年11月22日—1970年11月9日），法国将军、政治家

1835年，朱利安与约瑟芬·马约缔结婚姻，这在当时是一桩有趣的婚事。一方面，它打破了传统阶级观念，一个贵族家庭与一个资产阶级家庭结为姻亲；另一方面，这也是史学家和作家结为眷属。朱利安是研究巴黎历史的学者、中世纪文字专家。马约则是才华超群的女性作家，这在19世纪的法国极为罕见。至今，她的著作在法国国立图书馆的目录中仍占有8页。

这对文史学家夫妇育有三个儿子。长子夏尔继承浪漫主义历史学家的传统，写了一部关于19世纪凯尔特人的著作，甚至梦想建立全世界的凯尔特人联盟。次子朱尔是杰出的昆虫学家，著有《法国膜翅目总目》，书中收进了5000种胡蜂和蜜蜂。老三亨利便是戴高乐将军的父亲，他选定了军人作为自己的职业。

1890年，戴高乐将军出生在这个军人家庭。他还有三个兄弟和一个姐姐。父亲沿袭家族传统，从小对几个孩子严格教育，耻辱与光荣、信念与宗教、国家与民族交替成为一家人餐桌上谈论的话题。与他的兄弟姐妹相比，小戴高乐更有独立意识，更富有想象力，更有抱负。家人们曾在回忆录里写道，所有的游戏，无论是智力游戏还是体力游戏，无论是玩锡兵大战还是捉迷藏，都是由他来组织和指挥。

基因中的民族主义

戴高乐曾在晚年的回忆录里写道：“父亲是个有见解、有学问、思想正统、视法兰西尊严高于一切的人。”1908年，戴高乐18岁，决定了自己的将来，要成为像父亲一样的军官。1909年，戴高乐被法国圣希尔军校录取。三年后，戴高乐毕业，考试成绩名列第十三，得到的评语是：“未来的优秀军官”。

1912年，戴高乐被派到著名的第33步兵团任少尉，后参与“一战”，第一次经历了战火的洗礼。1916年3月法国对德国的战役，戴高乐受伤被俘，囚在了德国南部地区的战俘营。

当时被俘虏的法国人有40多万，很多人暗自庆幸能借此远离战争和硝烟，戴高乐却不愿听从命运的摆布，他全身心沉迷于“越狱计划”。用他自己的话说，自己是“屡教不改的一根筋”。他特意在监狱里搞了许多讲座，有关于历史专题的、军事指挥的、德国文化的，但事实上，暗地里办了一所真正的“越狱学校”。他的儿子菲利普回忆，讨厌干手工活的戴高乐在狱中变成了另一个人。他仿造钥匙，把军服染成老百姓衣服的颜色，伪造通行证，拆墙砖，锯栏杆。

有一次，戴高乐锯断了监狱窗户的铁条，用绳子滑出去，重新染了衣服颜色，粘了假胡须，换上德国平民的打扮，从容地跟哨兵们道了晚安，在他们眼皮底下大摇大摆地走了出去。戴高乐年老后回忆起当时的情形，仍然会浮现出笑容，“我们不但获得了自由，还耍了敌人。”但不幸的是，有人看到他从窗户滑下去，戴高乐被告发，在火车里被捕。

这样的逃亡共有五次，但戴高乐也被抓回来五次。在监狱的两年零八个月，戴高乐没有一天放弃过逃出去的念头，直到1918年11月11日停战，才终于重获自由。之后，戴高乐作为志愿者在波兰执行军事任务，其后又回到法国，1937年擢升为上校。

1939年，希特勒按下战争按钮，毫无戒备的法军一触即溃，法国政府宣布停战。而戴高乐则唱起反调，他通过英国广播公司发表了著名的“6·18”讲话：“我是戴高乐……无论发生什么事，法国抵抗的烈火不能熄灭，也绝不会熄灭！”“二战”期间，戴高乐在对外关系中凡涉及法国利益的问题上，都表现出“高大的强硬者形象”。他号召国土遭沦陷的法国

1944年8月26日，戴高乐（前排右一）率领“自由法国”部队走过香榭丽舍大街

人民团结起来，坚决抗击纳粹德国的侵略，被称为著名的“自由法国”运动。1944年6月，盟军登陆诺曼底。8月，巴黎解放，戴高乐率领“自由法国”部队随同盟军向巴黎挺进，并以法国临时政府的名义接受德国军队投降书。

家族基因为戴高乐将军的一生定下了浓烈的民族主义基调。战后，戴高乐主政法国期间，坚持独立自主外交政策，维护法国大国地位，反对美国霸权，承认中华人民共和国等，形成了“戴高乐主义”，成为现代法国的精神支柱。难怪法国前总统蓬皮杜在宣布戴高乐死去的时候，这样叹息：“戴高乐死了，法国变成了寡妇。”

在法国人心中，戴高乐甚至戴高乐家族都是为法兰西而生的人。有两张照片让人感慨颇深。一张拍摄时间为“二战”期间某一年法国国庆节，法国民众围在无名将士碑周围，沉浸在悲哀中，照片上写着：戴高乐，我们听到你的话了，我们在等待你。另一张是被路人献满鲜花的坟墓，里面沉睡着戴高乐的母亲。戴高乐发表“6·18”讲话时，她激动地说道“他是我的儿子啊”，一个月以后便去世了。德军禁止在她的墓碑上刻名字，只是简单地在上面编了个号码。但整个战争期间，前往她墓地献花的人从未间断过。

戴高乐家族的老宅

今年年初，笔者来到法国科隆贝双教堂村，这里有一栋二层小楼，曾是戴高乐将军与夫人的居住场所之一。他们还为其取名为“拉布瓦瑟里”。

至今，拉布瓦瑟里仍归戴高乐家族所有。这座有14个房间的乡间别墅坐落在广阔的田野中，空气清新，景色宜人。走进盘满爬山虎的静谧二层小楼，每个房间的陈设仍旧保持着当年戴高乐时期的样子。屋子里没有奢华的装饰品，但陈列着众多各国友人赠送的珍贵礼品。房间的线条硬朗清晰，几乎见不到雕花、刺绣或画作，但仍能从柔软的地毯和保养得当的沙发上看出主人流露出的感情。

笔者来到一个位于房屋拐角处的六边形房间，这是戴高乐当年的办公室，有明亮的大窗，向外望去，是一片平坦的田野，田野的尽头是一片法国典型的小灌木丛，蓝天上朵朵白云缓缓飘过窗口。据介绍，这是整栋房子风景最优美的地方，也是戴高乐的最爱，他可以坐在办公桌前对着窗外凝望很久，不被人打扰地思考。

这栋小楼还承载着戴高乐将军与女儿的记忆。戴高乐的很多位家人都提起过，他对待工作有着高度的使命感，对家人的热情大多给了小女儿安娜·戴高乐。安娜患有唐氏综合征，先天智力障碍。每到假期，戴高乐将军夫妇带着安娜来此休养。直至1948年，20岁的安娜因患肺炎，在这里离世，死在了父亲的怀里。举办葬礼的时候，戴高乐说出了一句感人至深的话语：“现在，她和别人一样了。”

安娜去世前后，戴高乐发起法兰西人民联盟，1958年法兰西第五共和国成立，戴高乐当选共和国总统。1969年，他辞去总统一职，带着夫人伊冯娜重新回到拉布瓦瑟里生活。1970 年，戴高乐在这里去世，葬在了女儿安娜身边。

家族老人回忆与毛泽东会面

除小女儿安娜，戴高乐将军夫妇还养育了两个孩子。大女儿伊丽莎白嫁给了戴高乐信赖的副官德布瓦西厄。儿子菲利普·戴高乐是一名军人，言谈举止与父亲极为相似。1940 年，19 岁的菲利普入伍成为海军士兵，40 年的军旅生涯里，他身经百战，直至 1980 年，在海军总监岗位上卸任，此后，又进入政界任职至 2006 年。

菲利普·戴高乐夫妇共养育了四个儿子，大儿子夏尔·戴高乐（与戴高乐将军重名）是一名商业律师，次子伊夫·戴高乐自国家行政学院毕业后，成为世界能源巨头法国苏伊士集团的秘书长。今年习近平主席访问法国，在巴黎参观戴高乐基金会，见到了戴高乐将军次子伊夫。笔者也与他有一面之缘，伊夫个子特别高，身高一米九左右，言谈谦逊，全无纨绔子弟做派。据说，戴高乐姓氏的人都遗传了家族的高个子，大都从事与家族一脉相承的工作，比如公务员、律师……

戴高乐将军的侄子贝尔纳·戴高乐年逾九旬，身体硬朗、精神矍铄。1964 年，法国与中国正式建交时，贝尔纳受戴高乐任命来到北京，曾受到毛主席的接见。

笔者曾在法国见到了戴高乐家族中这位九旬老人。谈起半世纪前与毛主席的见面，他仍旧非常激动，一边比画一边告诉笔者："当时《人民日报》上登了这么大一幅照片呢。"他说当年自己谨言慎行，"国家大事，不可乱来"。但最后他还是小心翼翼地问："我能把我们的谈话报告给戴高乐将军吗？"毛主席说："这就是我让你来的原因。"

戴高乐家族中的这份中国情缘持续到了将军的第四代。贝尔纳的儿子海谧·戴高乐也来到中国发展，在一家律师事务所的上海办事处任职。海谧的儿子与一位北京女孩喜结良缘，还生下了一位中法混血的小戴高乐。

如今，戴高乐家族在法国分支不多，如果遇到叫戴高乐的法国人，多多少少能同戴高乐将军搭上亲戚关系。但他们为人低调，从不谋求特权，这一点迥异于其他政治世家或豪门之后。（撰文：钟诗婷、邢雪）

肯尼迪家族：权倾美国政坛

位于美国东海岸的波士顿，是美国马萨诸塞州的首府。它与欧洲大陆有着难舍难分的渊源。19 世纪上半叶，大批欧洲移民历尽艰辛，落脚波士顿，开始了各自的“美国梦”。

日前，笔者来到波士顿，在饱经风霜的建筑中徜徉，探访一个百年政治家族的印记。这个家族，就是美国最显赫的“第一政治家族”——肯尼迪家族。

在“美国梦”中艰难前行

1848 年，一个名叫帕特里克·肯尼迪（1823—1858）的天主教徒，怀着“美国梦”，只身从爱尔兰出发，漂洋过海来到波士顿。在波士顿港口登陆后，帕特里克（注：为方便读者阅读，以下隐去他及后人的姓氏“肯尼迪”）决定就留在这里。他在一个制桶厂找了份工作，不久又娶了在船上邂逅的一个女子为妻。很快，夫妻俩有了三女一子：玛丽、玛格丽特、约翰娜，以及 1858 年 1 月 14 日出生的儿子约瑟夫（1858—1929）。

和其他新移民一样，肯尼迪家族在美国的第一代，也有过辛酸的故事。1858 年 11 月 12 日，小儿子刚刚 10 个月大，帕特里克就染上霍乱去世了。

他没有留下任何照片和文字，只留下了一个可怜的“大家庭”。曾有一位美国作家说：“他（帕特里克）是第一个到达美洲的肯尼迪家族成员，也是最后一个死于匿名的肯尼迪家族成员。”

父亲的早逝，使约瑟夫早早承担起生活的重担。刚成长为一个少年，他就退学去码头当搬运工。攒了点钱后，他开了一家啤酒馆。在约瑟夫的苦心经营下，啤酒馆的生意日渐兴隆。这个爱尔兰移民的儿子，总算在美国站稳了脚跟。不久，约瑟夫迎娶一个富有的酒店老板女儿为妻。婚后，夫妻二人生了一子二女。

在波士顿城的周围，集中着哈佛大学、麻省理工学院等近 60 所享誉世界的名校。而哈佛大学与肯尼迪家族更是有着不解之缘。为了让孩子们接受最好的教育，1908 年，约瑟夫将儿子帕特里克（与其祖父同名，昵称乔伊，1888—1969）送进了哈佛大学。自此以后，肯尼迪家族的很多成员都在此就读。哈佛大学的肯尼迪政治学院，甚至还以他们的姓氏来命名。

先发财，后当官

乔伊作为美国肯尼迪家族第三代中唯一的男性，其眼界与祖父和父亲的大不相同。

1912 年，24 岁的乔伊从哈佛大学毕业，两年后娶波士顿市长之女为妻。婚后，他们共育有四个儿子和五个女儿。

早在刚走出哈佛大学校园时，乔伊就给自己定了一个目标——争取在 30 岁前成为百万富翁。“如果你想挣钱，就必须弄清钱在哪里。”乔伊选择了银行业，并很快成为全美最年轻的银行董事长。1926 年，他开始投资好莱坞电影业，赚了 500 万美元（约合今天的 6000 多万美元）。据传，在美国实行禁酒令时，他还参与从加拿大和古巴偷运私酒。“大萧条”来临时，房价暴跌，他却趁机将大量资金投入其中……很快成了亿万富翁。《时代》周刊曾评论说，“冷静、客观和善于把握时机，是乔伊发财的关键。”

1948 年，约瑟夫·帕特里克·肯尼迪（昵称乔伊，后排中）与子女在马萨诸塞州拍摄的合影

此时的乔伊，已经不再把财富作为唯一的追求，他开始将目光投向政坛。

1932 年，一个很有潜力的总统候选人，引起了乔伊的注意。他就是富兰克林·罗斯福。在罗斯福参加竞选的过程中，乔伊曾多次帮助他筹集资金，并陪他参加竞选旅行。罗斯福当选后，乔伊如愿以偿地得到了美国股票交易委员会首任主席的位子。1937 年，连任美国总统的罗斯福，又任命乔伊为美国驻英国大使。对一个爱尔兰天主教徒后裔来说，这曾是连想都不敢想的事。

辉煌与劫难并存

乔伊在财富和政治上的成功，为九个子女——肯尼迪家族的第四代塑造家族辉煌，打下了坚实的基础。

在乔伊的影响下，他的子女们特别是四个儿子——长子小约瑟夫、次子约翰、三儿子罗伯特、幼子爱德华，长大成人后，都对政治表现出极大的热情。美国曾盛传这样一个故事——乔伊发誓要让自己的下一代登上权

1960年，肯尼迪家的第四代于马萨诸塞州拍摄的合影

力最高峰，为此将一个又一个儿子送入政坛。对此，其最小的儿子爱德华在去世前回忆说，事实上，父亲对他们的人生决定，保持严格的中立立场。他希望孩子们从政，但也支持他们所有“不是随便作出的”决定。

乔伊本有个打算：把长子小约瑟夫培养成美国总统。然而，身为空军飞行员的小约瑟夫，1944年因飞机故障，葬身英吉利海峡。葬礼过后，乔伊对约翰和罗伯特说：“轮到你们了！”此时，毕业于哈佛大学和伦敦经济学院的约翰，已经27岁，投身政坛刚刚一年。他接受了父亲的“指示”，成功地于1947年当选众议员，六年后又当选参议员。1960年，约翰让家族辉煌达到了顶点：他成功当选美国第35任总统，成为美国历史上最年轻的总统。其间，他的两个弟弟罗伯特和爱德华，也在联邦政府内任要职。

然而，肯尼迪家族第四代所经受的劫难，也是出了名的——老大小约瑟夫1944年在英国坠机身亡；1963年11月22日，老二约翰在得克萨斯州的达拉斯市访问时，遭枪手暗杀，死在总统任上；1968年6月5日凌晨，正在参加总统选举党内初选的老三罗伯特，在洛杉矶的一家旅馆内遭枪击身亡。

“追上去！赢得第一！”

在融合了大量来自世界各地的美国移民社会中，肯尼迪家族能够脱颖而出，这与其独特的人格培养和文化积淀密不可分。

肯尼迪家族移民美国后，前几代人虽然一直在为生计打拼，但从未松懈对子女的教育。特别是乔伊，他除了将子女送进名校读书，更重视在家庭生活中塑造子女的人格。

乔伊最小的儿子爱德华（1932—2009）在《真正的罗盘》一书中回忆说："父亲信奉'竞争是在美国取得成功的必由之路'，我们九个兄弟姐妹间，从小就以能够想到的所有方式进行竞争，在足球场上比谁更勇猛，驾船航海时比谁更专业，跳跃岩石时比谁更矫健，在海边比谁能将海贝投得最远。我们既比机敏，也比知识面，还比辩论水准，比谁能在餐桌上赢得最多的注意力，谁能成功地将话题引入有趣的争论，谁能在争论中把握主动权……"在这种教导下，"追上去！赢得第一！"成了肯尼迪家族的家训。"我们相互依赖……我们互帮互学，我们相互崇拜，我们相互忠诚，也相互竞争。这种竞争基于一种快乐而非源于控制的欲望。"乔伊传给家人的价值观，成为联结肯尼迪家族的一种独特纽带。

爱德华还回忆说，父亲与他的几次谈话，令他终生难忘。当他还是个少年的时候，有一次做错了事。父亲把他叫到房内，说了一番令他记了六十多年的话："你可以过一种严肃的生活，也可以过一种不严肃的生活。不管你做出何种选择，我都爱你。但如果你决定过一种不严肃的生活，我将不会有很多时间与你在一起，你要自己想好。"这话让他从那一刻立下志向：要过一种"严肃的生活"。

乔伊还教育子女要学会尊重别人的隐私，但不要计较别人对自己的隐私说三道四。1946 年，姐姐凯瑟琳专门组织了一个聚会，为弟弟爱德华庆祝 14 岁生日。其间，爱德华偶然发现，一个小伙伴正在给父母打电话。他忍不住停下脚步，偷听起来。小伙伴在电话里抱怨道："我真希望这个聚会快点结束，实在太没意思了。你们什么时候来接我呀？"听到这番话，爱德华十分沮丧。就在这时，父亲看到了他在偷听别人的电话，就将他叫到卧室里，说出了另一番令他终生难忘的话："孩子，让我给你一些忠告。遵从这些忠告，你的生活会愉快得多：永远不要听与你无关的电话，永远不要读与你无关的信，永远不要注意与你无关的评论，永远不要侵犯别人的隐私。你将因此减少许多痛苦。你现在可能不完全明白我这番话的含义，但你以后会懂的。”

对爱德华来说，这些忠告，成为他受益终生的箴言。几十年后，被称为美国政坛“雄狮”的他告诉美国公众，因为父亲的忠告，他学会了不再关注那些可能引起痛苦的流言蜚语，也学会了不再关注对肯尼迪家族评头论足的媒体报道。他因此得到了很多解脱。

声名显赫从来都是一柄双刃剑。乔伊很早就看到了这一点。他对九个子女的另一条忠告是：“这个房子里不要有哭声。”“这个房子”，就是指整个肯尼迪家族。理解了这句话，人们就会明白肯尼迪家族的许多事情——其成员很少在公众场合流泪；从不过分看重社会上对自己家族的种种审视、批评和非议；除了在极个别特殊情况下，他们通常都不会抱怨种种猜测、闲言碎语和诽谤。

“百年王朝”谢幕

2008年8月25日晚，美国民主党全国大会，在科罗拉多州首府丹佛市举行。在一阵如雷的掌声中，一头白发、满脸皱纹的爱德华，在妻子维基的陪同下，走上了讲台。全场立即安静下来。

“能到这里来真好！”爱德华深情地说，“什么事情也不能阻止我参加今晚如此特殊的集会！”在又一阵掌声过后，他再次展示了肯尼迪家族雄辩的演说才能。“新一波的变革浪潮正在到来，如果我们获得真正的罗盘，我们将能够到达目的地。这将不仅仅是我们党的胜利，也是我们国家的新生。今年11月，我们的火炬将传到新一代美国人的手中。与奥巴马一起，为了你，也为了我，为了我们的国家和我们的事业，新的工作开始了，新的希望重新点燃，梦想仍将长存！”

此时的爱德华，已身患脑癌。这是他最后一次演说。他用这种特殊的方式，向全世界再现了肯尼迪家族对美国社会的巨大影响力。

与兄长、美国前总统约翰·肯尼迪相比，爱德华走过的是一条漫长的政治之路。从1962年11月7日开始，他任美国参议员近47年。在半个世纪的政治生涯中，他有过荒唐的绯闻和破裂的婚姻，也有过竞选总统失利后的迷茫。最终，他在美国政坛上找到了属于自己的位置——他开始在参议员的职位上为医疗改革、维护民权、弱势群体保障、贫穷家庭儿童保健、教育机会公平等，奔走呼号，被誉为美国参议院“一头仅有的雄狮”。

正是由于肯尼迪家族的力挺，奥巴马才顺利当选，美国终于产生了历史上首位非洲裔总统。2009年8月25日，爱德华辞别人世。奥巴马随即发表声明说，美国失去了“一位伟大的领袖”“50年来，每一项有关美国民众的人权、卫生和经济利益的重要法案上，都有他的名字，也都是他努力的结果。”奥巴马在悼念声明中还说：“我们历史上重要的一章结束了！”

随着爱德华的过世，肯尼迪家族在美国政界的显赫地位，不复存在了。但在成功地将“火炬”交给奥巴马后，肯尼迪家族的影响力仍将长存。（撰文：温宪）

日本天皇家族千年纷争

2014 年 2 月，第十二届全国人大常委会第七次会议决定：将 9 月 3 日确定为中国人民抗日战争胜利纪念日，每年 9 月 3 日国家举行纪念活动。

69 年前结束的那场战争，祸起日本军国主义野心，殃及中国亿万无辜百姓。1931 年的“九一八事变”、1937 年的“七七事变”、1938 年的南京大屠杀……一系列野蛮的侵略和惨无人道的杀戮，都与昭和天皇密切相关，无不出自他的暗示、默许、批准，决定甚至诏令。

再往前追溯，1874 年的入侵台湾、1894 年的甲午战争、1904 年在中国领土上进行的日俄战争……这一系列侵略战争的背后，既源自明治政府的“大陆政策”，也源自明治天皇尚武好斗、无限膨胀的侵略野心。

但他们，都逃脱了战争的责任和正义的审判。甚至，他们常常以有功者和神圣者的形象存在于日本历史记载中和日本国民心中。日本人崇尚明治天皇的维新，赞赏昭和天皇的《人间宣言》，却不愿提及这祖孙两代天皇对中国长达 70 余年侵略战争的责任。

在天皇的命令和精神感召下，野蛮的日本侵略者以暴力践踏中国领土，蹂躏中国河山，屠杀数以千万计的中国人民。直到 1945 年 8 月 15 日，在日本军国主义穷途末路之下，昭和天皇被迫颁诏停战，中国人民终于迎来了艰苦卓绝的胜利。9 月 2 日，日本政府代表在美国“密苏里”号战舰上签署投降书，日本无条件投降。9 月 3 日，当时的国民政府下令放假 1 天，举国欢庆抗战胜利。

如今，昭和天皇已经去世，坐在日本皇位上的是他的儿子明仁天皇。从神话时代的神武天皇算起，日本的天皇已历经125代、2600余年。其中有信史可查的，是1400余年，并且其家族血脉从未中断。为了皇位，有兄弟之间的“你方唱罢我登场”，也有叔侄之间的殊死相争；既出现过几个太上天皇看守一个年幼天皇的局面，也出现了帮助未成年的男帝看守皇位的女帝。几乎大部分天皇，都与宫廷斗争、国内外征战相关。

天皇家族的千年纷争，是我们观察日本的一面镜子。

昭和天皇

战败之后，逃脱罪责

1945年8月15日正午12时，日本放送协会（NHK）的播报员在整点报时后说：“现在即将广播重大事项。请全国听众朋友起立。”接着，情报局局长下村宏说：“天皇陛下即将亲自对全体国民宣读重大诏书。现在开始播送玉音。”

昭和天皇的声音传了出来：“……战局并未好转，世界大势亦不利于我。加之，敌方最近使用残酷之炸弹，频杀无辜，残害所及，真未可逆料。如仍继续交战，则不仅导致我民族之灭亡，并将破坏人类之文明。如此，则朕将何以保全亿兆之赤子，陈谢于皇祖皇宗之神灵。此朕所以饬帝国政府接受联合公告者也……”诏书长4分40秒，是昭和天皇在当天凌晨录制好的。诏书中的“联合公告”即《波茨坦公告》，其第十三条明确要求“日本政府立即宣布所有日本武装部队无条件投降”。昭和天皇虽然在御前会议上接受了此公告，但在诏书中只字未提“投降”的字眼，而且大量使用汉语的文言文。听到诏书后，明白其含义的陆军大臣等34名将官切腹或开枪自杀，但还有很多日本平民没有理解天皇的意思。

因此，昭和天皇投降的诚意一直受到争议。

赤着身子站在冰柱下锻炼

昭和天皇出生于1901年4月29日，是明治天皇的长孙。明治天皇亲自给他取名“裕仁”。“裕”取之于中国《周易》中“损德之修也，益德之裕也”。由于裕仁的父亲嘉仁皇太子患有慢性病，又是明治天皇唯一活到成年的儿子，裕仁一出生就被寄予厚望。裕仁出生时的身长、体重高于当时日本新生儿的平均水平，更让皇室增添了几分喜悦之情，当时不仅军队鸣炮庆祝，全国各地也举行庆典，东京的日比谷公园人山人海。

由于皇妃们“母凭子贵”，所以常常出于嫉妒，互相设计陷害，致使皇子们很难活至成年。裕仁出生后不久，就交由海军中将川村纯义负责教育和保护。1904年，川村去世后，3岁的裕仁回到父母身边，移居皇孙御殿，并由侯爵木户孝正照顾。

1908年4月，裕仁进入皇家学习院接受正式教育。学习院的院长是陆军大将乃木希典，他是甲午战争的悍将、日俄战争的“英雄”。在教育裕仁的问题上，最令乃木担忧的是裕仁那孱弱的身体和笨拙的举止，他认为这会妨碍裕仁将来履行天皇的职责。为此，他教裕仁学习相扑、游泳。冬天，乃木不让裕仁围着火炉烤火，而让他到操场上去跑步，甚至让他赤着身子站在冰柱下，直到能控制住发抖的身体，安静地站在那里为止。

1912年，嘉仁皇太子即位，成为大正天皇，裕仁被封为皇太子。根据《皇族身位令》，皇太子和皇太孙满10岁后须任陆军及海军武官，11岁的裕仁成为陆军步兵少尉和海军少尉，配有近卫步兵第一联队和海军第一舰队。

1914年，13岁的裕仁进入与社会隔绝的东宫御学问所，接受了多年的“帝王学”教育。在裕仁看来，天皇就等于国家，只对“神祖神宗”负责，为达目的可以不计手段，臣民只能服从天皇。

此外，裕仁从少年时期起就对自然世界非常着迷，收集了很多海洋植物和动物标本。教授裕仁自然史和物理的老师是服部广太郎，他后来给裕仁当了30多年的科研随员。

一场政治联姻，一次简朴婚礼

1917年，裕仁和母亲贞明皇后都选中了久迩良子为太子妃。久迩良子是久迩宫邦彦亲王的长女，也是赫赫有名的伏见家族后代。皇后和裕仁希望借助伏见家族的实力，削弱以山县有朋为代表的长洲藩阀的势力。但这场婚事背后的政治斗争持续多年，直到1921年，皇室才做出维持婚约的最后裁决。

1921年3月，20岁的皇太子裕仁乘坐“香取”号军舰，开始了为期半年的访欧之行。这是他初出国门，游历了英国、法国、比利时、荷兰和意大利，所到之处均受到热情款待。据裕仁后来回忆，他在游览巴黎时闹了一个笑话：“我当时第一次乘地铁，什么手续也不知道，紧紧地握住车票，入闸的时候检票员要在票上打孔，结果我紧张得怕被他夺取，握着车票不放，双方就这样来回拉扯数分钟，惹得检票员大怒。这张车票也被我一直保存着。”

访欧期间，还有两件“小事”对裕仁影响很深。一是包括冈村宁次等人在内的日本驻欧武官前来晋谒，他从此获得了这批少壮派军官的支持；二是他买了一尊拿破仑半身像，后来一直放在书房里，一遍遍加深自己对武力征服的向往。

1923年9月，日本发生关东大地震。裕仁身着军服，骑马视察了东京市区。按照日本世代相传的说法，日本海深处有一条巨大的鲇鱼，每当日本皇室的祖先天照大神对她在位的皇子皇孙不满时，这条鲇鱼便会躁动，引起地震。裕仁的视察是为了抵消这个传说对皇室形象的影响。他想让皇室大众化、亲民化，为此作了很多努力。比如，1924年，他和良子的婚礼只举行了一些简短的仪式。此举强化了日本人心中仁慈的皇太子形象。

“举国家之总力征战”

1926年12月25日，大正天皇病逝，25岁的裕仁继承皇位，定年号为“昭和”，取自中国《尚书》中的“百姓昭明，协和万邦”，含有和平之义。但仅3天后，他就颁布诏书，向他的祖父、发动侵略战争的明治天皇致敬：“明治天皇以他文武兼备的卓越素质，于内广泛施教，于外屡建战功，建立了丰功伟业。我将不忘遗训，继承遗志。”

昭和天皇渴望建立超过祖辈的“大业”。日本1931年侵占中国东北、1937年全面侵华、1941年发动太平洋战争，都是昭和天皇在位期间进行的。

1941年6月，希特勒向苏联发起进攻，昭和天皇随即在7月2日主持召开御前会议，通过了《适应形势演变的帝国国策纲要》，确定了不惜以武力向东南亚扩张的国策。此后，昭和天皇把目光转向了太平洋，但夺取太平洋的战略资源，必然加剧与美国的矛盾。昭和天皇与他的将领们就是否对美开战盘算了很长一段时间。1941年9月5日，昭和天皇问总参谋长杉山元：“万一日美两国间出现什么问题，陆军在多长时间内能解决？有把握吗？”杉山元说：“仅在南洋方面，打算用3个月解决！”昭和天皇问道：“你曾是日华事变（指1937年的“七七事变”）爆发时的陆军大臣。你别忘了，当时你说过‘一个月左右解决问题’！可是，4年过去了，问题不是还没有解决吗？”“中国疆土辽阔，无法按预定的计划作战。”昭和天皇更加愤怒：“你说中国疆土辽阔，那太平洋不是更辽阔吗？你有什么把握说3个月能解决问题？”杉山元低头不语。

尽管没有十足把握，日军还是在1941年12月7日偷袭了美军在夏威夷的珍珠港基地。第二天，昭和天皇颁布《对英美两国宣战诏书》，诏书中说：“朕之陆海官兵全力奋战，文武百官奉行职守，庶民各尽本分；亿兆一心，举国家之总力，以期达成征战之目的。”

日军在珍珠港捡了个小便宜，结果是吃了大亏——美国对日宣战加速了日本战败的结局。1945年，美国空袭东京及皇宫，德国法西斯战败投降，中、美、英三国发表敦促日本投降的《波茨坦公告》，美国对广岛和长崎投放原子弹，苏联对日宣战……一连串的事态变化，迫使昭和天皇无奈做出“圣断”，结束了这场罪孽深重的侵略战争。

“排除了天皇，日本就会瓦解”

战后，美国出于自身利益的考虑，使昭和天皇逃脱了远东国际军事法庭的审判，设法保留了天皇制。美国驻日大使格鲁曾提出，“天皇制是日本社会的安定要素”，并把天皇比喻成“女蜂王”“若把女蜂王从蜂群中消除掉，那么蜂巢也将崩溃”。盟军总司令麦克阿瑟也认为：“对他（昭和天皇）的控告无疑会在日本国民中引起巨大骚乱，其影响是无法估量的。天皇是日本人统合的象征。排除了天皇，日本就会瓦解……很可能就需要供养一支百万人的军队，无限期地维持秩序。”

对美国人的善意，昭和天皇心存感激。1945 年 9 月 27 日，昭和天皇亲往美国驻日大使馆拜访麦克阿瑟，表示完全支持美国的对日占领政策，而麦克阿瑟则表示将保证天皇的地位。

但是，未受审判不代表昭和天皇不负有战争责任。事实上，昭和天皇是日本侵华战争的直接责任者。正如日本历史学家井上清所说：“没有这个日本国唯一最高统治者的命令或同意，大日本帝国对外进行战争是不可能的。”整个战争期间，几乎所有的战争决策和重大军事行动，都与天皇有着密切关系，或是得到天皇的暗示、默许、批准，或是天皇在御前会议上通过“密室指导”做出的决定。

1946 年元旦，昭和天皇发表了《人间宣言》，向国民申明自己是“人”而不是“神”：“朕与尔等国民之间的纽带，始终由彼此之信赖和敬爱所结成，而非仅依神话和传说而生；也不是基于‘认为天皇是现世神、同时日本比其他民族更加优越从而被赋予应当成为世界的支配者的命运’这种架空的概念。”

发表《人间宣言》后不久，昭和天皇便开始“巡幸”全国，鼓励国民。视察活动持续了近 8 年，累计 165 天，行程 3.3 万多公里，足迹遍及冲绳以外的日本列岛。其目的还是宣扬天皇的权威性，并借此提高国民的凝聚力。

1947 年 5 月，日本废除《大日本帝国宪法》，同时颁布新的《日本国宪法》，规定天皇由国家元首变为“日本国的象征、日本国民统合的象征，其地位，以主权所属的全体国民的意志为依据”。从法理上讲，天皇在国家政治与外交事务中已不具有实际权力。

尽管如此，日本政府仍希望尽可能在国际社会中发挥天皇的作用。昭和天皇从20世纪50年代起展开了一系列外交活动，包括出访欧美，参加东京奥运会开幕式等。20世纪70年代，中日关系缓和。1978年10月，邓小平应邀访问日本，出席互换《中日和平友好条约》批准书的仪式，并会见了昭和天皇。裕仁首先伸出手去同邓小平握手，他说，两国有着漫长的友好历史，虽然一时有过不幸的事情，但已成为过去，希望今后加深两国的亲善，长期维持和平。邓小平也表达了同样的冀望。

1989年1月7日，昭和天皇去世，终年88岁，在位62年，无论在位年限还是年龄，均打破以往天皇的纪录。

早期天皇宫斗与内战

在日本，人们称在位的天皇为“今上天皇”，去世后再改称他的年号。据记载，日本第一代天皇是神武天皇，只不过，同许多国家一样，最早的首领都起源于神话传说。

神武天皇，只在传说里

相传开天辟地之初，日本列岛还不存在，神仙们都住在“高天原”，即天上。一天，众神俯瞰苍茫大海，觉得美丽的海中既无海岛，也无人烟，实在寂寞。于是，掌管万物生灭的女神招来伊耶那岐、伊耶那美兄妹，命他们到下界治理海洋。女神还赐给伊耶那岐一杆长矛，用无瑕白玉精制而成，名为“天沼矛”。

兄妹俩来到通向下界的天梯旁，兄长伊耶那岐把“天沼矛”插入海中一搅，平静的海面顿时波涛汹涌。接着，他将长矛抽出，从矛尖取下许多盐，这些盐落到海里，堆积成了一个岛。他们顺着天梯来到岛上，把一根粗大的柱子顶天而立，并在柱子后面建起一座宏伟的宫殿，称“八寻殿”。二神沿相反方向绕着柱子转圈，相遇时，伊耶那岐赞道：“真是一个美娇娘！”伊耶那美也赞道：“真是一个美男子！”随后，二神交合，并先后生下八子，也就是四国、九州、本州等八个岛屿，总称“大八洲国”。伊耶那美生完八子，坐起身时，又生六岛。接着，她又创造了岛国的山川草木。

既然创造了日本列岛，为什么不再生一个天下之主呢？于是，伊耶兄妹又生出了“日神”，即“天照大神”，她一出生就光芒四射。二神喜之不尽，将她送到天上，让她治理“高天原”。后来，天照大神派孙子琼琼杵尊下凡，带着八尺勾玉、神镜和草薙之剑 3 件神器统治下界。他死后，其后代彦火火出见尊自九州开始东征，最终统一日本列岛。彦火火出见尊于公元前 660 年登基，成为大和民族的最高统治者，被尊奉为神武天皇，也是“开国之神”。那 3 件神器从此成为历代天皇标榜正统的“三大神器”。

神武天皇的故事主要记载于公元 8 世纪日本皇室授意编写的《古事记》和《日本书纪》两部史书中。由于历史久远，其真实性已不可考。学界基本认为，神武天皇并不存在。这个神话模仿了中国皇权天授的故事，强调皇权神授，为天皇血脉的正统性和“万世一系”提供了理论依据。

推古女皇，首次自称天皇

真实的日本天皇究竟起源何时尚无定论。根据中国史书记载，在南北朝时期，日本先后有 5 位大王来华要求册封，分别是赞、珍、济、兴、武。赞曾于公元 421 年和公元 425 年两次遣使南朝，宋武帝还特发诏书嘉许。这与《日本书纪》中的记载基本一致。那时，日本还没有称天皇，只是称大王。

7 世纪初，“天皇”的称号正式出现了。提出这一称号的是日本第一位女皇、第 33 代天皇推古天皇。推古天皇公元 592 年登基，公元 628 年去世。一般认为，这是有日本信史可查的最早的天皇。她在位期间，中国结束了长期分裂的局面，建立起统一的隋朝；朝鲜半岛上的新罗强大起来，占据汉江、洛东江流域。周边形势的变化引起了推古天皇和她的侄子、摄政王圣德太子的注意。他们也试图建立中央集权体制，开始了一系列改革——提倡佛教；从中国的佛教和儒家经典中找到“王权神授”“王道思想”的理论依据，并与传统信仰相结合，树立天皇是国家最高统治者的观念；压制大贵族势力，给中小贵族授予冠位，培养人才；重视中日邦交，向中国派遣留学生。

在对外交往中，推古天皇和圣德太子的“中央集权、唯我独尊”意识也有所体现。他们不愿再臣服于中国。公元 608 年，推古王朝在给隋朝的国书中，首称“东天皇敬白西皇帝”，即推古女王称自己为“天皇”，称隋炀帝为“皇帝”。这是日本在对外交往中第一次正式使用“天皇”称号，意在挑战华夷秩序，与隋朝平起平坐。

中大兄皇子，用计“清君侧”

公元 629 年，舒明天皇即位。公元 642 年，其皇后即位，称皇极天皇。在舒明、皇极两朝，贵族苏我氏大兴土木，劳役人民，暴虐骄横，甚至藐视和排挤皇极天皇。朝廷上逐步形成反对苏我氏专权，主张学习中国唐朝制度的改革集团。这个集团的核心人物就是舒明、皇极二人的儿子中大兄皇子。他求教于留学隋唐归来的学生和僧侣，立志革新政治，增强王室权威。公元 645 年，他精心策划了一场“清君侧”的宫廷政变——

那年 6 月 12 日，权臣苏我入鹿上早朝，在殿门前遇见了一位歌舞伎。歌舞伎巧言嬉谑，使苏我入鹿“笑而解剑”。苏我入鹿走进宫门后，大极殿的 12 道大门立刻悄然关闭上锁。大殿上的早朝如期进行，中大兄皇子、中臣镰足、佐伯连子麻吕等人手执武器藏在大殿旁，气氛极为紧张。突然，中大兄皇子率先冲入大殿，刺伤苏我入鹿。苏我入鹿跑近皇极天皇的御座，叩头作揖说：“臣不知罪，乞垂审察。”皇极天皇也很惊恐，问儿子发生了什么事情。中大兄皇子回答母亲说：“苏我入鹿尽灭天宗，将倾日位。”听罢，女王默默退殿，不加制止，苏我入鹿随即被杀。

苏我入鹿的父亲苏我虾夷得知儿子被杀后，企图反扑。中大兄皇子立即展开政治攻势，宣传“天地开辟，君臣始有”，揭露苏我入鹿专横跋扈、违君之道的罪行。苏我虾夷的部下纷纷“解剑投弓，舍此而去”。众叛亲离的苏我虾夷烧宅自焚而死，权倾一时的苏我氏退出了历史舞台，权力重归天皇。

孝德天皇，效仿中国使用年号

清除了苏我氏后，皇极天皇打算让位给儿子中大兄皇子。但中大兄皇子为避闲言，不受皇位，由舅舅轻皇子即位，这就是孝德天皇。

孝德天皇是位博学之士。《日本书纪》说他尊崇佛教，“为人柔仁好儒，不择贵贱”。他博览中国典籍，对远自黄帝和尧舜，近至汉唐诸帝的治国之术颇有了解，一直想改革日本陈腐的政治。

孝德天皇上台伊始，立中大兄皇子为皇太子，辅佐政事。他还仿照唐代官制，任命阿倍内麻吕为左大臣，苏我石川麻吕为右大臣，中臣镰足为内大臣，又任命从唐朝留学回国的僧旻、高向玄理为国博士，组成了改革的智囊班底。

公元 645 年 6 月 19 日，孝德天皇宣布年号为大化，取自中国的《尚书》“施教化，大治天下”之意，这是日本第一次效仿中国使用年号。公元 646 年 1 月 1 日，孝德天皇发布《改新之诏》，开始了一系列政治、经济改革：废除世袭氏姓贵族制度，确立中央集权的官僚政治体制；废除贵族私有的土地制度和部民制，将土地、部民全部收归国有，成为公地、公民；效法隋唐的均田制，国家每 6 年一次，把田地平均分给农民；统一租税。

大化改新让日本正式建立起中央集权的封建国家体制。天皇成为最高权威，自诩为神的代言者，把全国的土地和人民控制在自己手中。

但大化改新没有给孝德天皇带来平静。他原本与自己的外甥、皇太子中大兄皇子关系密切，政见一致，携手改革。但在改革过程中，两人出现了不同看法，日渐失和。

公元651年，孝德天皇改年号为白雉，第二年又将政治中心从奈良县的飞鸟移至难波（今大阪）。这一切似乎都是为了摆脱中大兄皇子。当时，新政不断受到贵族和旧势力的抵制。中大兄皇子既是为了控制残余的守旧势力，也是为了个人的权柄，要求孝德天皇迁都回飞鸟。孝德天皇不肯接受。公元653年，中大兄皇子毅然率领皇室贵族和朝廷大臣返回飞鸟，大半臣子也随他而去。孝德天皇独自留在难波，成了“孤家寡人”，第二年就在抑郁之中去世。

孝德天皇死后，皇极太上天皇于公元655年重新即位，称齐明天皇。中大兄皇子公元668年正式即位，是为天智天皇。在即位前，他颁布了日本历史上第一部正规法典《近江令》，将大化改新的成果以法律形式固定下来。

白河天皇，建立“院政”独揽大权

大化改新没能让天皇家族地位永固。中大兄皇子登基后，赐给大化改新的功臣中臣镰足一个姓氏：藤原。此后，藤原氏长期受天皇赏赐，拥有大量土地和财富，于9世纪下半期建立起摄关政治，开始独揽朝政。

“摄关”是摄政和关白的合称。天皇年幼时，由太政大臣代理行政事务，称为摄政；天皇长大亲政后，另设关白一职，辅助天皇总揽政事。按规定，摄政应由皇室成员担任，但自从藤原良房在公元866年自称摄政后，这个职务就落入权臣手中。11世纪中叶，藤原氏的庄园已占全国土地总面积的十几分之一。既有摄关两职在手，又有庞大的经济基础，藤原氏便能随意废立天皇了。

11世纪中叶以后，藤原氏的专权日渐受到皇室和官僚的反对。1086年，白河天皇为抵制藤原氏，让位给年仅8岁的堀河天皇，成为太上天皇。他在自己的住处建立“院厅”，任命官吏，挑选武士保卫太上天皇和院厅，国政事务都归院厅处理，“院政”由此诞生。

太上天皇真正掌权的时间不长，仅有100年左右，即后三条、白河、鸟羽、后白河4位太上天皇统治时期。

后鸟羽太上天皇，向幕府投降

在各方反对藤原氏的时候，新兴武士阶层登上历史舞台。为了从外戚手中夺回皇权，朝廷不得不借助于武士集团的力量。源氏武士团是成长最快、最强的武士团之一。1192年，源赖朝在镰仓建立幕府（幕府本指将领的军帐，在日本特指权力一度凌驾于天皇之上的机构，其最高权力者为幕府将军），与朝廷相并立，形成了双重政权结构。表面上天皇依然是“治天之君”，但其主要控制范围缩小到日本西部，仅掌管身份、官职、文化、艺术等特定领域的权力，实权在幕府手中。

凭源赖朝的智谋和实力，完全可以进驻京都（公元794年桓武天皇迁都京都），挟持天皇，左右朝政。但他并没有这样做，而是一再声明对天皇的尊重。

源赖朝去世后，幕府实权落入他的妻子北条氏家中，他们与皇室的矛盾日趋尖锐。1221年，矛盾终于激化，京都的皇室和贵族发动了声讨幕府的“承久之乱”。当年5月15日，皇室向全国发令讨伐幕府。得到消息的幕府立即进行反击总动员，“军中只闻将军之令，不闻天子之诏”，迅速集结19万大军，由北条时房、北条泰时率领，兵分三路进军京都。发兵的同时，北条义时还写信给后鸟羽太上天皇说：“今派19万大军，请见情迎战。若仍感不足，我将亲率20万大军赴京都。”此时，皇室的兵力只有1.7万骑。6月5日至6日，两军在杭濑川相遇，皇室军不战而溃，幕府军进入京都。后鸟羽太上天皇大惊失色，投降时推卸责任说：“此次事件并非是自己策划，而是谋臣的计划。”

平乱之后，幕府对皇室进行了严厉的惩处，废掉了年幼的仲恭天皇，停止了太上天皇的院政，将两位太上天皇后鸟羽和顺德流放，拥立后堀河天皇登基。

13世纪下半叶，为争夺皇位，皇室分裂成两个系统。以后嵯峨天皇的长子后深草天皇为首的，称持明院系统；以次子亀山天皇为首的，称大觉寺系统。两派争相讨好幕府，以求获得支持。

德川家康，让天皇跌到最低谷

1467年，日本进入战国时代。在幕府之下，出现了众多拥有土地和武士的大庄园领主，称为大名。大名的出现和战国的到来，成了摇摇欲坠的天皇家族的救命稻草。因为，大名要在乱世中扩充势力，巩固地位，除了兵权和土地，还渴望获得朝廷授予的官位和荣誉称号，以显得自己名正言顺。为此，大名们从经济上纷纷资助皇室，而经济拮据的天皇就靠着卖官鬻爵维持生计。

16世纪后半叶，两个声名赫赫的大名——织田信长和丰臣秀吉为了利用天皇压服其他大名，对天皇和皇室都表现得非常尊重。可怜的天皇对织田信长、丰臣秀吉的“尊皇”行动受宠若惊。正亲町天皇竟然称颂织田信长是“大宏量”“大广智”“大无欲”“大慈悲”。1585年，丰臣秀吉被天皇任命为关白，次年兼任太政大臣，可以利用朝廷权威发号施令。

继丰臣秀吉之后，大名德川家康战胜群雄，结束了战国时代，于1603年2月开创江户幕府时代。此后的200多年里，天皇的皇位继承，除了因病、因亡者外，几乎都受到江户幕府的干涉。如果有天皇对江户幕府的干涉稍稍表露出不满，就会受到迫害，甚至被杀。比如后光明天皇、桃园天皇、后桃园天皇等人，都是死得不明不白。

在德川家族的江户幕府统治下，天皇的自尊和权威丧失殆尽，天皇的地位跌落到了历史的最低谷。能够延续其血统，不被彻底推翻，已是天皇家族的万幸。而终结这200多年低落命运的机遇，最后降临在明治天皇身上。

明治天皇打开侵略战争之门

1889年2月11日，日本第一任首相伊藤博文领衔起草的《大日本帝国宪法》问世。它以1850年《普鲁士宪法》为蓝本，第一章便是《天皇》，占整部宪法篇幅的22%。其中规定："大日本帝国由万世一系的天皇统治之；天皇神圣不可侵犯。"

颁布这部宪法的，就是明治天皇。彼时，他年方36岁，登基22年，正站在带领日本从古代走向近代的历史节点上。这是日本有史以来的第一部宪法，明确天皇的权力包括5个方面，分别是国家元首、最高统帅权、外交权、大臣任免权和立法权。其中最重要的是统帅权：天皇是大日本帝国国家所有权力的源泉，是日本至高无上的统治者。从此，无论在政治传统、精神伦理上，还是在近代法律上，天皇都成为这个国家最高的、无可怀疑的主宰。

12岁被皇宫门口的枪炮声吓昏

明治天皇出生于1852年9月22日，幼名佑宫，是孝明天皇最宠爱的皇妃庆子所生。庆子并非皇后，按照规定，妃子所生的皇子8岁以前不能生活在皇宫里，要一直和母妃生活在外祖父家。佑宫的外祖父是孝明天皇的顾问中山忠能，中山全家及御派仆人细心百倍地照料佑宫。他的童年像普通孩子一样过着自由自在的生活，这使他成年后少了些许刻板、僵硬的皇子习气。

1860年，8岁的佑宫被孝明天皇立为皇太子，并取中国儒家经典《孝经》中的"民用和睦，上下无怨"之意，改名为"睦仁"，回到皇宫生活。从此，睦仁在侍女和仆人的呵护中长大，深受娇惯和宠爱。那时是武士战乱、幕府掌权的末期，1864年，长州藩士兵与幕府军在皇宫门前激战时，12岁的睦仁竟被枪炮声吓得昏厥过去。

在与世隔绝的深宫大院里，睦仁接受着最好的教育。父亲孝明天皇亲自担任日本古典诗歌——“和歌”的教师，母亲庆子担任习字教师，汉籍课程由日本一流的汉学家讲授。此外，睦仁还学习帝王之术，跟着父亲参加天皇的各种日常礼仪活动。

1866年12月，孝明天皇猝死。次年1月9日，睦仁成了日本历史上第122代天皇，当时，他的实际年龄不足15岁。他的年号“明治”取自于中国《周易·说卦篇》中的一句话:“圣人南面而听天下，向明而治。”

登基之后，皇室一心想让明治由一个文弱书生转变成崇尚武功、勇猛好斗的武士。于是他开始接受严格的武士教育，由当时日本非常有名的新田村八、山冈铁太郎等武术家教他剑术、马术、角斗术等。同时，还有元田永孚等大儒学家给他讲授封建伦理道德，学习吟诗作歌。在西学东渐的潮流下，他还学习德语、德国法律、法国政治典章、欧美国家的统治经验和执政要术等。

当时的日本，国内矛盾激化，又遭到西洋列强叩关入侵，人心惶惶，反对德川幕府的呼声越来越强烈。1867年，朝廷迫使幕府“大政奉还”。1868年，以萨摩、长州等藩为代表的西南强藩倒幕派和朝廷联手，利用天皇的权威，宣布“王政复古”，并在戊辰之战中打败了幕府军。德川幕府在历经15代将军265年之后，结束了对日本的实际统治。做了600余年傀儡的天皇，再次走上了历史的前台，成为国家权力的核心。

率先喝牛奶、吃牛肉

如果说倒幕派与幕府混战时，刚刚登基的明治天皇既无执政能力，也无施政经验，只能任人摆布的话，那么等到大局已定，这位十六七岁的天皇就表现出惊人的成熟和早慧。他宣布实行“太政宫制”，先从名义上把天皇对朝政的领导固定下来。

接下来，为了团结幕府旧部服从新政权，明治天皇没有对幕府旧臣和反对势力进行灭绝性围剿，而是尽量劝其归顺，尽力安抚，使大批反对势力很快转过身来，为他服务。在明治天皇的努力下，德川幕府所占据的江户城实现了和平交接，德川家族也没有被斩尽杀绝，而是被移封到江户城西南的静冈地区。

新政权建立后，是仍然以千年古都京都为首都，还是迁都到幕府的所在地江户，出现了不同意见。为了实现权力的统一，防止幕府再生，明治天皇支持迁都。为排除反对派的阻挠，他以“外出行幸”的名义，两次考察江户，制造舆论。1869 年，江户顺利成为日本国都，并改名东京。

在稳定了国内局势后，明治天皇通过废藩置县、中央集权等措施，重整国力，发展经济，摆脱了成为西方殖民地的危机，开始寻求富国强兵之路。

1871 年 11 月 12 日，天皇派出使节团考察西方，伊藤博文、大久保利通、木户孝允、岩仓具视等力主维新变革的风云人物从横滨出发，东渡太平洋，在美国加利福尼亚州旧金山登陆。在美国考察 8 个月后，又横渡大西洋，访问欧洲诸国，并于 1873 年回到日本。

当时的欧洲正处在如火如荼的第二次工业革命时期，从蒸汽时代到电力时代的大变革让日本使节大开眼界。一份使节团的官方日志写道：“火车一到，我们刚把行李卸在旅馆，行程就开始了……我们站在钢铁呛人的气息中，周围烟雾蒸腾，身上落满了煤烟灰和尘土……回到旅馆，几乎还没来得及脱掉脏衣服，晚宴的时间又临近了……如果受邀去剧院，我们不得不睁大眼睛，竖起耳朵，注意舞台上的剧情……夜晚我们刚就寝天就亮了，卫队要带我们去参观工厂。”1873 年 3 月 15 日，使节团还会见了统一德国的“铁血宰相”俾斯麦。俾斯麦对他们说：“方今世界各国，皆以亲睦礼仪交往，然而这都是表面现象，实际上是强弱相凌，大小相侮。”

使节团不虚此行，回到日本后，大藏卿（后称财务大臣）大久保利通提出了“殖产兴业”的维新政策。他认为：“国之强弱系于人民之贫富，而人民之贫富系于物产之多寡。”日本开始了天皇主导的经济、社会大变革。

明治天皇不仅明确表达支持维新的政治态度，还在生活方式上率先作出改变——喝牛奶，吃牛肉。此前，日本人深受佛教戒杀生思想的影响，很少吃肉。西风东渐后，日本人开始转变观念。当时的思想家福泽谕吉就提倡吃肉，认为日本人之所以矮小，就是因为没有吃肉的习惯。1872年，明治天皇试吃牛肉时，让报纸大肆报道这一消息，以作为“率先垂范”。一时间，民间吃肉之风盛行。

经济的发展和生活方式的改变，最终带来了政治制度的变革。1886年，明治天皇令伊藤博文组织人员起草宪法，并于3年后颁布实施。明治宪法所规定的日本天皇制，既不同于西方虚位元首的君主立宪制，也不是真正意义上的三权分立，而是具有日本特色的君主立宪制，其特点是天皇通过大臣的辅弼享有最高权力，主导行政、司法、立法等各个方面。

衔着子弹壳做的烟嘴

随着近代天皇制的建立和巩固，日本军国主义孕育而发轫。早在明治初年，日本统治集团就提出“大力充实军备，耀国威于海外”的方针，随后逐步确立了向中国和朝鲜进行侵略扩张的“大陆政策”。“大陆政策”的目标，是将朝鲜半岛、中国大陆乃至俄国的西伯利亚纳入日本的势力范围，称霸亚洲，最终与欧美列强争夺世界霸权。到明治天皇30来岁时，日本已经发展了一支相当庞大的军事力量，成为远东一个富有侵略性的国家——1874年入侵中国台湾；1875年制造江华岛事件，入侵朝鲜；1879年吞并中国的附属国琉球。

这样的维新结果绝非偶然。明治维新的主力是当年支持天皇的武士和被天皇劝说臣服的武士。他们尽管在西方大开眼界，开始穿西装、看歌剧、学外语、搞经济，但他们骨子里依然是在皇宫外血拼的武士。以杀伐征战、穷兵黩武为无上光荣的“武士道”精神，依然被他们继承和发扬。并且，他们越是发展经济，越能感受到日本国内市场狭小、资源匮乏的束缚。武士们解决这个问题的办法，当然是殖民掠夺。

对于明治天皇来说，还有一个目的就是转移国内视线。他30多岁时，日本国内发生了反对专制政治、争取资产阶级民主权利的自由民权运动。明治政府通过暴力镇压和政治分化瓦解了这一运动。为维护天皇制度的权威，不再重演幕府时代的傀儡悲剧，明治政府在资本主义尚未全面发展的

1889 年 2 月 11 日，明治天皇颁布《大日本帝国宪法》，规定了具有日本特色的君主立宪制，使天皇享有最高权力

情况下，急急忙忙地走上了对外扩张的道路。当年那个被皇宫门口的枪炮声吓昏过去的孩子，已经成为一个崇尚武力、好勇斗狠，以征服亚洲乃至世界为己任的天皇。他一年四季身穿旧式军装，骑着高头军马，衔着三八式步枪的子弹壳制作的烟嘴，经常在陆军大学毕业典礼或军事训练中抛头露面，还亲自参加实战演习，召见士兵，四处鼓吹要张扬“国威”，为日军官兵对外作战撑腰打气。他的后半生，与日本军国主义侵略紧紧结合在一起。

在国家财政困难的情况下，明治天皇于 1893 年决定，此后 6 年，每年从皇室经费中捐出 30 万日元，用于海军建设。为此，不但他本人节衣缩食，甚至每天只吃一顿饭，就连皇后也把首饰捐了出来。他对臣子们说：“以后皇后只能用樱花来装饰头发了。”在皇室的鼓动下，政府官员主动献出 1/4 薪俸。正如他当年带头吃牛肉感动了东京市民一样，海军将士得知天皇每天只吃一顿饭，无不为之振奋，战争野心更旺盛了。

1894 年，明治天皇以保护侨民为借口出兵朝鲜，挑起甲午战争。他在宣战诏书中说：“朕虽始终与平和相始终，以宣扬帝国之光荣于中外，亦不得不公然宣战，赖汝有众之忠实勇武，而期速克平和于永远，以全帝国之光荣。”以慈禧为首的清政府在战争中失利，被迫签订《马关条约》，割让辽东半岛给日本。俄国对中国东北地区也抱有野心，因而伙同德国、法国进行干预，明治天皇只好下诏放弃对辽东半岛的永久占领。这在日本引起极大反响，“卧薪尝胆”式的报仇意识迅速蔓延。经过10年的扩军备战，日本终于在1904年至1905年的日俄战争中获胜，首次击败了一个欧洲强国，成为拥有朝鲜、库页岛（俄罗斯称萨哈林岛）南部及中国台湾的亚洲头号强国，有了和欧美共同瓜分世界的本钱。日俄战争结束后，明治天皇成了“东亚霸主”，实现了千余年前推古女皇采用“天皇”一词时的梦想——取代中华皇帝的地位。这时，他的所作所为与自己名字“睦仁”的含义已相去甚远。

1912年7月30日，明治天皇去世，终年不足60岁。他与皇后、皇妃共生育了15名子女，成年者仅有三皇子嘉仁和4名公主。夭折的10个孩子中，有8个是在14年内先后丧命的，平均一年半就办理一次丧事。明治天皇死后，只能由嘉仁亲王继承王位，即大正天皇，在位14年。大正天皇因患有精神疾病，未能正常理政，作为不大。明治天皇的孙子、1926年登基的裕仁天皇，继承了祖父的好战基因，而且在位时间长达62年，发起了更大规模的侵略战争，把世界拖入“二战”的深渊。

明治天皇在打开日本近现代大门的同时，也开启了一个罪恶深重的军国主义时代。他的后代也难逃战争带来的灾难。

明仁天皇，唯一访华的天皇

现任日本天皇是昭和天皇之子明仁。同父亲一样，1933年明仁的诞生也曾让日本举国同庆。当时，日本军队已入侵中国。

一周只能见父母一次

昭和天皇结婚之后，皇后良子接连生下4个女孩。这引发了皇室的后嗣危机，街头巷尾流言四起，“皇后的肚子肯定只能生女孩”“明治天皇拥有 12 名妻妾，而现在的陛下却只有皇后一人”……元老重臣们纷纷劝说天皇纳妾。关键时刻，皇后良子再次怀孕，并于 1933 年 12 月 23 日生下一男婴。经过仔细考虑，昭和天皇给皇子命名为“继宫明仁”，继宫为号，明仁为名。这个名字既出自明治天皇颁布的《大教宣布之诏》中的“宣明治教，以宣扬惟神之大道也”，也包含了中国典籍《周易》中“大人以继明照于四方”的含义。

按照惯例，皇太子出生后，要被送到远离父母的人家去抚养。但昭和天皇不愿孩子像自己小时候那样，过着远离双亲的生活。而且他没有其他妃子，不用担心太子安全问题。于是，昭和天皇在内宫设置了皇子御殿，把明仁留在身边。

明仁逐渐长大，大臣们看到昭和天皇仍无意将他送出去抚养，不得不求助于昭和天皇的母亲贞明皇太后和政府元老西园寺公望。此举得到他们的支持后，专门处理日本皇室成员事务的宫内省正式向天皇夫妇禀告：“皇太子到 3 周岁时要离开两位陛下，此事业已决定。”昭和天皇拿不出有力的反对理由，况且这也是祖先留下来的规矩，只得同意。

1937 年 3 月 29 日，3 岁零 3 个月的明仁离开双亲，移居东宫御所。按规定，明仁每周只有星期日才能返回皇宫看望父母。这短短的一天，对疼爱他的昭和天皇夫妇来说，显得非常短暂。他们尽量利用这一天，陪明仁玩捉迷藏等游戏，昭和天皇还经常给明仁讲解各种花草、动物的知识。

1944 年，明仁和许多日本小学生一样，被疏散到栃木县（日本的县相当于中国的省）日光市躲避战乱，与昭和天皇只能通过信件联系，日本共同通讯社负责为天皇和皇太子传递信件。1945 年 11 月 7 日，明仁从日光返回东京，先是同弟弟暂住于未被完全烧毁的东宫御所，后又迁至位于东京都小金井市的新行宫。兄弟俩仍同战前一样，只能在每个星期日前往皇宫探望父母。学校的一些老师都觉得，明仁长期与父母分居，只能在侍从的陪伴下学习生活，实在“太可怜了”。

1946 年至 1950 年，昭和天皇遵从“学习西洋思想和习惯”的方针，聘请美国著名儿童文学家伊丽莎白·维宁当明仁的家庭教师。同时，还有4位旅居东京的西方青年帮助明仁练习英语。1956年3月，明仁从日本的学习院大学经济学院毕业。

网球场之恋

距离东京不远的轻井泽是日本的避暑胜地，那里群山环绕，树木繁茂，气候宜人。明仁读大学时，非常喜欢打网球。1957年8月，明仁来到轻井泽参加网球比赛，遇见了同来参赛的正田美智子。美智子相貌出众、风姿绰约，明仁一见倾心，对她发起了爱情攻势，常常约她一同出去郊游、打网球。回到东京后，明仁又频频出面组织网球赛，邀请美智子参加，两个人很快就由相识、相知发展到相恋。

明仁希望和美智子结婚，但此事遭遇了很大阻力。这是因为美智子的出身。美智子的爷爷是日本最大的食品公司之一——日清制粉集团的创始人，她的父亲正田英三郎一直担任集团的社长和董事长。1957年，美智子以第一名的成绩毕业于圣心女子大学英语专业。在学校时，她担任过学生会会长。普通人家找儿媳，这样的条件已经非常好了。但长久以来，日本皇太子妃的人选都是在皇族和贵族中产生。在皇室眼里，平民出身的美智子没有资格嫁入皇室。昭和天皇和良子皇后也反对这桩婚事，担心美智子没有能力处理繁杂的皇宫礼俗。

来自各方面的压力使两人的爱情之路颇为坎坷。其间，美智子借故前往欧洲、美国，名为旅行，实则为了躲避国内舆论。不过，美智子刚一回国，明仁就给她打电话说："一切障碍都能克服，全看我了，请拿出勇气来！"

明仁对美智子的矢志不渝感动了昭和天皇，他率先同意了这桩婚事。1958年11月27日，根据《皇室典范》的规定，日本皇室召开了专门讨论明仁皇太子妃候选人的会议。会议正式作出决定，批准正田美智子为皇太子妃。

"平民""恋爱"这样的词语与皇室联系起来，给了日本人极大的新鲜感。公众认为，明仁皇太子此举冲破了皇室"万世一系血统"的禁忌，很

1959 年 4 月 10 日，明仁和美智子举行了结婚大典

有胆量，民众对他颇有好感。1959 年 2 月，日本一份民意测验显示，87% 的人支持明仁选择平民为妻。

1959 年 4 月 10 日，明仁和美智子举行了隆重的结婚大典。皇太子身穿橘黄色的黄丹袍，头戴天子冠，手执上朝用的笏（音同护）板。美智子身着宫中特有的 12 层单衣，头发做成下垂发型，拖至腰际。当天，有 53 万人拥上东京街头。当婚车经过时，人们高呼“万岁”。婚礼全程进行了电视直播。随后，日本掀起了一股“美智子热”和“皇室热”。

1960 年 2 月 23 日，结婚刚 10 个月的美智子生下一个男婴——未来皇位的继承人，取名“德仁”，号“浩宫”。1964 年 11 月，美智子生下次子文仁；1969 年 4 月，又生下女儿清子。

到西安寻找年号出处

1989 年 1 月 7 日，昭和天皇病逝，明仁皇太子即位，成为日本第 125 代天皇，改年号为“平成”。平成出自中国《史记·五帝本纪》中的“内平外成”及《尚书·大禹谟》中的“地平天成”，表示国内外、天地间均和平兴旺，充满吉祥。1990 年 11 月 12 日，明仁天皇和美智子皇后在东京皇宫举行即位典礼，正式登基。

明仁天皇登基后，展开一系列皇室外交，其中最引人关注的无疑是访华。1992 年正值中日邦交正常化 20 周年，10 月 23 日到 28 日，明仁天皇和美智子皇后对中国进行了正式友好访问。这是中日两国交往史上日本天皇首次、也是迄今唯一一次访问中国。

根据时任中国驻日大使杨振亚的回忆，明仁天皇为这次出访做了充分准备。当年 10 月 12 日，天皇夫妇邀请杨振亚和夫人到天皇起居地东京赤坂御所共进午餐。他们询问了北京的气候、中国人民的生活习惯等情况，对中国悠久的历史文化表现出浓厚兴趣。天皇说，日本深受中国文化的影响，要了解日本文化就应该先了解中国文化。告别时，皇后还在杨振亚夫人耳边小声说："为不失礼，如果在中国期间有什么需要提醒我的，可别客气。"说完，两人都笑了。

在访问期间，时任中共中央总书记江泽民、国家主席杨尚昆等人会见了明仁天皇。在致辞中，明仁天皇谈到了中日战争："在两国交往的悠久历史上，曾经有一段我国给中国国民带来深重苦难的不幸时期。我对此深感痛心。战争结束后，我国国民基于不再重演这种战争的深刻反省，下定决心，一定要走和平国家的道路。在同贵国的关系上，通过两国前辈们等许多人士的热情努力，建立了要永誓和平友好的关系，两国在各领域的交流正在不断加深。""此次我们访问贵国，如能作为一个契机，使两国国民作为友好邻居向着未来共同迈进，我将感到无比高兴。"

明仁天皇还访问了西安，他想在西安碑林博物馆看一看自己年号的出处。博物馆安排了几位眼神好、心思细的工作人员贴着碑石仔细查看，终于在 65 万余字中找到了"地平天成"4 个字。当明仁天皇看到自己的年号出处时，激动地说："西安碑林在日本颇有名气，许多日本人都知道。今天能亲眼见到，真是太好了！"

一生中印象最深刻的是"二战"

2012 年 8 月 14 日，在韩国摆脱日本殖民统治 67 周年纪念日的前一天，时任韩国总统李明博说，日本天皇应就日本殖民统治朝鲜半岛"真诚道歉"。这引起日本政府的强烈反应。明仁天皇虽然表示希望访问韩国，只要为了日韩交好，在韩国道歉也不会犹豫，但访韩之旅至今未能成行。

2005年8月15日，明仁天皇曾率领7000名民众，在皇宫附近的武道馆举行纪念“二战”结束60周年的追悼仪式。他对“二战”中死去的人们表示哀悼，希望日本永远不要再卷入战争。80岁生日前夕，明仁天皇在新闻发布会上被问道：一生中对什么事印象最深刻？他给出的答案是“二战”，因为“那么多怀揣梦想和希望的年轻人在战争中失去了生命”。

如今，明仁天皇已即位25年，对日本47个都道府县都视察过。每当发生重大灾害，如1991年普贤岳火山喷发、2011年造成严重核泄漏事故的“东日本大地震”，明仁天皇夫妇都曾到灾区悼唁死难者，慰问灾民，鼓励救援人员。这些工作，是在向世界展示天皇的新形象，也使天皇家族的千年“神话”以新的方式延续下去。

短评：皇室文化体现了日本民族性

日本天皇号称“万世一系”“万世”虽有些夸张，但“一系”却与史实基本相符。从早期天皇的纷争，到近代天皇的维新，再到现代天皇的战争与和平，一个皇族存续了至少1400年之久，这在世界上绝无仅有。

究其原因，一是根深蒂固的皇国史观的影响。长期以来，日本民族对“君权神授”深信不疑，这一观念是皇室延续的重要思想基础。神道教是日本的传统宗教，人们崇拜神道教的最高神天照大神，天皇就是天照大神的后裔，是其在人间的代表。正因为长期被灌输这种皇权主义思想，即使外戚、幕府、大名拥有了凌驾于皇室之上的实力，他们也无法替代天皇“神”的地位。现在，虽然天皇的神格在法律上不存在了，但在多数日本人心中，天皇仍然是一个不同于普通人的特殊存在，没有天皇就不是日本。

二是日本是一个纵向结构的社会。自从中南部的大和国在公元5世纪统一日本列岛以来，等级观念根深蒂固，人们信赖秩序，强调“各得其所、各安其分”，没有出现过中国“有德者居之”“王侯将相宁有种乎”等观念。

因此，无人敢铤而走险，不顾“大义名分”，连根拔掉天皇制。

三是日本虽内乱不断，但从未被外部势力颠覆。在古代，外敌入侵是改朝换代的一个重要原因。日本是岛国，海洋是其天然屏障，近代之前没有遭到外敌侵占，为天皇的“万世一系”创造了条件。进入近代，虽然西方列强武力叩关，但日本没有与之对抗，而是灵活地接受了西方文明，避免了灭顶之灾，使天皇制延续了下来。

在西洋化泛滥的今天，日本皇室依然是日本民族传统和精神文化的核心。明治维新追求的“和魂洋才”的国家目标，正是今天日本的真实写照。虽然日本的国家政治体制、意识形态、社会生活中融入了大量的西方文明元素，但那是表面的；日本国家和日本人骨子里的民族传统、精神文化，如同天皇的存在一样，依然支配着日本人的思维和行动。

天皇家族的延续史也反映出日本充满矛盾的民族特性：既自卑崇拜权威，又自傲挑战权威；既善于开放吸收外来文化，又自我封闭追求优越的日本至上主义；既有强烈的唯我独尊的等级观念，又有依附权贵苟且偷生的忍耐之心。这些，都反映到当今日本的行为方式上。

此外，日本国民文化和心理上的自我约束，也是皇室文化长期积淀而成的一种精神和心理。皇室文化里的忠诚、信誉、礼仪、勇敢等是日本民族“大和魂”的源头，因此，日本国民崇尚“生若樱花之灿烂，死如秋水之静闲”。在日本，忤逆家族、集体、组织的事是不被允许的，所以对天皇是必须尊敬与效忠的。从1948年起，日本皇宫开放二重桥，日本国民可在每年元旦和天皇生日时前往参贺，每年都有超过几十万的国民自发凝聚在皇宫周围。皇室在凝聚日本国民精神方面发挥着无可比拟的作用。

随着时代的变迁，皇室的传统和精神实质虽然没有变化，但其生活方式发生着这样那样的变化，特别是战后出生的皇家子孙，把日本的传统和时代发展结合在一起，他们的婚恋生活、穿着打扮、兴趣爱好，都成为日本媒体追逐的目标，他们本人更成为日本青年追捧的偶像。皇室在潜移默化中深化了日本国民对天皇和皇室的拥戴。

这种拥戴虽有许多是来自日本民众的朴素感情，但也暗藏危机，容易被政客们利用。天皇制在战后得以保留，天皇未被追究战争责任，本就是导致现今一些日本人歪曲理解历史的深层原因。尤其是战后一代，没有经历过天皇下令开战的历史惨剧，在他们眼里，天皇是没有错误的，是神圣不可动摇的。所以，战后出生的首相安倍晋三等人在2013年4月喊出了“天皇陛下万岁”的口号，这正是“二战”官兵经常喊的口号！战后的首相这样做极不寻常，无法不让人回想起昭和天皇的侵略战争时代。在当今世界，对皇室文化和民族精神来说，和平与自省比什么都重要。（撰文：宋志勇、龚娜）

日本天皇，二十年放不下三件事

2009年11月12日，日本东京国立剧场被装饰得金碧辉煌，门前车水马龙，热闹非凡。庆祝日本天皇明仁即位20周年的庆典正在这里举行。1989年1月7日，日本裕仁天皇“驾崩”。作为其长子，皇太子明仁继承皇位，定年号为平成。转眼间，20年过去了。明仁天皇这20年日子过得怎么样呢？

中规中矩的现代君主

说起来，在日本，当天皇应该是最舒服的。明仁天皇也不例外。

天皇是名义上的国家元首，被视为日本国家的象征，在民间很受尊敬。在美国，一边爱国一边骂政府是一种常态，这种现象，在日本是不存在的。日本人通常是一边骂政府表达不满，一边向天皇致敬，表示爱国。

天皇是日本最有钱的人。作为日本头号“大地主”，在日本这样地价高昂的地方，其他富翁想超越他十分不容易。

天皇每天的生活，从迎来送往到衣食住行，由多达1500名侍从操持，丝毫不用自己操心。

天皇除了延续皇室香火和出席礼仪性活动，没有太多的其他事情，更无须工作。

而明仁也是个挺适合当天皇的人。明仁，1933 年生于东京皇宫产殿，1952 年被正式立为太子。麦克阿瑟主政日本期间，为了让这位皇太子“学习西洋的思想和习惯”，日本皇室特意聘请了美国儿童作家伊丽莎白·维宁夫人担任他的家庭教师。实际上，“二战”以后，日本皇室已经被拉下了“神坛”，明仁对这一变化有比较清楚的认识，因此，也开始走平民化的道路。1957 年，他通过打网球和圣心女子大学英语系系花正田美智子相识并相恋，最终排除一切干扰与其成婚，使日本皇室首开与平民通婚的先例。这一举动，为明仁获得了“开明”“亲民”的赞誉。

在政治上，明仁一贯谨言慎行，从未因自己的言行给日本政府带来内政、外交上的麻烦。他十分敬业，即便身体不适时也会努力参加各种礼仪性活动，尽量满足社会需要。

业余时间，明仁醉心于生物学，并把这一爱好传给了自己的儿女。不过，这位“业余生物学家”也曾闹过轰动日本的笑话。1960 年访美的时候，明仁把芝加哥市长赠送的 15 条太阳鱼带回日本，希望将其作为食用鱼加以培养。日本官员把这种鱼放养到河流湖泊中进行试验。没想到，太阳鱼到了日本，由于环境改变，生长缓慢，完全不适合食用。同时，太阳鱼生性凶猛，繁殖迅速，对日本原有的经济鱼种造成极大威胁，形成公害，闹得日本水产省十分狼狈。为此，明仁在 2007 年不得不对自己这一做法表示遗憾。

不过总的来说，明仁天皇性情平和，平时除了研究生物学，还对汽车和中国料理有一定的爱好。在私生活上，天皇夫妻感情和睦，也没发生过什么绯闻，作为一名现代君主，也算是中规中矩。

健康不佳，礼仪活动过于繁重

不过，明仁天皇 20 年的帝王生涯，却真是过得不容易。身体就是个大问题。

早在皇太子时代，他就被检查出患有结核病，经过长期治疗才痊愈。1995年，他做腹内手术，据说是摘除大肠息肉，但也有记者认为可能是肠癌，只是皇室考虑到社会影响而没有公开。2002年，他被检查出前列腺癌。这一次，经天皇允许，向公众公开了这个消息。2003年1月18日，他做了前列腺全摘除手术，并继续进行癌症对症治疗。2008年，皇室公布消息，由于治疗中使用激素，天皇患了骨质疏松症；同年12月9日，又公布天皇患有胃和十二指肠疾病，心脏也有问题。

明仁是日本近代以来的天皇中，进医院次数最多的。好在这已经不是明治时代，否则，天皇作为“神”，是不允许接受任何手术性治疗的。尽管如此，明仁的健康一直不佳，是显而易见的事情。

然而，作为天皇，每天的工作量还不少，这点可不考虑年龄和身体。那么，明仁天皇平常都有哪些工作必须要做呢？

首先，是接见所有赴任和卸任的大使。其实，要说的话和回答的话都是事先安排好的，参加过接见的人说，整个接见过程中，天皇和被召见的人就像“两台机器”；其次，签署所有部长以上官员的任命，颁发各种日本政府的奖励勋章。根据宪法规定，这些任命必须由天皇来签，不签是违宪行为；再次，宴请来访外国元首以及出席一些国际会议，这基本上是纯礼节性的，因为外国元首虽然吃了天皇的饭，却和天皇没什么可谈的，有事情还是找日本首相；还有，要在一些特定的日子主持一些保佑日本的祭祀活动，比如，在春耕开始的日子到田里扶犁，等等。这些活动，虽然有些只具有象征意义，但天皇都要“兴致勃勃”地出席。

在古稀之年明仁天皇还要参加这些繁重的礼仪性活动，确实令身体状况不佳的明仁天皇有些吃力。当然也有人说，造成如今日本天皇吃力的一个很重要的原因，是他继位过晚。明仁当皇太子40年，即位时已经56岁了。不过，也有人说，比起大英帝国的查尔斯王子，明仁天皇也没什么可抱怨的了。人家查尔斯都60多了，不还在等着继位吗？

侵略战争，甩不掉的负资产

如果仅仅是健康不佳倒也罢了，让明仁头疼的事情还很多，而且很难看到希望。

前几年我在日本看电视，播放日本皇室每年一度看望广岛、长崎原子弹受害者的场景。因为天皇健康不佳，那次派去的是明仁的儿子、皇太子德仁。节目自始至终，那些因为原子弹得了放射病的老人都坐着，而德仁一直跪在他们身边。开始我还以为是某种礼仪的要求，后来和一个日本残疾老兵提起这件事，对方的说法却是这样的：皇太子当然要跪着说话了，都是为了他们家打仗才把我们害成这样啊……

确实，日本天皇当年发动的战争，毁了这些人的一生，跪上几分钟，不是应该的吗？难怪那些老人眼看着德仁跪在旁边，却神色如常。

日本战败的时候，明仁只有 12 岁。按照皇室当时的规矩，他 1944 年就应该到近卫师团担任少尉。或许因为当时日本败象已显，日本皇室最终没有让明仁到军队中任职，只留下了一张他持枪穿日军军装的照片。

然而，裕仁天皇在位期间发动的侵略战争，一直是明仁天皇的“负资产”。经历过战争的日本人，对天皇都有过从崇拜到幻灭甚至愤恨的过程。还在担任皇太子期间，明仁曾于 1975 年到冲绳视察。那里是“二战”中最惨烈的战场之一，民众死伤惨重。当明仁前往“白百合塔”悼念战争中死亡的女中学生时，遭到冲绳独立运动组织成员投掷燃烧瓶袭击，太子妃负伤。

实际上，明仁担任天皇以后，怎样处理战争遗留下的负资产一直是个大问题。如果对战争的谴责不够深刻，会遭到左翼和战争受害者的不满；但如果谴责过于深刻，又怕被右翼攻击。明仁在这个问题上一直低调再低调，小心翼翼地尽量两方面都不得罪。碰上左右翼同时到场的会议，明仁坐在天皇的座位上，就如同在火上烤一样的难受。实在被逼急了，他就只好大谈和平是何等珍贵，顾左右而言他。这种“在鸡蛋上跳舞”的感觉，想来很不好受。

在庆祝即位20周年庆典前的记者招待会上，明仁天皇在回答“对日本的将来有何担心”时表示：“担心的是，过去的历史会将逐渐被遗忘。昭和时代是在严峻状况下开始的。在昭和天皇即位仪式举行前，发生了杀害张作霖事件（皇姑屯事件），三年后发生了‘九一八’事变，日本开始走上大战之路。”“我认为重要的是充分了解过去的历史事实。”但同时，明仁也谈到裕仁天皇在任皇太子期间，曾到第一次世界大战的法国凡尔登战场访问，了解和平的重要性，并说“导致交战的事件”违反裕仁的本意。明仁天皇这些话，也显示出他要彻底放下历史包袱并不容易。

延续血脉，与太子心存隔阂

另一个，也是更要命的问题，则是天皇的继承人。这始终困扰着明仁一家。

日本天皇的一大职责就是繁衍后代，继往开来。但或许因为长期贵族内部通婚，日本天皇家族一向人丁不旺，特别是男丁甚少。明仁是当时日本天皇裕仁夫妇的长子，在此之前，天皇家已经生了四个公主，却始终不见男丁，所以，他的出生为日本皇室解决了无以为继的大问题。明仁自己在这方面也算是完成了任务，拥有德仁和文仁两个儿子，为天皇制的延续做了双保险。

然而，太子德仁却让明仁很不省心。德仁结婚晚，长期没有孩子，好不容易生了一个，还是女孩（即爱子公主）——而按照日本现行的法律，只有男性才能继承皇位。

从现在披露的情况看，日本皇室内部因此产生了很大矛盾。宫内厅认为，问题主要出在现代派的皇太子妃雅子身上，于是采取措施，严格限制这位前外交官的宫外活动，甚至采取收集其月经周期这样近乎侮辱的举动，以促使其专心怀孕，为皇室生继承人。

而皇太子则坚决站在太子妃一边，与宫内厅展开斗争。天皇明仁夫妇总的来说是站在宫内厅一边，认为太子夫妇应该履行自己的职责。他们这样做自有道理——根据麦克阿瑟在日本期间“协助”制定的法律，日本天皇家族既不能过继，也不能纳妾，如果没有直系继承人，天皇制就要自动废除了！

这样一来，原来关系不错的天皇父子之间也爆发了“冷战”。太子德仁发表宣言，说太子妃受了委屈，双方矛盾激化。日本的新闻界不断风传太子受压力即将离婚，或者天皇要废太子之类的小道消息。这样，本来可由皇太子夫妇代劳的一些工作，又回到了天皇夫妇的手上，结果把美智子皇后累得内出血。

好在二儿子文仁体谅老父的苦衷，其妻纪子妃在40岁之龄冒着胎盘前置和大出血的危险，在2006年生下一个男孩，成为目前日本皇室第三代唯一的男丁。不过，这样的结果是，文仁的妻子纪子妃也开始跟婆婆学养蚕了——这是日本皇室皇后才需要学习的技术。将来，皇位该怎样传法，实在是一件令人头疼的事情。皇室其实就是这么几个血肉相连的人组成，里面的水却比大海还深。

在外头说话做事三思而行，在家里父子之间又心存芥蒂，再加上自己健康状况不佳，明仁这二十年天皇当的，实在是不省心。（撰文：萨苏）

尼赫鲁家族，暗杀阴影笼罩的统治者

翻开印度百年现代史，随处可见尼赫鲁家族的踪迹。一家先后出过三位总理、五位党主席，这样显赫的家族不仅在印度绝无仅有，在世界政坛也属罕见。从当年莫蒂拉尔放弃万贯家产，毅然带领儿孙追随圣雄甘地，为印度民族独立呕心沥血，到印度独立后，祖孙三代先后执政 40 多年，推动印度从贫穷落后走向自力更生，尼赫鲁家族为印度做出了非凡贡献和巨大牺牲。

莫蒂拉尔：从贵族到囚徒

尼赫鲁家族源自遍布雪山峻岭的克什米尔，原姓考尔，属于印度教中的最高等级——婆罗门。18 世纪初，家族中一位名叫拉志·考尔的学者受莫卧儿皇帝垂青，入德里法院为官，举家迁往德里运河边御赐的新居。为此，家族改姓为“尼赫鲁”，意为运河。

若干代后，时任德里警察局局长的甘迦·尼赫鲁在 1861 年得到一个小儿子，起名莫蒂拉尔·尼赫鲁。正是他，使尼赫鲁家族走向印度政治舞台的中心。1857 年，在印度反英大起义中，莫蒂拉尔全家为躲避战火，迁至恒河中部的印度教圣城——阿拉哈巴德。在当律师的哥哥影响下，莫蒂拉尔开始学习法律。25 岁那年，哥哥去世，他毅然挑起了养家重担。首次承办案件，他只挣到 5 卢比。但几年后，随着业务不断精通，莫蒂拉尔渐渐成为全印度最炙手可热的律师，随即他修建了一座当地最为豪华的公馆——“欢喜宫”。据载，尼赫鲁家族是当年联合省（现在印度北方邦）第一个拥有汽车的家庭，就连英国省督都羡慕不已。莫蒂拉尔应邀加入省立法会议，英国许多达官贵人常为他的座上宾。1911 年英王乔治五世巡游印度时，莫蒂拉尔全家受到接见。

当时，印度民族独立运动风起云涌，但莫蒂拉尔仍在欢喜宫里过着逍遥的日子，甚至一度鄙视圣雄甘地。然而，“阿姆利则惨案”改变了莫蒂拉尔——1919 年 4 月 13 日，旁遮普省阿姆利则市的 5 万市民举行和平集会，要求释放两名被逮捕的民族运动活动家。英国殖民当局开枪射杀这些手无寸铁的平民，379 人被杀，1200 人受伤，直到 1650 发子弹全部打光才停止射击。震惊世界的流血惨案，使莫蒂拉尔全家彻底改变了对英国人的态度。

莫蒂拉尔从此拒赴英国殖民政府的宴会，并辞去省立法会议中的席位，停止律师业务，积极投入争取独立的运动。1919 年 12 月，他当选为国大党主席，从此成为甘地最坚定的战友。他抛弃了“欧化”的生活方式，不再穿西装、戴软呢帽、打丝领带，而改穿土布紧身裤和“阿其康”长袍，戴甘地帽。他还关闭了家里的欧式厨房，拆除马厩，削减仆役。将从欧洲购置的西服、天鹅绒、绸缎甚至洋娃娃都付之一炬。这一举动轰动了全国。20 世纪 20 年代，莫蒂拉尔多次入狱。1930 年他再度被监禁，获释后不久，便于 1931 年 2 月去世。

尼赫鲁：九次入狱的开国元勋

新德里莫迪路 1 号，是印度开国元勋尼赫鲁的纪念馆。馆内，摊开的书卷，发黄的老花镜，旧式拨号电话机……仿佛主人只是暂时离开。络绎不绝的参观者无不放轻脚步，压低声音，生怕惊扰了他。一双双虔诚的眼睛所看到的、感受到的，全都是各地民众对辉煌一时的“尼赫鲁时代”的静静追思。

1889年，事业蒸蒸日上的莫蒂拉尔有了第一个儿子，起名为贾瓦哈拉尔·尼赫鲁（下文简称“尼赫鲁”）。“贾瓦哈拉尔”，意思是“红宝石”。58年后，正是这颗“红宝石”迫使英国人摘下了“女王皇冠上最为耀眼的明珠”，同意印度独立建国。

小时候的尼赫鲁在印度完成初等学业后，被送到英国哈罗公学和剑桥大学深造。从学生时代起，他就对政治很感兴趣。大学期间，恰逢英国大选，尼赫鲁每日翻阅报纸，关注选情。当老师考问学生们对大选的了解程度时，尼赫鲁竟能说出英国全体内阁成员的名字。

1912年，尼赫鲁学成归国。1916年，国大党在北方邦勒克瑙召开年会，27岁的尼赫鲁第一次见到圣雄甘地。他眼中的甘地“像一股强大的电流……又像一道闪光，划破了黑暗，清除了我们眼睛上的翳障”。很快，他投身民族独立运动。从此，挨打和入狱成为家常便饭。1921年至1945年间，尼赫鲁先后入狱9次，共坐牢1041天。

在严酷的独立斗争中，尼赫鲁逐渐成熟。1929年冬，国大党在拉合尔

1942年8月，甘地（右一）和尼赫鲁（右三）发起了“撤出印度”运动

年会上通过了尼赫鲁起草的《开辟历史新纪元》决议，将“完全独立”作为奋斗目标。由于尼赫鲁有能力调和党内矛盾，不惑之年的他当选为党主席。

1937年，尼赫鲁在5个月内，或坐汽车，或骑大象，或乘木筏，几乎行遍全印度，每天演讲10次以上，听众达1000多万。最终，除旁遮普和孟加拉两省外，尼赫鲁“以彼之道，还施彼身”，利用英国殖民当局倡导的议会民主，使国大党在选举中大获全胜，为印度独立建立了深厚的群众和地方基础。1942年，尼赫鲁领导国大党开展要求英国“及时而有秩序地撤出印度”的“撤出印度”运动。英印殖民当局立即宣布国大党非法，并逮捕了尼赫鲁等人。这是尼赫鲁第9次、也是最后一次入狱。

尼赫鲁身陷囹圄却毫不悲观。在狱中，他写成了《印度的发现》一书：“印度以它现在所处的地位，是不能在世界上扮演二等角色的，要么就做一个有声有色的大国，要么就销声匿迹。”时至今日，这句名言仍为印度人耳熟能详。

“二战”后，世界民族独立运动掀起高潮。英国政府被迫考虑移交印度政权。尼赫鲁和英国进行了艰苦的谈判，终于达成了承认印度为英联邦自治领，印度与巴基斯坦分治的蒙巴顿方案。1947年8月15日凌晨，尼赫鲁在德里莫卧儿王朝的王宫城墙上，升起了印度第一面独立的旗帜。此后他三度出任总理，主管政府工作17年。1964年，他在发表一次演说后心脏病突发，不久逝世。

英迪拉：永不凋谢的红玫瑰

“我像男孩子一样长大。我的洋娃娃几乎都不是要喂奶的婴儿，而是袭击兵营和被投入监狱的男男女女。”在接受意大利记者法拉奇专访时，英迪拉如此回忆童年。

作为尼赫鲁的独生女，英迪拉自幼深受祖父和父亲的影响，5岁时就探过监，12 岁时聚集一班少男少女创立“猴子队”，参加国大党的游行集会，帮助散发宣传品。她早年留学瑞士和牛津大学，攻读政治、历史、人类学等，21 岁加入国大党。

1942 年，英迪拉打破传统，与出身拜火教的新闻记者费罗兹·甘地结婚。婚后生有二子，长子拉吉夫（1944 年出生），次子桑贾伊（1946 年出生）。婚后不久，两人就因参加抗英斗争一起被捕入狱。印度独立后，英迪拉常陪同父亲参加外交活动，出访美、中、苏、法等国，出席英联邦总理会议，参加万隆会议，充当印度“第一夫人”的角色。

1964 年父亲病逝后，夏斯特里继任总理，英迪拉出任新闻广播部部长。不到两年，夏斯特里猝逝，英迪拉被推举为印度历史上首位女总理。

英迪拉办事果断，政治斗争经验丰富。在党内，她纵横捭阖，击败各路政敌。但是，不少印度媒体对其任人唯亲、压制异己的做法颇有微词。尤其在 1975 年，她为打击反对派，实行长达 19 个月的紧急状态，导致大批反对党人士身陷囹圄，被史学家称为“印度建国后最黑暗的时代”。

1984 年，英迪拉调兵围剿锡克教反政府武装，造成大量伤亡，直接导致了同年 10 月 31 日她本人被锡克卫兵刺杀身亡。迄今，在新德里萨夫达章路 1 号的英迪拉纪念馆内，还有一条铺满木板的小径，路的尽头放着一束她平生最钟爱的红色玫瑰花。当年，英迪拉正是在这里中弹倒地的。迄今，这束花似乎在提醒世人：功过自在人心。

拉吉夫：临危受命的飞行员

1984 年 10 月 31 日傍晚，印度总统府阿育王大厅，一个年轻而哀痛的声音宣读着就职新一届总理的誓词。这个曾习惯于翱翔蓝天的人，原本对政治毫无兴趣，只因 4 年前弟弟去世，才被母亲英迪拉推向政治舞台。

拉吉夫·甘地，尼赫鲁家族第四代传人，1944 年 8 月出生时，外祖父

索尼娅·甘地

尼赫鲁尚在狱中。长大后，拉吉夫赴伦敦帝国学院、剑桥大学学习机械工程，课余学习飞行。留学期间，他从不炫耀出身，为赚足生活费，他烤过面包，卖过冰淇淋，还在果园打过零工。

留英期间，他邂逅了美丽的意大利姑娘索尼娅。一次英迪拉到伦敦开会，提出要见见索尼娅，她不免有些紧张。未来的婆婆温和地说："索尼娅，我是一个母亲，不要怕我。"英迪拉见索尼娅衣服上有一处开了线，马上拿出随身带的针线帮她缝上，让索尼娅非常感动。1968年，拉吉夫和索尼娅按印度教习俗举行了婚礼。婚后，拉吉夫在印度航空公司担任飞行员。他们相继有了儿子拉胡尔和女儿普里扬卡，一家人其乐融融。

英迪拉起初只想让雄心勃勃的次子桑贾伊继承家族衣钵。不料，次子于1980年飞机失事遇难。此后，经母亲再三要求，拉吉夫终于告别了14年的飞行生涯，于1981年5月加入国大党，1983年被任命为国大党总书记。

1984年，英迪拉被刺，激化了宗教纷争。面对严重局势，拉吉夫将维护国家统一和民族团结作为首要任务。他一方面克服巨大悲痛，安葬母亲，另一方面采取措施平息仇恨，迅速避免了教派仇杀的蔓延，及时稳定了局势。

1989年11月印度大选，国大党在大选中因军售丑闻案落败。人民党执政后，不到两年，因政绩不佳，被迫提前举行大选。拉吉夫在全国奔走，准备东山再起。不幸的事件发生了：1991年5月21日夜，拉吉夫赴南方参加竞选集会，在接受一名泰米尔猛虎组织成员献花时遭自杀式爆炸袭击身亡。这对尼赫鲁家族来说，无疑是致命的一击。好在其妻索尼娅挑起了国大党主席的重任，帮助"第一家族"逐渐恢复了元气。

拉胡尔：万众瞩目的明日之星

如今走在印度大街上，随便问路人下一届总理可能是谁，答案几乎众口一词："拉胡尔·甘地。"自2004年国大党重新执政以来，作为尼赫鲁家族的第五代传人，拉胡尔·甘地的一言一行都成为全国焦点，其风头之强劲，压过了所有的老牌政治家。因为他年轻的肩膀上，不仅担负着带领国大党续写辉煌的重任，更担负着延续家族政治血脉的希望。

现年39岁的拉胡尔，是拉吉夫和索尼娅异国之恋的第一个爱情结晶，自幼深得双亲及祖母英迪拉的疼爱。但受"第一家庭"特殊地位所限，拉胡尔从小深居简出，即便上学，也是由教师到家里授课，如果想出去一次，也总是在保镖严密看护下匆匆走过公园或商店。

政治的残酷带给拉胡尔的，不仅是童年的孤独，更是痛苦的回忆。1984年，祖母遇刺身亡后，年仅14岁的拉胡尔惊恐地躲在父亲身后观看火葬仪式。时隔7年，父亲遇害，又让他匆匆中断了在哈佛大学的学业，在万众瞩目下，亲手点燃了安放父亲遗体的柴堆。不久，作为长子，拉胡尔又将父亲骨灰撒入恒河。当年的《印度时报》曾催人泪下地描写道："拉胡尔捧着装有父亲骨灰的铜罐，拖着沉重的双腿，走上河心搭着由花环装饰的木台时，凝视着失声痛哭的母亲和妹妹，将骨灰撒入了滔滔不息的圣水之中……"

尽管国大党内早有不少人恳求索尼娅任命拉胡尔为国大党青年组织的负责人，但或许已经历了太多不幸，拉胡尔毕业后一直没有从政，反而到一家英国公司从事财务咨询工作。与热衷政治的妹妹普里扬卡相反，2004年之前，拉胡尔竭力避开公众视线，给人以腼腆、低调的印象。

2004年4月，为帮助国大党东山再起，拉胡尔打破多年沉寂，首次竞选议员，开始在印度政坛登台亮相。顿时一股"拉胡尔旋风"席卷印度各地。他微笑时的酒窝和优雅谈吐，总能在所到之处赢得无数欢呼，有人甚至在自家屋顶撒上玫瑰花瓣与金盏花，虔诚地迎接拉胡尔车队的到来。在民众对尼赫鲁家族的狂热崇拜下，拉胡尔轻而易举地获得了选举胜利，成为代表阿梅提地区的议员。5 月 18 日，国大党推荐辛格出任印度总理，夺回了失去 8 年的总理宝座。印度媒体纷纷感慨拉胡尔功不可没，正是他的参选极大振奋了国大党的士气，吸引了众多年轻选民。

拉胡尔于 2007 年出任国大党总书记。2009 年，国大党再次以压倒性优势蝉联执政。总理辛格力邀拉胡尔入阁，但拉胡尔此前表态，由于“经验不足”，他不会出任政府职务。很多人坚信，拉胡尔早晚会担任总理，如他所言：“我渴望领导印度，但还需要时间。”

丰富的家族遗产

尼赫鲁家族之所以领袖辈出，除个人因素外，离不开印度独特的文化环境。印度老百姓习惯于家族经营。首都新德里的市区竟没有一家大型超市，一家家店铺像马蜂窝一样挤在一起。每个店铺里无论缺少什么货物，有两样东西万万不能缺少：一个是神像，另一个就是先人的遗像。这两个像都放在离收银台最近的地方。每天店主开门时，第一件事就是点燃一炷香，然后用手轻轻扇动，让香烟弥漫到神像和先人遗像上。这时店主心里才踏实下来。印度人重视自己的家族，对社会地位高的家族更是表现出相当的尊重。

这种家族意识决定了印度民众对待国家和政治的态度。而传统的等级制更强化了家族观念。浓厚的宗教氛围、世袭传统和等级观念，构筑了这个南亚国家家族政治的独特风景。

更重要的是，几千年来，印度存在着有钱人施舍和庇护穷人的社会现象。有一定财富的家庭雇用穷人，为其提供最基本的生活保障，后者则以忠诚和感恩的态度回报。在这种稳定牢固的关系中，民众对家族的忠诚甚至高于对国家的忠诚。倘若有人出身高贵，又肯为穷人奔走呼号，那他就会被奉为圣人。这就不难理解尼赫鲁家族何以统治印度百年。

不可否认，尼赫鲁家族留下了一笔丰富的政治遗产。他们积极投身于争取民族独立的斗争，并成为中坚力量。印度独立后，他们坚持世俗主义、政教分离的政策，坚持宗教平等，反对种姓歧视，竭力缓和阶级矛盾。

尼赫鲁家族几代领导人，始终以维护国家独立、振兴民族经济为己任。尼赫鲁建立了资产阶级民主体制，实行公私营经济并重的混合经济体制和计划经济。英迪拉主导完成了“绿色革命”和“白色革命”，基本上解决了粮食和牛奶供应问题，摆脱了印度长期依靠外来援助的尴尬局面。拉吉夫主张科技兴国，提出要“用现代技术把印度带进21世纪”，大力培养软件人才，由此赢得“计算机总理”的美誉。

在国际事务上，尼赫鲁制定了不结盟外交政策，为英迪拉和拉吉夫所继承。这一政策不仅得到本国人民支持，对推动世界向多极化方向发展也发挥了积极作用，受到世界的欢迎。

由于尼赫鲁家族几代领导人制定的内外政策，保证了印度在政治、经济、外交上的独立，无论政局发生怎样的变化，都不可能脱离尼赫鲁家族早已为印度规划好的基本轨道。（撰文：金丰）

阿富汗的忧郁国王们

当代阿富汗虽战火频仍，动荡不安。但在其现代历史上，也曾有过一个比较稳定的时代，那就是从1933年到1973年的“末代君主”查希尔统治时期。如今，仍有阿富汗人怀念那个时代。查希尔是阿富汗现代史上的传奇人物，以温和开明著称，在阿富汗口碑不错。

先辈屡受外国打压

查希尔是巴拉克宰王朝开国君主多斯特的旁系后代，其高祖父苏尔丹是多斯特的弟弟。1793年，多斯特出生在坎大哈，父亲是杜兰尼王朝官员，也是巴拉克宰部落酋长。多斯特的一个哥哥扶持穆罕默德·杜兰尼取得王位，之后却被刺杀，引起内战。1826年，杜兰尼王朝被推翻，地盘被瓜分，多斯特拿到了伽色尼、喀布尔等地。到1836年，他统一阿富汗，自称埃米尔，建立了巴拉克宰王朝。

多斯特曾说：“我们有人，有黄金、财富和足够的土地，我们拥有一切。”但当时，英国、俄国、伊朗等都在觊觎阿富汗。多斯特曾挫败俄国推翻他的图谋，并寻求英国的支持。但英国提出苛刻要求，双方闹翻。他又转向俄国人。1839年，英军攻占伽色尼，多斯特投降，被关在印度。但

1971年12月7日，查希尔访问伦敦，受到英女王伊丽莎白二世欢迎

英国人扶持的苏佳于1842年被人谋杀，局势动荡不安。英国撤军后，多斯特回到喀布尔再度掌权，后来修改政策，与英国结盟。1862年，伊朗出兵夺取重镇赫拉特，多斯特请英国帮助，并亲率军队出击。1863年5月26日，他收复了赫拉特，但两周后就突然死亡，死前将王位传给三儿子希尔。

巴拉克宰王朝的王位时而父子相传，时而兄终弟及，但代代忍受强国欺辱。希尔执政时，英俄争霸，沙皇派使团与阿富汗结盟，英国知道后也派使团前往，但被阿富汗军队挡住，英国出兵攻占喀布尔，希尔想逃往俄国避难，却因为俄英已签约修好而遭拒绝，郁郁而死。新国王雅各布继续领兵反抗，最终英阿签约，阿的外交权落入英国之手。1901年，哈比布拉即位。6年前他曾率代表团访问英国，受到英女王维多利亚接见，也参观了英国的铁路、工厂等先进企业。执政后，他兴建学校，兴修道路，进行现代化改革。第一次世界大战爆发后，有人建议他加入德、意、奥同盟国一方，以摆脱英国的控制，但他坚持中立，认为国家太弱，没有实力跟英国摊牌。他的改革遭保守派反对，1919 年遭暗杀。

继位的是阿曼努拉罕。当时，俄国刚刚发生了革命，建立了苏维埃政权。阿曼努拉罕认为这是个摆脱英国控制的机会，与苏俄修好，并支持印度的反英斗争。英阿再度开战，英军在地面战中失利，派出飞机轰炸喀布尔。双方最终和谈，英国承认阿富汗主权和独立。随后，阿曼努拉罕开启改革，试图将国家变成现代化君主立宪国家。在岳父塔尔齐帮助下，阿曼努拉罕通过了宪法，用苏俄捐赠的飞机建立了空军。他的妻子索拉娅王后则积极推动保护妇女权益。但这些举措遭保守派反对。1928 年，一个叫卡拉卡尼的军官发动叛乱，不少政府军士兵倒戈。1929 年 1 月，阿曼努拉罕宣布将王位交给兄长伊纳亚图拉赫汗。但大势已去，新王 3 天后退位，卡拉卡尼打进喀布尔，自立为王。阿曼努拉罕流亡英国，1960 年客死他乡。

父子两代，夹缝求存

卡拉卡尼只在王位上坐了 10 个月。打败他的是王室成员纳迪尔。

1883 年，纳迪尔出生在印度，他在印度长大。后来，他随流亡海外的祖父叶海亚返回祖国。阿曼努拉罕当国王时，纳迪尔当上将军，领导了对英作战，战后当了战争部长和驻法大使。但是，他因政见不和，遭到阿曼努拉罕流放。卡拉卡尼叛乱发生后，纳迪尔去印度寻求英国的军事支持，带兵打回喀布尔。1929 年 11 月，他处决了卡拉卡尼，自任国王。

纳迪尔放弃了阿曼努拉罕的大部分改革措施，并致力重建军队。他扑灭了多处叛乱，通过了新宪法，建立了形式上的君主立宪制度，但自己掌握着实权。他也进行了一些现代化建设，铺设公路，建立银行，并在 1931 年建立了阿富汗第一所大学——喀布尔大学。到 1933 年，阿富汗军队扩大到 4 万人。但阿富汗国内仍存在严重的民族问题。1933 年 11 月 8 日，纳迪尔在参加一所高中的毕业典礼时，被学生卡利克开枪打死。卡利克来自一个长期受歧视的部族。他被立刻逮捕，遭受酷刑后被处死，他的一些无辜亲友也被处死。据说，政府还以行刺国王的名义，借机逮捕和处决了一些政敌。

纳迪尔被刺杀时，查希尔也在现场，目睹了父亲的惨死，随后继任国王。查希尔于1914年10月15日生于阿富汗，10岁时随父前往法国读书，记忆力超群，能说波斯语、普什图语和法语，对波斯文化也有研究，还爱好狩猎。1930年，16岁的查希尔回阿富汗学习传统教义，1931年从喀布尔步兵军官学校毕业，与霍梅拉王后结婚，1932年任国防副大臣、代理国防大臣，1933年任代理教育大臣。

查希尔当国王时只有19岁，实权长期掌握在他两个舅舅手里。在那个时期，阿富汗参加了国际联盟，得到了美国承认，还得到很多国家的援助，包括德国、意大利和日本这三个当时的法西斯国家。“二战”后，查希尔意识到国家现代化的重要性，并招聘了一批外国顾问来推动这个进程。他加强对外文化交流，设立现代大学，开放酒禁。1955年，阿富汗与中国建交，两国于1960和1963年分别签署了互不侵犯条约和边界条约。1963年，查希尔亲政、全面掌控权力，1964年阿富汗颁布新宪法，实行议会制度，解除妇女的面罩束缚，给女性投票、受教育和工作权利。也是在那一年，查希尔访问中国，后来还邀请中国领导人访阿，将一个精美的银錾花嵌蓝宝石四足椭圆盒送给周恩来总理，和中国老一代领导人结下深厚友谊。

查希尔统治期间，阿富汗有着持久的和平。但他没有想到，平静的表面下暗流涌动。1973年，查希尔前往意大利医治眼疾和腰痛，当年7月，他的堂兄、前首相达乌德发动政变，建立了共和国。10年前，达乌德曾被查希尔免去首相之职。这次，达乌德给查希尔去信说，阿富汗不再需要他回来。8月，查希尔在罗马宣布退位，避免了一场腥风血雨。

从流亡者到“国父”

作为被废的国王，查希尔在罗马郊区一座别墅住下，每天下棋、散步。

2002年，查希尔（左）和卡尔扎伊在总统就职仪式上

有时，人们在咖啡馆看到他细细品味卡布奇诺，有时他又出现在一家二手书店。1991年，他被一名伪装成记者的刺客持刀攻击，所幸伤势并不严重。此后他提高了警惕，便很少接受采访。他的住所有手持机枪的保镖严密守卫，并将房子周围的树砍光，以防刺客躲在树丛里。在他流亡的几十年里，家乡阿富汗先是在1979年遭苏联入侵，随后又被塔利班统治。2001年，“9·11”恐怖袭击震惊世界，随后美国发动了阿富汗战争。

美国动武前，想到了查希尔，希望利用他的威望争取阿富汗人的更多支持。在此背景下，查希尔与阿富汗反塔利班的北方联盟秘密接触，讨论政权重建事宜。塔利班领导人奥马尔警告他不要插手国内事务，并发出死亡威胁。但查希尔表示，将以阿富汗公民身份回到故土，做出应有的贡献。2002年4月，在50名意大利保镖护卫下，查希尔出现在喀布尔机场。他迎着明亮的阳光，打量着有些陌生的家园，与普什图长老拥抱、亲吻。此时，美国人已击溃塔利班政权。但由于没有预先通知国王将回国，喀布尔大街上显得空空荡荡，没有欢迎人群，也没有飘扬的旗帜。查希尔来到父亲的纪念碑前，追忆往昔，感慨万千。

在国外生活多年，查希尔和当地人相比有些与众不同。他会见长老时有时会戴着D&G的太阳镜和有条纹的普什图头巾，在与巴基斯坦人会面时会提到跨越两国边境的“大普什图”概念，在演讲时他还会夹杂一些波斯语。2002年6月，他主持召开了阿富汗国民会议，选举产生了过渡政府。

有人提出让他再次出任国王，但他没有同意。有人说他此举意在“让贤”，也有人认为，他熟知阿富汗情况，却未能在阿富汗最需要他的时候挺身而出，是明哲保身。宗教保守势力反对他再次出山，他们对他在文化领域的改革以及将伊斯兰教法置于国家法律之后的决定都耿耿于怀。最终，卡尔扎伊当选阿富汗总统，查希尔则获得“国父”象征性地位。阿富汗人将他视为给国家带来稳定与和平的人，他也欣然接受了这个称号。他说：“我不在乎国王的头衔。民众叫我国父，我更喜欢这个称谓。”

2007 年 7 月，查希尔走完了 93 岁的人生道路，作为阿富汗最后一位君主告别人世。在最后的日子里，他过得更像一位乡绅，在家里养奶牛、种草莓。他经常生病，多次被送往医院急救。他去世后，卡尔扎伊发表讲话，称查希尔是国家统一的象征，这位“人民之友”将永远被人铭记。

查希尔有六个儿子、两个女儿，最大的女儿出生于 1932 年，最小的儿子生于 1957 年。他的儿女都比较低调，经过笔者多方打听，并没有获知他们的近况。2009 年，美国媒体曾报道，他的一个孙子穆斯塔法有意参加总统选举，但最终并没有出现在候选人名单上。笔者的一位朋友说，大约查希尔的后人都更珍惜平静的生活，只想将父辈那些传奇故事在心底默默珍藏。（撰文：杨迅）

尼泊尔王室：预言笼罩的悲情家族

位于喜马拉雅山南麓的尼泊尔是全球拥有名号最多的国家之一：南亚的高山王国、地表差异最大的国家、众神国度……

这个面积仅 14 万平方公里的小国所呈现的多样性让人惊叹。这里地形地貌错落有致，从亚热带平原到海拔超过 8000 米的雪峰，景色无与伦比。这里同样丰富的还有宗教。千百年来，从中国西藏和印度迁移来的外族人与原住居民逐渐融合，宗教随之也复杂起来。如今，尼泊尔被称作是“神比人多的国度”，人们悠闲地生活在这里，穿梭在印度教与佛教融合的寺庙中。

被神秘笼罩，充满流言传说的还有尼泊尔末代王室——沙阿家族。自 1769 年建立统一政权，到 2008 年尼泊尔实行共和制，沙阿王朝延续了 239 年，曾是世界上最古老的王室之一。但在位的十三位沙阿国王命运多舛，其中三代君主被幽禁王宫成为傀儡，甚至还有人死在自己儿子的枪下。两个多世纪以来，沙阿家族历经磨难，王室一路风雨飘摇。

大臣僭位，几代国王禁闭宫中

廓尔喀位于尼泊尔首都加德满都的西部。与土壤肥沃、物产丰饶的加德满都谷地相比，这片丘陵土地贫瘠。生活在这里的廓尔喀人源自古老的武士阶层——拉齐普特人的一支，他们不善耕织，却崇尚武力。直到几百年后的今天，腰佩弯刀的廓尔喀勇士依然是世界闻名的雇佣兵团。

纳拉扬大帝，1769 年建立了尼泊尔第一个统一政权

沙阿家族就是廓尔喀人。自公元 1559 年，沙阿祖先德拉比亚建立廓尔喀王国后，流淌着武士血液的沙阿家族野心不断扩张，廓尔喀王国急剧膨胀。最初，这个小王国只是境内众多军事政权中的一个。传位 10 世后，家族迎来一代雄主纳拉扬·沙阿，他为沙阿家族建功立业掀开了崭新的一页。

纳拉扬登基前，廓尔喀王国民生维艰。即使身为王室成员，纳拉扬住的屋子也很简陋，还因此受到岳父嘲笑。登基后，年轻的国王发誓“绝不坐以待毙，一定要大干一场”。纳拉扬奉行开疆拓土、一意扩张的政策，20 岁时便开始统兵四处征伐。经过多年的残酷征战，廓尔喀蚕食了大片领土，攻下了加德满都谷地。1769 年，纳拉扬将首都从廓尔喀迁至加德满都，建立了尼泊尔第一个统一政权。这一年成为近代尼泊尔的开端，征战沙场的君王被后人称作“纳拉扬大帝”。

纳拉扬大帝征服尼泊尔后，沙阿成了最有威望的姓氏。这时，与国王一同东征西讨、出生入死的武士阶级也晋升为权贵，手握实权的大臣开始与世袭君主比肩而立。如同中国封建王朝中的争斗，尼泊尔宫廷也经常出现纷争。到 19 世纪中叶，主宰整个国家的已经不是沙阿国王，而是权臣拉纳家族了。

1846年9月14日，沙阿王朝将军忠格·巴哈杜尔·拉纳发动军事事变。这天夜里，拉纳将军安排自己的兄弟连、父子兵大开杀戒，血洗了王室顾问、首相等权臣贵族。第二天凌晨，拉纳将军被任命为首相。为了铲除异己，巩固家族政权，他将6000多人流放到了印度，以便培植新贵。拉纳还规定，其家族享有首相一职的世袭权，国家司法权与立法权等一切实权也被尽收囊中。沙阿王朝开始实行首相独裁制，共有三代国王被囚禁在宫中，王室权威跌入谷底。

重掌王权，不做“自家宫中的囚徒”

拉纳家族在尼泊尔的独裁统治长达一个世纪。对于沙阿家族，这是最黑暗的一百年。沙阿国王有被逼退位的，有被吓疯的，还有被谋害的。其余正常继位的要么成为拉纳首相的女婿，要么是首相的嫡亲外孙，他们很小的时候就登基成为国王，一生受首相控制。

直到20世纪50年代，沙阿家族中另一位永驻史册的英雄——特里布文终于改写沙阿历史，他推翻了拉纳家族的统治，恢复了沙阿王朝的权威。

特里布文5岁的时候就继承了王位，到1951年，他亲历了五位拉纳首相，目睹了拉纳家族独裁的全盛时期。虽为国王，特里布文只在接待外国来使时露面。他能支配的款项，跟拉纳家族任何一位将军的薪酬相比都少得可怜，就连拿出一份小小的布施、一件微薄的礼物，也要征得拉纳首相的许可。

特里布文称自己是“自家宫中的一名囚徒”，无时无刻都想着推翻拉纳政权。他爱读书，洞察力强，从小就渴望在政治上有所作为。成年后，被禁闭王宫的特里布文暗中支持相继出现的人民党和尼泊尔大会党，甚至与拉纳政权决裂，誓言不惜一切代价推翻独裁体制，建立民主政府。时任首相眼看形势不对，开始着急了，立马宣布废黜特里布文，另立尚在襁褓中的王孙为国王。

特里布文让首相抓狂，却令民主派备受鼓舞，大会党不失时机地发动了武装起义。1951 年 2 月 15 日，等了一个世纪的沙阿王室终于拨云见日，光复了王位和王权。3 天后，国王在声明中郑重承诺在尼泊尔建立民主制，并首次行使主权组建了过渡政府，拉纳独裁制寿终正寝。如今，每年的 2 月 18 日被设立为尼泊尔国家民主日，全国休假来纪念民主制度得来不易。特里布文被国民尊称为尼泊尔民主之父，尼泊尔唯一的国际机场，以及唯一一所高等学校都以“特里布文”命名。他头戴传统羽毛王冠、立马扬鞭的黑色雕像威严地矗立在王宫前的国王大道上，至今仍供世人敬仰。

王储枪杀父母，一家惨遭灭门

尼泊尔流传着一则关于沙阿家族命运的预言。纳拉扬大帝刚入主尼泊尔时，他在外出巡查的路上邂逅先哲戈拉赫纳特，这位哲人乔装成圣人的模样。纳拉扬敬献给“圣人”一块奶酪，他咬了一口又还给这位沙阿国王。纳拉扬接过奶酪，他认为自己受到侮辱，又觉得这块被咬下一口的奶酪很恶心，便愤而扔掉了。不料奶酪落地时粘在了自己的 10 个脚趾头上。先哲批评国王傲慢，并预言：沙阿王室从此下传十代便会消亡。

2001 年，时任国王比兰德拉的命运似乎印证了这则预言。比兰德拉正好是纳拉扬大帝之后的第 10 代国君。

按照惯例，尼泊尔日历每月的第三个周五，王室举行家宴，王族成员都会受邀参加。然而，2001 年 6 月的宴会成了比兰德拉一家最后的晚餐。

这天晚上，尼泊尔夜空静谧。晚宴开始前，宾主在客厅旁边的台球室内等候，浅斟慢饮。比兰德拉国王长子迪彭德拉王储和兄弟们一块儿喝了酒，还吸了几支特制香烟。晚宴开始时，一向优雅、自制力十足的王储醉了。堂兄帕拉斯见状急忙扶他回王储寝宫。

9 点钟左右，迪彭德拉一个人回到宴会厅。这次，他身上的宴会服装

沙阿家族惨遭灭门的比兰德拉国王一家。从左至右依次为：迪彭德拉王储、比兰德拉国王、尼拉詹王子、艾什瓦尔雅王后、施鲁蒂公主

已经换成了迷彩服，头上的帽子低低地压着前额，遮了大半张脸，手里还提着一把德国造 MP5-K 自动手枪。他径直走进比兰德拉所在的房间，所有人还在相谈甚欢的时候，王储朝天花板打了一枪，碎屑落了一地，他又举起枪射向国王。国王身边的一拨人端着饮品惊呆了，大家迷惑地看着王储转身离去的背影。据幸存者回忆，迪彭德拉迷恋武器，他收集了各种新型枪械放在寝宫中。所以，当时有人还以为王储是在炫耀他的新式武器。不过，转瞬之间，人们发现国王的颈部和腹部血流不止，大家开始尖叫起来。

一片慌乱中，只有迪彭德拉一人面无表情、一言不发。他走进台球室，架起微型冲锋枪疯狂扫射，王室成员一个个倒地，王后与尼拉詹王子也被击中。当晚，死在王储枪下的共 13 人，还包括亲王迪伦德拉夫妇及其女儿、王储的两个妹妹施鲁蒂公主和肖芭公主等。一顿发泄后，迪彭德拉也饮弹自尽。

这场王宫血案震惊全球，13 年后人们仍在议论。据说，血腥枪杀背后有一段凄美的爱情故事。迪彭德拉偏激的举动是为了自己心爱的姑娘。这位姑娘名叫德维雅妮，是拉纳家的女儿。良好的出身和教育造就了她高贵的气质，王储第一次见到便爱上了。迪彭德拉要娶德维雅妮为妻，但遭到家人强烈反对，因为尼泊尔当时反印度情绪高涨，而德维雅妮的家庭拥有深厚的印度背景，舅舅是当时印度反对党领导人之一。惨案发生前4天，王储被告知如果自己非要娶德维雅妮，必须放弃王位，他要在江山美人之间做选择。为此，施鲁蒂公主也指责哥哥自私，年满30岁的迪彭德拉郁郁寡欢，在绝望中玉石俱焚。

国王沦为平民，沙阿王室光芒褪尽

血案发生后，饮弹自尽的迪彭德拉奄奄一息，他被宣布为新国王，却在两天后不治身亡。2001年6月4日，缺席晚宴的比兰德拉国王二弟贾南德拉继承了王位，成为沙阿王朝第十三代君主。

登基这天，贾南德拉的广播讲话稿出乎意料地简短，英语译文只有112个单词。登基仪式没有盛大的庆典，没有震耳欲聋的皇家鼓乐，有的只是弥漫全国的猜疑气氛、遍布首都的抗议示威以及响彻乡村的隆隆炮声。血案发生后，官方声明破绽百出，笼罩王室的神圣面纱被揭掉，人们不再相信君主是他们的保护神。贾南德拉国王在这样一种不祥的气氛中开始了自己的统治。

7年后的6月1日，在贾南德拉还差4天就能举行登基纪念活动的时候，这位末代国王被迫逊位了。由于贾南德拉不得民心的“亲政”和共和运动的风起云涌，王室大厦轰然倒塌。千呼万唤下，尼泊尔联邦民主共和国成立，贾南德拉成了公民。这是“太祖”纳拉扬在1769年建立政权后的第239年，沙阿王朝终于走到历史的尽头。

如今，沙阿王室曾居住的王宫被改造为国家博物馆。大厅依然很华丽，里面展示着国王世代相传的钻石王冠和纯金打造的王座，还有当年希特勒赠给特里布文的奔驰轿车。

王室成员却风光不再。贾南德拉长子帕拉斯当了7年太子后，国王梦破灭，他曾放言，日后会体面地重回政坛。

贾南德拉成为平民后的光景更耐人寻味。据报道，他在当国王前就是很会赚钱的商人，拥有至少 4 家豪华酒店、一座高尔夫球场，还有一座位于马尔代夫的岛屿。

尼泊尔人并不相信，精明的前国王会因此过上穷日子。但实权被剥夺，贾南德拉不能再以一国之尊的身份踏入寺庙朝拜佛像，也不能再接受外国驻尼大使馆发来的国书。他不甘威风丧尽，常常在家借酒消愁、大玩纸牌或静静发呆。碰巧戴上王冠，最后又跌落民间，回想这戏剧般的人生委实令人唏嘘感叹。（撰文：王艳芬、杨雨）

迪拜酋长家族：爱搞世界之最

在阿拉伯联合酋长国的七个酋长国中，迪拜是人口最多的，面积则仅次于阿布扎比。作为中东地区的经济和金融中心，迪拜在阿联酋乃至整个中东地区都拥有着无可替代的地位。迪拜发展成功的背后，有一个家族功不可没，那就是统治迪拜的马克图姆家族。在迪拜的每一栋建筑内，都挂有现任酋长穆罕默德·本·拉希德·阿勒·马克图姆的画像，显示着他和马克图姆家族在这个酋长国的地位。

世代统治迪拜

在历史上，巴尼亚斯部落曾统治整个阿联酋地区，盛极一时。马克图姆家族是它的一个分支。1833 年，家族族长布提率领 800 余人离开阿布扎比前往迪拜，在迪拜湾河口处定居下来。从那时起，迪拜与阿布扎比两个酋长国正式分离，马克图姆家族成为新酋长国的统治者。

在 19 世纪中叶，迪拜的成文史料非常少，但在口口相传中，迪拜百姓这样评价他们的首任酋长布提："他是一位年轻、勇敢、有能力的领导者。" 1852 年他去世时，已成为海湾地区受人尊敬的领导人。他的继任者们与阿布扎比等酋长国结盟，树立威信，巩固家族统治，为迪拜的发展打下坚实的基础。

在这些继任者中，海瑟尔值得一提。他在1894年成为迪拜酋长，是中东历史上一位英明的君主。英国政府文件形容他的经济政策“自由且开明”。海瑟尔废除商业税，由此带来迪拜港货运量的猛增及商业的快速发展。也就是从那时起，迪拜成为国际客货运输船定期停靠的港口，确立了其在全球航运业中的地位。迪拜宽松的贸易环境，也吸引着国际上的冒险家和投资家到此寻求发展。

像海湾地区的其他国家一样，石油为迪拜的大发展助力。1969年，迪拜出产第一桶石油。从此，源源不断的财富为这个酋长国插上了腾飞的翅膀。迪拜面貌日新月异，从昔日一个贫穷落后的小渔村变身为世界上最繁华的地区之一。

神话的缔造者

在迪拜的发展过程中，最近30年堪称一个“阿拉伯神话”。打造这个神话的就是马克图姆家族的第十代传人——迪拜酋长、阿联酋副总统兼总理穆罕默德·阿勒·马克图姆。

穆罕默德出生于1949年7月15日，是四兄弟中的老三。20世纪60年代，他曾就读于英国剑桥的贝尔语言学校，后来，进入英国桑赫斯特皇家军事学院深造，这造就了他坚毅、顽强的军人作风。同时，他也从家族环境中获益良多。马克图姆家族以开明著称。穆罕默德的父亲赛义德酋长执政时，曾喊出“迪拜必须成为整个中东最伟大的自由贸易港口”这样令人热血沸腾的口号。穆罕默德清楚地记得，在20世纪70年代，自己还是王子时，曾有几位商人对他委婉地表示：“我们现有的拉希德港已经够用。国家经济并不景气，迪拜无力再建您父亲所希望的更大的港口。”当他把这些话转告父亲赛义德时，父亲说，石油总会采尽，国家发展不能局限于此。在父亲的坚持下，迪拜在人烟罕至的沙漠地带成功挖掘了全世界面积最大的人工深水港——杰贝阿里港，并以此为依托设立自由贸易区，为人才和资金的引入创造条件。目前，杰贝阿里自贸区已是迪拜的“聚宝盆”，源源不断地带来财富，而杰贝阿里港几乎每年都被评为中东地区最佳港。

西式的教育，开放的家庭环境，加上父辈的雄心和开拓精神，激发了穆罕默德的创业热情。他一直努力在西方观念和伊斯兰价值观中寻找最佳平衡点，并借此打造一个独特而繁盛的迪拜。这也成为其执掌迪拜后的施政方向。在《我的愿景》一书中，穆罕默德写道：“迪拜应当是当代的科尔多瓦。”科尔多瓦是10世纪伊斯兰世界的中心城市。显然，他要把迪拜树为阿拉伯世界的一个发展样板。

2006年1月，穆罕默德当上迪拜酋长。他喜欢“世界之最”，继位后对“第一”的追求贯彻始终。全球最大的购物中心、最大的人造滑雪场、最宽的高速公路、最奢华的酒店、最昂贵的赛马场在迪拜纷纷出现。这其中让人印象最为深刻的当属世界第一高楼——哈利发塔。2010年，穆罕默德为这栋高828米的建筑揭幕，全球的目光再次集中于迪拜。这背后，就是穆罕默德的人生哲学——“梦想没有极限”。他说：“谁记得第二个登上月球的人是谁？第二名是没人记得的，所以我们必须领先！”

对“世界之最”的青睐，让人很容易将穆罕默德的形象与挥金如土的阿拉伯“土豪”挂起钩来。其实，穆罕默德搞“世界之最”的目的并不是炫富。近年来，他要求以节约、环保的方式管理那些规模宏大的建筑，所有建筑都必须符合“绿色建筑”的国际环保标准，减少能源消耗。他大兴土木的真实意图，是希望借此吸引全球的资金和高端技术人才的流入。他说，“一无所有”的迪拜靠什么来吸引世界的目光？“世界之最”便是最好的理由。

穆罕默德深刻地了解迪拜的需求。他要打造一个“中东的香港”：依靠政治精英的高效治理，建设出色的国际化港口、发达的房地产业、重要的机场枢纽以及世界级水准的金融中心。他以过人的胆识，为迪拜描绘了一幅美好的画卷，在金融业、国际贸易业、货运业等多个领域都取得巨大发展。

为吸引投资，迪拜简化投资流程，推出鼓励措施，例如，投资者可建立全资拥有的公司，而不需要找本地合伙人担保；没有企业税，在自由区内签订 15 年持续发展合同可获得额外奖励，诸多优惠政策吸引了来自全球的投资者。

为实现高效治理，穆罕默德引入现代化的治理体系，同时加强对公职人员的监督，杜绝拖沓、慵懒的机关作风。

在建设发达的房地产业方面，2003 年迪拜在中东地区率先允许外国人购置房产。国际资金在宽松的金融环境下，涌入迪拜，迪拜房地产一片繁荣。这两年，迪拜住宅市场虽有调整，工业用地却需求强劲，租金和价格双双上涨。

在迪拜走向富足的同时，马克图姆家族也变得富可敌国。没有人说得清这个家族有多少钱。据估算，酋长穆罕默德个人就拥有 50 亿 ~70 亿英镑的资产，而这个数字可能只是冰山一角，因为人们很难区分哪些钱属于马克图姆家族，哪些钱属于迪拜酋长国。

体育场上的“马克图姆们”

坐拥杜莎集团、伦敦眼、苏格兰工程公司等众多知名企业的马克图姆家族，除了治国和纵横商场之外，也热衷体育运动，不少家族成员都是运动场上的好手。

酷爱养马、赛马的迪拜酋长穆罕默德，一手打造了世界上最昂贵的赛事——迪拜赛马世界杯。1996 年，时任王储的穆罕默德发起了这一赛事，比赛内容与一般赛马比赛没有多少差别，其非同寻常之处在于高额的奖金。1996 年的首届比赛，总奖金就高达 360 万美元，此后由于比赛水平的提升，奖金也“水涨船高”。2014 年，迪拜赛马世界杯共设 9 个单项比赛，总奖金额高达令人咂舌的 2725 万美元。在竞争最为激烈的迪拜世界杯单项比赛中，穆罕默德的良驹“非洲传说”在冲刺阶段后来居上，勇夺冠军，赢得1000万美元巨奖。在接受颁奖时，穆罕默德酋长难掩内心的喜悦，跳起阿拉伯传统舞来表达自己的兴奋心情。而迪拜赛马协会发言人表示："这个比赛的主要目的就是宣传迪拜。"正是出于这个目的，比赛的门票和停车是免费的。马克图姆家族承担了这一赛事的绝大部分支出。据估计，全球约有10亿电视观众收看这一赛事。

2008年，穆罕默德立次子哈曼丹为王储。哈曼丹是个马术好手，喜欢穿3号T恤出征，曾经和兄弟们组队在2006年多哈亚运会上夺得120公里马术耐力赛金牌。他对滑翔、冲浪、沙滩排球等各种活动也非常热衷，还是个狂热的车迷，车库中停放着奔驰、保时捷、兰博基尼等各种名牌跑车。而他最喜欢的娱乐活动之一，是在越野车里载着白虎、非洲狮等宠物出游。

哈曼丹的哥哥拉希德则是位疯狂的足球迷。2002年，他从英国桑赫斯特皇家军事学院毕业后，不是骑马就是踢球，日子过得轻松自在。在他的官网上有这样一段话："殿下还需要什么职业？王子就是他的工作，他是世界上最好的王子。"拉希德是英国曼联队的铁杆粉丝，自己踢球时穿的是7号球衣，心中的偶像是贝克汉姆。他还拥有一支自己的球队，从训练服到比赛时的球衣全部和曼联队一样，有人开玩笑说，猛一看还以为是曼联队到中东"落户"了。他甚至以自己个人名义组织了一个名为"拉希德王子杯"的小型联赛，只为一圆自己的"足球梦"。

哈曼丹

穆罕默德酋长曾多次访华，他的夫人哈雅公主也曾来华出席2008年北京奥运会开幕式。在那次开幕式上，阿联酋代表团旗手——一位裹着黑纱、面容端庄的优雅女性给人留下了深刻的印象。她是穆罕默德酋长的女儿梅萨公主。她原本可

耗资30亿美元的迪拜赛马场

以选择安逸舒适的生活，但这位个性十足的新时代女性却对跆拳道情有独钟，一门心思要当此道高手。34岁的她曾多次获得跆拳道比赛的冠军，在2006年的多哈亚运会上，梅萨为阿联酋赢得了首枚亚运会银牌，同时被评为该年度阿拉伯最佳运动员。虽然在奥运会比赛中她没有斩获奖牌，但优雅的一招一式令人惊叹。

阿尔默德是穆罕默德酋长的侄子，被阿联酋民众视为“民族英雄”。在2004年的雅典奥运会上，阿尔默德勇夺男子飞碟双多向冠军，摘得阿联酋历史上的首枚奥运金牌。迪拜市政府用他的名字命名了一条街道，以此表彰他为阿联酋体育事业所做出的贡献。他得到500万迪尔汗的奖金（约合850万元人民币），这是当时世界上最高数额的奥运冠军奖励。

马克图姆家族堪称体育世家。当然，一代又一代“马克图姆”们书写的家族辉煌和传奇，绝不只是在体育方面。（撰文：王云松）

英拉及其家族

英拉下台背后的隐情

随着泰国宪法法院做出的裁决，担任总理不足3年的英拉最终未能挺过难关。与此同时，10万名支持英拉的“红衫军”准备就绪，将赴曼谷示威。长期以来，泰国政局频生事端，军事政变时有发生。最近几年，草根阶级踊跃参政，政党对立经常演变成大规模的街头暴力。人们不禁要问：泰国政局乱象不断的原因何在？英拉下台背后还有哪些隐情？

每逢泰国政局动荡，王室和军队的态度往往具有决定性作用。泰国1932年开始实行君主立宪制，是独特的君主立宪制国家，其独特之处就在于国王虽然名义上不掌管政务，但实际影响力非常大。现任国王普密蓬于1946年登基，至今已经68年，是目前世界上在位最久的君主。尽管泰国宪法规定国王通过国会行使立法权，通过内阁行使司法权，不能直接干预政治，但普密蓬国王数十载积累起来的崇高威望，使他对国家的政治影响力远远超过宪法的权威。几乎每个泰国政党都支持君主立宪制，明确表示拥护国王和王室。另外，泰国军队并没有完全国家化，依然保持着部分人事和财政独立权。由于国王本人是三军统帅，军队实际上依附于王室，因

他信和英拉

而获得了干预政治的合法性。在泰国，取得王室和军队的信任是任何政党和政府生存的前提。

英拉的下台，实际上是他信·西那瓦在2006年被军队赶下台后政治纷争的延续，背后的根源是泰国底层民众和传统利益集团之间的严重对立。1997年，泰国开始实行新宪政，推动了民主化进程。2001年，他信领导的代表底层民众利益的泰爱泰党在大选中赢得了压倒性胜利。之后，泰爱泰党又史无前例地在2005年众议院选举中赢得全部500议席中的377席，取得独立组阁权。此前，泰国从没有政党能连续胜选，更没有一党单独执政的情况。草根的泰爱泰党竟然做到了这两点，他信也成了泰国首位连任并且“一党执政”的民选总理。这样的成功引起传统利益集团的不安，也在军队和王室中造成极大的震动。

此外，他信与王室、军队在政治理念上也有极大的冲突。他信思想开放，崇尚全球化，试图改革政体，王室和军队则比较传统，希望维护现行体制。整个上层阶级对他信的不满就此开始。

春风得意的他信没有意识到潜在的危机。他毫不收敛自己的行为，试图挑战军方权威，招致了军方的怨恨。在泰国军队中，陆军势力最强，如果总理想要坐稳位置，陆军的支持至关重要。但他信上台后一直想扩大自己对陆军的影响。2006年7月，他信安排了近百名中层军官，其中很多是他的亲信。之后，他信宣布解除时任陆军司令颂提·汶雅叻格林的职务，直接引爆了他和军方的矛盾。结果，2006年9月，颂提领导了针对他信的军事政变，导致他信下台。

在泰国，推翻政府有两种常见的手段：军事政变或司法政变。英拉接受了他信的教训，上台后努力改善与军队和王室的关系，并取得了成效，军方甚至让英拉兼任国防部部长。在这次政治危机中，军方基本保持中立，这也非常少见。既然军方对英拉政府持这种态度，反对派就只能使用司法政变。然而，英拉的厄运始于推动修宪和“为他信脱罪”的《特赦法案》。此举被虎视眈眈的政敌所利用，发起了大规模民众抗议活动。这次泰国宪法法院的行动是一次司法政变，并最终迫使英拉下台。

应该说，英拉下台的背后有更深的隐情。在泰国独特的君主立宪制政体中，军队又掌握着大权的情况下，泰国尚未成熟的政党政治和民主历程面临着艰难的处境。与此同时，泰国社会不同利益阶层之间又存在着难以调和的冲突。在这种背景下，泰国政局的动荡形势短时间内很难彻底平息。（撰文：陆建人）

英拉的三个侧面

她的美貌毫无攻击性

“如果没有了英拉，泰国政坛将失去一抹靓丽的色彩。”判决一出，民众和媒体就发出了这样的声音。的确，从初登政坛起，英拉的美貌就比她的执政能力更早成为人们津津乐道的话题。

1967 年 6 月 21 日，英拉出生于泰国北部清迈省显赫的西那瓦家族，是九个兄弟姐妹中最小的。清迈素来以盛产“美女和玫瑰”享誉天下，从那里走出的英拉身材高挑、面容清秀，在泰国女性中“鹤立鸡群”，常常被称为泰国头号美女。英拉曾参加过选美比赛，在一些搜索网站，只要输入“英拉”，后面便会自动出现“漂亮”等赞美之词。“每个人都记得她，因为她是个漂亮姑娘。”一名高中教师在接受电视采访时说。

美丽也分很多种，有些人美得咄咄逼人，有些人美得冷若冰霜，英拉的美却是柔和内敛的。正如一位泰国外交官所说：“英拉给我的印象是性格温和，从不主动树敌或与人争执。她形象很好，再加上服装、发型、饰品，每一样都有专门设计团队和专业造型师精心打理，塑造出的形象不管怎么看，都是正面的。每一次出现在公众场合，她都像明星一样光彩夺目。”

这种毫无攻击性的美貌与亲和的特质成为英拉从政路上的助力。在2011年大选的造势活动中，她多次提及要利用自己的“女性特质”。有一次，在曼谷出席竞选集会时，她说：“我将充分利用我的女性特质为我们的国家工作。”后来，在竞选过程中，人们总能看见她或是微笑着合十祈祷，或是温柔地将一个满面皱纹的农民搂入怀中，或是用带着泰国味道的、好听的英语跟外国记者交谈。她的这些举动，让在政治动荡中疲惫不堪的泰国民众感受到久违的温情。2011年8月，英拉几无悬念地当选泰国总理。

2012年11月18日，英拉与奥巴马在招待宴会上谈笑风生

此后，美貌又成为英拉在外交舞台上的软实力。2012年4月17日，英拉到访中国，她身着红底黄色大团花的泰丝上衣，盘着花形纽扣，下配金黄色筒裙，发髻整齐盘起，端庄大方，既有中国特色，凸显了自己拥有华人血统的身份；又有泰国风情，不失一国总理的形象，一下子拉近了两国距离。

这份美丽也造成过尴尬。2012 年 11 月中旬，奥巴马在曼谷会见英拉。18 日晚上，在泰国政府举办的一个招待宴会上，奥巴马与英拉肩并肩站在一起谈笑。记者拍到了一个英拉回眸、奥巴马含笑的瞬间，画面极易激发人们的想象力。据美国媒体报道，这张照片让美国第一夫人米歇尔醋意大发，认为自己在全世界面前“受到了羞辱”。

她懂得尽量避免冲突

单凭美貌，英拉当不上泰国总理，支撑她获选的是智慧。英拉早年就读于泰国清迈大学政治学专业，随后在美国肯塔基州立大学获得政治学硕士学位。从政前，英拉先后进入西那瓦家族旗下的电信公司和地产公司担任总裁。在此期间，西那瓦家族遭遇了沉重打击——担任总理的哥哥他信在 2006 年 9 月被军事政变赶下台，继而流亡国外。英拉沉着地应对了危机，用公司股票市值上涨 101% 的成绩回应了外界对她的质疑。公司的竞争对手在评价英拉时说，她诚实、隐忍，有外交风范，从不利用媒体攻击商业对手，懂得尽量避免冲突。

他信流亡后，他创立的泰爱泰党解散，支持他信的力量转向人民力量党。但 2008 年，人民力量党也接到法院勒令解散的判决。于是，其“替身”为泰党出现了。这支重新集结的亲他信力量急需一个新领袖。放眼望去，没有比英拉更合适的人选了。在这种情况下，英拉决定接手为泰党，并表现出很高的政治情商。她毫不介意用哥哥他信做自己的政治筹码，在许多竞选场合，她的开场白都非常直接：“我是他信的妹妹英拉，我哥哥向你们问好！”分析人士说，英拉格外注意“传递正确信息”，回答问题时，她也许不知道正确答案，但她“足够聪明，避免陷入陷阱”。法新社引述一位泰国老人的话说：“英拉成为我们的总理很好。我认为她能解决我们国家存在的问题，不要小看了这个女人。”

在政策承诺上，英拉也不断重申他信当年的亲民措施：低价医疗、减免债务、提高最低工资、保证大米价格稳定、为乡镇政府提供资金、为老人提供福利以及向农民发放优惠信用卡等。她对围在她身边的市民一遍遍重复：“（我们的政策）不仅会降低生活成本，也会放钱在你口袋，这就是为泰党将要办的事。”

与英拉宣誓就任总理几乎是同一时间，2011 年 7 月，泰国遭遇 50 年来最为严重的洪灾。反对派指责她没有足够的能力应对灾难，一些内阁部长和高级官员也对英拉表示不满。面对各方压力，英拉选择了低姿态。她在新闻发布会上说：“这场洪灾是国家灾难，面对这场危机，我已竭尽所能，但无法靠自己一人的力量解决问题。这需要各方通力合作，一起帮助受灾的国民恢复士气。”英拉取消了所有国事访问，每天探访灾区，稳定人心，还时常穿着水靴在洪水里为民众发放物资。洪灾结束后，她的政治威望大大提高。

有专家评价英拉是“平衡高手”：她懂得走中间路线，平衡各方，求同存异，强调社会和解是国家的前途所在，而不是用一方打击另一方。大家都觉得她的政治立场比较偏重“红衫军”，但是她并不重用“红衫军”的领导人；泰王和她哥哥他信的关系并不算太好，但她十分尊重泰王，深得泰王欣赏；对于一直和为泰党剑拔弩张的军方，她也努力修补关系。在她的调和之下，各方冲突明显缓和。

在执政的 33 个月里，英拉最突出的表现是推动了泰国经济的发展。因政治动荡而萎缩的旅游业逐渐恢复，经济也逐步走回正轨，发展势头在整个亚洲地区都十分亮眼。2012 年，受金融危机影响，在出口下降幅度较大的情况下，泰国经济增长率达到 5.5%，高于东盟和世界大多数国家。作为“亚洲四小虎”之一，泰国的经济潜力和国际地位被唤醒。

英拉在外交上也十分活跃。她上任后频频出访，除对东盟其他 9 个国家进行访问外，还访问了中国、日本、印度等亚洲国家，为泰国创造有利的合作环境，以便推动泰国在东盟经济合作中发挥更大作用，并确立泰国在东盟的中心地位。同时，她也展开与欧盟国家的交往，试图逐渐扩大经济合作的范围。

特别值得一提的是，英拉对中国十分友好。她上任时曾表示，希望第一个访问的亚洲国家就是中国。2012 年英拉访华之后，中泰两国关系提升为“全面战略合作伙伴”关系，这是中国与东盟国家关系的最高层次。英拉上任后接见的第一个媒体采访团是中国代表团；特意选择华裔作为外交部部长人选；在泰国洪灾期间，拒绝美国的救援，接受中国的援助，并请求中国派出防洪专家组支援。在中国的农历新年，英拉还走进中国驻泰国大使馆，在大使夫人手把手的示范下，包了一顿饺子。

她是事实婚姻中的贤妻良母

英拉在政治舞台上的立足也离不开家庭的支持。

英拉有一个儿子，但她并没有结婚，这令许多人感到意外。实际上，她与很多富有的泰国女性一样，选择了没有法律约束的事实婚姻。英拉和伴侣阿努索每天生活在一起，只是没有登记。选择这种事实婚姻的最大好处就是能保护私有财产。英拉和阿努索各有事业，一旦两人分手，不会有人因为财产分割而蒙受损失。按照泰国人的传统习惯，女性在婚后要随夫姓，但英拉至今仍使用娘家西那瓦的姓氏。媒体和官方提到阿努索，也常常称他为“英拉的伴侣”而非“丈夫”。

阿努索外表温文尔雅，和英拉一样有华人血统。他早年在美国获得硕士学位，回到泰国后在正大集团工作。当时，他信正在考虑和正大集团合作，扩大通讯业务，阿努索作为正大集团的代表来找他信时，偶然遇到英拉，两人一见钟情。1995 年，阿努索向英拉求婚，两人步入了事实婚姻。长期以来，他们的感情非常稳定，7 年后，英拉生下儿子，取名素帕赛。2011 年，英拉当选总理后，阿努索为了避嫌，辞去公司董事等一切职务，笑言要当“职业煮夫”。

英拉竞选总理时，常把儿子素帕赛以及他信的儿女带在身边。面对媒体的镜头，素帕赛不像表哥、表姐那样应对自如，总是羞涩地躲在母亲身后。英拉则微笑着轻抚儿子肩膀，一脸慈爱。

泰国人都有小名，英拉的小名是“小螃蟹”。她有了孩子后，泰国人提到英拉，就改称“蟹妈妈”。跟儿子在一起时，英拉与所有母亲一样，关心儿子的学业。英拉刚当选总理不久，正值泰国学校开学，有媒体拍到她带儿子素帕赛在曼谷一家商场里挑选学习用品，专注的神情与任何一位平凡的母亲无异。英拉也鼓励儿子做体育运动。只要一有闲暇，这位“蟹妈妈”就和儿子一起去打高尔夫球。素帕赛喜欢踢足球，她就在自家豪宅里给儿子建了一个 2500 平方米的足球场。遗憾的是，自从英拉步入政坛，经历了这么多政治风浪，阿努索和素帕赛原本平静的生活也被打破了。（撰文：杨讴）

摩洛哥王室的传奇与争议

《摩纳哥王妃》惹争议

位于法国南部的摩纳哥公国，是一个面积只有 1.9 平方公里、人口只有 3.6 万的“国中之国”，它如一串珍珠项链点缀在地中海岸边。摩纳哥虽小，却有其独特的标签：豪华的赌场、精彩的一级方程式汽车大奖赛每年都吸引成千上万的游客，使其成为欧洲的旅游胜地之一。

摩纳哥能有如此非凡的影响力，还与一个女人有着密切的关系。她就是 20 世纪 50 年代风靡一时的好莱坞女星格蕾丝·凯利（下文称格蕾丝）。从富家女到好莱坞影后，再到摩纳哥王妃，格蕾丝演绎了那个时代的传奇。她和摩纳哥王子童话般的爱情故事，不仅成就了艺术领域一个个精彩篇章，也打造了一张亮丽的摩纳哥国家名片。

由法国导演奥利维耶·达昂执导、奥斯卡影后妮可·基德曼主演的传记影片《摩纳哥王妃》，讲述的就是格蕾丝的传奇。但这次摩纳哥王室不仅未领情，还狠狠地批评这部电影篡改历史。

依据摩纳哥王室的说法，这部电影并没将笔墨放在格蕾丝和摩纳哥王子相遇相爱上，而是描述了她（王妃）婚后的生活。影片里，王妃在结婚

格蕾丝·凯利

6年后还是不习惯王室生活，她希望重返好莱坞，还收到了电影邀约。而当时，摩纳哥正面临被法国吞并的危险。在事业与婚姻的纠葛之中，王室甚至出现了婚姻危机，这些都成为本片的最大看点。

近日，王室发布公告称，此前曾向该片导演和制片人多次就剧本提出建议，对整个剧情和人物设置都提出了质疑，但电影制作方拒绝采纳这些建议。因此，王室表示不愿意与这部“歪曲历史”的电影有任何关联。摩纳哥王室称“这部长片无论如何都算不上传记电影”“充满幻想的预告片无疑印证了这部电影是完完全全虚构的”，这部电影“建立在错误历史坐标和可疑的文学之上”。

当王子遇见好莱坞女星

“有些人问我为什么离开好莱坞，我离开是因为我爱上了一个充满魅力的王子。”妮可·基德曼饰演的格蕾丝王妃在影片中这样说。事实上，格蕾丝与摩纳哥王子的真实罗曼史更为传奇和浪漫。

格蕾丝的父亲约翰·凯利是爱尔兰裔，继承了家族企业，是费城有名的百万富翁。她的母亲有德国血统，是一位大学体育教师。1929年，格蕾丝出生在费城，可以说她是含着金汤匙出生的“白富美”。

在读戏剧学院时，格蕾丝就涉足好莱坞电影圈。在6年时间里，她就出演了《电话谋杀案》《后窗》等多部受到好评电影的女主角。1955年，格蕾丝凭借《乡下姑娘》荣登奥斯卡影后宝座。

正是在这一年，格蕾丝的命运发生了更大变化。戛纳电影节邀请她出席首映礼。法国《巴黎竞赛》杂志的编辑们想到一个有趣的主意，安排格蕾丝与摩纳哥大公（国王）兰尼埃三世见面，名字就叫“当好莱坞影后遇到现实的王子”。

格蕾丝与兰尼埃三世见面后，还在摩纳哥王宫的花园里漫步谈心。随后，《巴黎竞赛》杂志图文并茂地报道了这件事，并在娱乐界引起不小轰动。之后，两人飞鸿传情7个月，兰尼埃三世才前往曼哈顿向格蕾丝求婚。

1956年4月18日，格蕾丝与兰尼埃三世在摩纳哥王宫举行了一场“世纪婚礼”：超过1600名记者和摄影师蜂拥而至，来自欧洲各地的人们潮水般地拥入摩纳哥。著名的米高梅公司不仅专门为格蕾丝化妆、制作了婚纱，还拍摄了一个纪录片。格蕾丝身穿洁白婚纱走过长长的天鹅绒红地毯的照片和纪录片很快风靡全球，也让全世界知道了摩纳哥这个小国。

1956年，格蕾丝与兰尼埃三世拍摄的婚纱照

婚后，格蕾丝为摩纳哥王室生了二男一女。男孩就是现任摩纳哥大公的阿尔贝二世。此后很长时间里，格蕾丝在王宫里的生活一直成为人们热议的话题。

1982年9月13日，格蕾丝在驾车回摩纳哥的路上，车子冲出道路，径直摔下悬崖。最终，女儿斯蒂芬妮活了下来，而格蕾丝却于次日香消玉殒，此时还不足 53 岁。

格里马尔迪家族史

摩纳哥王室有一句格言，叫“主的帮助，与我相随”。这也是意大利热那亚一带格里马尔迪家族的格言，因为摩纳哥王室就是后者的一个分支。

格里马尔迪家族来源于一名叫格里马尔迪的骑士。此人参加了第一次十字军东征，因为战功卓著，被任命为热那亚共和国高官。他的子孙继承了其勇武精神，多在海上开拓探险。格里马尔迪也渐渐地成为热那亚最有权势的家族之一。

1297 年，格里马尔迪家族的一名叫弗朗索瓦的成员，带人来到地中海沿岸并看上了摩纳哥城堡。当时，这里就是一处军事要塞，由腓尼基人控制。弗朗索瓦决定智取这个要塞。他乔装成一个僧侣，将宝剑藏于袍服里，夜宿城堡之中。等到夜幕降临，弗朗索瓦偷偷打开城门，将自己人放进来，一举占领了城堡。此后一个世纪里，格里马尔迪家族经过反复争夺，最终巩固了在摩纳哥的统治权。

在摩纳哥国徽上，中间是红白相间菱形图案，是格里马尔迪家族的标志。两旁则是挥舞着宝剑的僧侣，是弗朗索瓦的形象，讲述了他智取城堡的故事。

19 世纪，摩纳哥公国曾将领土扩张到 24 平方公里，最东端靠近意大利。后来，芒通和罗克布伦两大农业地区因不满当地税收而加入了法国，摩纳哥公国也因此失去了 90% 多的土地和主要的农业资源。1856 年，时任摩纳哥亲王查理三世决定经营赌场。从此，摩纳哥逐渐成为与美国的拉斯维加斯、澳门齐名的世界三大赌城之一。

摩纳哥是欧洲仅有的两个亲王国之一，另一个为列支敦士登。大公为国家元首，总理国家事务。所以，摩纳哥王室及其国家的兴衰关键在于大公的治理能力。

19 世纪末和 20 世纪初在位的阿尔贝一世被称为一位有作为的君主。现代摩纳哥公国的宪法就是他在 1911 年制订的。该宪法中有一条特殊的规定，即摩纳哥王室如无子嗣，将并入法国。后来，阿尔贝一世的后人对此条款作了新的补充，规定亲王收养的子嗣也可以继承王位。自此，摩纳哥王室就可以一代接一代地传下去了。

摩纳哥现任大公为阿尔贝二世。有意思的是，出生于 1958 年的阿尔贝二世直到 2011 年才结婚，而且新王妃也是一位明星——有“非洲美人鱼”之称的南非游泳名将查伦・维特施托克。同样，两人的婚礼也和他们的父母一样，办成了一场“世纪婚礼”。（撰文：李志伟）